海外中国
研究丛书

刘 东 主编

[美] 郝大维 安乐哲 著

蒋弋为 李志林 译

孔子哲学思微

THINKING THROUGH CONFUCIUS

江苏人民出版社

图书在版编目(CIP)数据

孔子哲学思微/〔美〕安乐哲(Ames,R.T.)等著;
蒋弋为,李志林译. --南京:江苏人民出版社,2011.9(2021.12重印)
(海外中国研究丛书/刘东主编)
ISBN 978 - 7 - 214 - 07350 - 1

Ⅰ.①孔… Ⅱ.①安…②蒋…③李… Ⅲ.①孔丘
(前 551～前 479 -哲学思想-研究 Ⅳ.①B222.25

中国版本图书馆 CIP 数据核字(2011)第 181681 号

书　　　名	孔子哲学思微	
著　　　者	〔美〕郝大维　安乐哲	
译　　　者	蒋弋为　李志林	
责 任 编 辑	孙　立　张惠玲	
装 帧 设 计	陈　婕	
责 任 监 制	王　娟	
出 版 发 行	江苏人民出版社	
地　　　址	南京市湖南路 1 号 A 楼,邮编:210009	
照　　　排	江苏凤凰制版有限公司	
印　　　刷	江苏凤凰扬州鑫华印刷有限公司	
开　　　本	652 毫米×960 毫米　1/16	
印　　　张	17.5　插页 4	
字　　　数	227 千字	
版　　　次	2012 年 1 月第 1 版	
印　　　次	2021 年 12 月第 4 次印刷	
标 准 书 号	ISBN 978 - 7 - 214 - 07350 - 1	
定　　　价	38.00 元	

(江苏人民出版社图书凡印装错误可向承印厂调换)

序 "海外中国研究丛书"

中国曾经遗忘过世界，但世界却并未因此而遗忘中国。令人嗟讶的是，20世纪60年代以后，就在中国越来越闭锁的同时，世界各国的中国研究却得到了越来越富于成果的发展。而到了中国门户重开的今天，这种发展就把国内学界逼到了如此的窘境：我们不仅必须放眼海外去认识世界，还必须放眼海外来重新认识中国；不仅必须向国内读者迻译海外的西学，还必须向他们系统地介绍海外的中学。

这个系列不可避免地会加深我们150年以来一直怀有的危机感和失落感，因为单是它的学术水准也足以提醒我们，中国文明在现时代所面对的绝不再是某个粗蛮不文的、很快就将被自己同化的、马背上的战胜者，而是一个高度发展了的、必将对自己的根本价值取向大大触动的文明。可正因为这样，借别人的眼光去获得自知之明，又正是摆在我们面前的紧迫历史使命，因为只要不跳出自家的文化圈子去透过强烈的反差反观自身，中华文明就找不到进入其现代形态的入口。

当然,既是本着这样的目的,我们就不能只从各家学说中筛选那些我们可以或者乐于接受的东西,否则我们的"筛子"本身就可能使读者失去选择、挑剔和批判的广阔天地。我们的译介毕竟还只是初步的尝试,而我们所努力去做的,毕竟也只是和读者一起去反复思索这些奉献给大家的东西。

刘　东

目　录

中译本序

　　《孔子哲学思微》一书的写作,自始至终就是一个自觉的合作过程,甚至可说是集体协作的成果。本书的两位作者有着非常不同的背景:郝大维是耶鲁和芝加哥大学训练出的西方哲学家,安乐哲是伦敦训练出的汉学家。在写这部书的几年间,我们把我们的观点带到了中国,包括台湾和香港地区,以及欧洲和我们国家的其他院校去进行广泛地切磋。对那些参与讨论的学术界同仁的贡献,我们深表感谢。现在,为准备这个中文译本,我们又有机会将这一合作范围再次扩展。这本书现有两个中文译者,这种情况并非偶然,它恰恰针对了《孔子哲学思微》一书的中心问题:文化翻译的问题。

　　我们写这本书的目的是要提醒读者注意西方汉学的一个根本问题。到目前为止,专业哲学家很少参与向西方学术界介绍中国哲学的工作。大体上说,西方哲学界一直"无视"中国哲学,而且是纯粹意义上的"无视",至今仍然如此。这其中的一个重要原因,就是"哲学"一词在中国和西方含义不同。

　　在中国,哲学远非只指对由哲学系统和理论组成的典范和传统的专业性的议论和伸延。中国哲学家传统上一直肩负学者和政府官员的

1

双重身份,他们的理论思考充分受到其实际职责,即政府和社会的日常运作的调节。即使在现代中国,"哲学"的意义仍然涵盖文化价值与人们社会政治生活之间的一系列关系。哲学家仍旧是社会的思想领袖。他们常常激情满怀;时而,一些勇敢的思想家会挺身而出,推行他们自己的关于人的价值和社会秩序的纲领。对于他们,哲学是一种推动和造就当前社会、政治和文化发展的思想话语(intellectual discourse)。这一哲学传统所表现的存在主义的、实践的以及坚定的历史主义的特性拓展了哲学的外延,使它远远超出了中国之外的"哲学"所界定的范围。

然而,西方学术界中所谓"中国哲学"的价值就完全是另一回事了。事实上,这一领域基本上被排斥在专业哲学之外,以至于"中国哲学"这个说法显得如此自相矛盾。西方哲学的这种自我文化中心(ethnocentric)的立场与相应的中国立场有着明显的不同。传统上,中国的自我文化中心观念(ethnocentrism)并不否认西方文化的存在,而是否认它对中国现实的价值和相关性。中国式的自我文化中心论基本上根植于一种文化自足的体认,即中国不需要西方。而西方的自我文化中心论建立在普遍主义的信仰之上,这一点颇具有讽刺意味。至今,西方哲学的主流对于包容中国哲学的可能性仍执一种冷漠态度,并以种种形式的简化主义(reductionism)为这种冷漠辩护。简化主义的基础大体上仍然属于从笛卡尔起就一直主导现代西方哲学的启蒙主义范畴。它通常带来某种普遍主义的(universalistic),且往往是方法论上的参照标准,也包括相对主义的一种绝对形式,即否认任何形式的文化可比性。恰如格尔兹(Clifford Geertz)所描述的那样,这种态度以"某种普遍主义的理论网络为前提,如进化阶段、泛人类观念及行为,或各种各样的超越形式(结构、原形、深层语法)"等,无论它们是笛卡尔的几何方法、黑格尔的理念,还是科学的普遍合理性，或是唯一真神。① 举一个例子，李约瑟（Joseph Needham）似乎真诚地对几千年中国文明所取得的成就感到敬畏。然而，推动他整个研究项目的问题——"为什么中国未能发展起现代科学"，却建立在这样一个假设上：在西方社会发展起来的科学具有普遍意义，而且科学最终独立于文明而发展。如果我们视现代科学与文明紧密相联，那么，以"中国的科学或文明"来命名李约瑟的宏伟巨著或许更为合适。格尔兹将那种普遍主义的姿态巧妙地表述为"留出空间以表现我们高高在上"。

问题是几乎所有的西方职业哲学家，在他们的实践中，都进一步强化了所谓西方哲学和非西方哲学的区别。在这个意义上，他们都有意无意地表现出了自我文化中心。然而，可喜的是西方哲学正在经历一场翻天覆地的变化。哲学家们以及各种哲学运动，从各个方面对我们熟悉的关于理论和方法之客观性的主要观点提出挑战。在众多不同的旗帜下，如新实用主义、后结构主义、阐释学、新马克思主义、分解主义、女权主义哲学、环境哲学以及后现代主义等，来自西方传统内部的批评运动正在蓬勃兴起。这种大趋势迫使我们放弃那些关于确定性的不加分析的假定，以及那种科学优于文学、理性优于言语、认知优于情感、男性优于女性的霸权观念。越来越多的有影响力的哲学家放弃了如此表述的"方法论"。这大大增加了哲学库存中事实标准的多样性，此类标准来自传统、民族志、历史文化。这种多方面的对摇摇欲坠的实证主义和科学主义的共同批判，代表了西方思想界的一场真正的革命；正是这场革命奠定了西方和中国哲学传统间相互影响相互充实的基础。重要的是，从这种新对话所用的术语看，这一跨文化的交往和相互促进，非但不导致文化霸权主义和文化同一性，相反却会带来人的价值多样化不断增加的前景。

---

① Clifford Geertz，"The Uses of Diversity，"In The Tanner Lectures on Human Values Ⅶ，251-275、Salt Lake City：University of Utah Press，1986.

总之,复兴最终属于美学意义上的判断标准会产生这样的结果,即化科学为技术,化普遍主义为在具体时空中的更谨慎有度的描述。

在《孔子哲学思微》一书中,我们试图在一个明显的历史参照框架中,在中西两个文化间穿梭比较。这样,我们就像其他从事思想考古的学者一样,试图通过把中国传统与西方文化历史发展相对应,来正确估价这一传统。这些学者把哲学技巧与完成某一特殊工作所需要的文化兴趣结合起来,从这一点上看,他们基本上可称为汉学家。这种情况在西方训练出的哲学家那里引起相当一致的反应,他们对这些学者的资格表示怀疑:"他们真是哲学家吗?"一方面,这些阐释者所表现的对思想史的强烈兴趣经常来自于他们的学术背景,同时,中国哲学本身特点又进一步助长了这种倾向。传统上中国哲学特别重视历史,而不强调某一特殊方法论的应用。至少某些解释认为,中国式的"理性"无法用那种超历史、超文化的人类本能语言(faculty),或诸如此类的一套概念范畴来解释。它必须求助于"有关合理性的历史实例"。"人性"并不解释为某种神授本质,而是来自对某一具体社会环境中的人群的历史和文化的概括。

这批学者中较激进的一派所关心的是改造他们自己的世界。他们的确一直在为读者介绍有关中国文化的可靠知识。然而,他们有更重要的工作要做。我们自己就属于这一阵营。探究中国哲学文献的最终目的是要判断它的价值,看这些观念是否可用,是否有说服力,我们可否表示自己的赞同。我们要做的不只是研究中国传统,还要设法使之成为丰富和改造我们自己世界的一种文化资源。儒家从社会的角度定义人的观念是否可以用来修改和加强西方的自由主义模式?在一种以礼仪方式组构的社会中,我们能否发现什么东西,它可以帮助我们更好地理解那种在哲学上根据不足、却在实际中又有价值的人权观念吗?我们能否通过研究性别观在一个非常不同的文化中如何建构,来推进女权主义的价值观念吗?我们自己的宗教经验怎样才能通过思索中国的有关观点而得以丰富呢？

我们这一批人倾向于去发掘文化间的不同，而较少地去观照它们的相同处。葛瑞汉（Angus Graham）在评论本杰明·史华兹（Benjamin I. Schwartz）的《中国古代思想的世界》一书时提出了这种对比：

> 一些研究中国思想的西方学者倾向于把中国人想成和我们一样，而另一些人则不然。一种倾向是运用那些超越文化和语言差异的概念，透过所有表面的不同，去发现中国思想中对普遍问题（universal problems）的探索。另一种倾向是透过所有的相同点，去揭示那些与受文化制约的概念系统相关的，以及与汉语和印欧语言结构差异相关的关键词汇间的差别。史华兹的《中国古代思想的世界》就是前一种观点的非常突出的代表。①

或许我们可以接着葛瑞汉的思路作如下的释义：

> 一些研究中国文化的学者倾向于相信，归根结底中国人与我们非常相像；另一些人则不以为然。一些人认为在所有差异的背后，始终有一种对人的问题的关注，这一点从根本上将所有的人等齐划一。另一些人则认为在较为表面的，不大有趣的生理或其他明显非文化意义上的相同现象背后（比如一个头、两只耳朵等），有着深刻而奇异的差别。这些差别来自受文化制约的思维方式和生活方式。一些人认为不视人类共同性为最重要的特性，就是否认中国人的人性；另一些人则认为强调这种本质化的共同性就是否认中国人的独特性。

显然，在理解中国哲学时，我们必须既要考虑到延续性也要考虑到差异性。那么，葛瑞汉对于差异性的那种多少带有夸张的关注到底说明了什么呢？首先，它可以理解为对西方现代性所表现的普遍化倾向的反应

---

① A. C. Graham. *Review of Times Literary Supplement* (London), July, 18, 1986.

（当然有时是一种过激反应）。宽容要求我们尊重不同文化的自身完整性。新实用主义者罗蒂（Richard Rorty）是一个思想活跃而颇有争议的人物，用他的话说，生硬地重新定义实际上就是羞辱。①

拒绝承认中国传统的特殊性，这种现象在翻译语言中，以及在为弥合文化差别而出现的词汇中尤为明显。从16世纪末西方与中国接触开始，尤其是从18世纪发展起来的学术交往开始，那些在语言学上颇有造诣的，具有良好的有时甚至是卓越的语言技巧的西方翻译家，就开始了仔细研究中国古代经典文献的工作。然而，由于哲学界一直未将中国传统视为"哲学"，故而在介绍中国思想方面贡献甚少。又由于哲学作为一门学科，在学术上负有表述一个文化传统观察世界的宏观思路的责任，所以哲学界这种漠视致使我们对中国文化的理解在质量上受到影响。对于任何西方人文学者，如果他们试图使用"翻译过来的"中国材料，无论是文本的还是观念的，则最大的障碍不是译文的句法结构，而是那些赋予它意义的特殊词汇。在这类译文里，那些关键的哲学词汇的语义内容不仅未被充分理解，更严重的是，由于不加分析地套用渗透西方内涵的语言，使得这些人文主义者为一种外来的世界观倾倒，以为自己处于谙熟的世界中，虽然事实远非如此。简单地说，我们翻译中国哲学的核心词汇所用的现存的常规术语，充满了不属于中国世界观的东西，因而多少强化了上述有害的文化简化主义。

比如，当我们把"天"译为带大写"H"的"Heaven"，无论你愿意不愿意，在西方读者头脑里出现的是超越的造物主形象，以及灵魂（soul）、罪孽（sin）、来世（afterlife）等概念。当我们将"命"译成"fate"（或更糟，"Fate"），我们实际上夹杂了不可改变性、困境、悲剧，以及目的论等含义，而这些意义与中国古典传统并无什么干系。又比如，当我们把"仁"

---

① Richard Rorty, *Contingency, Irony, and Solidarity*. Cambridge: Cambridge University Press, 1989: 89 - 94.

译为"benevolence",我们就将"仁"这一概念心理化了,使其带有利他主义的色彩;而事实上,"仁"具有非常不同的一系列社会学意义。

中国文化作为一种人类社会秩序迥异于西方文化。由于不经审视地把"人性"作为一个具有普遍意义的概念范畴加以应用,加之担心过多地强调差异性会导致不可比性,我们应予承认的中西文化的差异程度就被掩盖和模糊了。中国文明在成长和发展过程中,一直有一套不同于西方的预存观念(presuppositions)在起作用。由于在翻译中未能发现和承认这种差异,致使我们对中国的世界观有种似曾相识的错觉。一旦一种不同的哲学传统被改造为某种熟悉的东西,并以与其相异的西方的事实标准为基础来评价,这种传统便肯定只能是西方主题的一种低劣的变奏。惟其如此,对于西方学术界来说,中国的学说才算不上"真正的哲学"。

我们由此陷入了一种恶性循环。西方哲学家对中国传统的那种矛盾心理,哲学界不愿视其为哲学的态度,至少可以部分地归咎于非哲学的翻译家,他们没有能力发现中西文化间的根本差异并加以重视,其结果是翻译语言贫困化。翻译语汇的这种贫乏,在很大的程度上,是由于在实证主义者以方法论为中心的框架中,民族志与历史学被边缘化了,遂使对中国文化的专业哲学研究受到了排斥。如果中国的文化典籍被降为附属于一种非自身传统的文化意义的话,那么它们便不值得研究也不具有哲学意义了。

现在,在与中国学者合作将我们的论著译成中文时,我们有两个深为关切的问题。首先,我们殷切地希望在中国学术界找到能理解上述文化翻译问题的学者,而他们对此则是从中国文化的角度来理解。西方学者在把中国世界观引入西方文化环境的过程中遇到极大的困难,同样,中国学者在介绍西方思想的时候,也必须花大力气去克服不同的却同样令人沮丧的障碍。因此,翻译者本身必须是专业哲学家。

其次是"翻译化"问题。我们在中英文之间译来译去,其结果是生造了第三种语言，一种"不东不西"的真正怪物。它既不是中文也不是英文，令人不知所云。为了使译文更适合中国读者的口味，我们的第二位译者在避免逐字逐句硬译方面尽了最大的努力，有时不得不在字面意思的准确性上作些妥协。当然，这种译法有得也有失。

最后，让我们对所有的合作者，尤其是对译者蒋弋为、李志林和这套丛书的主编刘东，表示诚挚的谢意。

郝大维

安乐哲

（张燕华译）

绪论　从比较的观点看孔子

第一节　比较哲学的方法

比较哲学也许比其他任何哲学更容易被比较者自身的偏爱所累。将中国哲学和西方哲学进行比较尤其如此。这种比较在早期阶段所采用的最朴素的同异分析，一直受到人们的赞扬。人们或者从这种差异是不可改变的假定开始，指出在最广泛的理论意义上，每种文化背景的最大特点是什么；或者假定存在着一个包括所有重要思想家在内的解释共同体（hermeneutical community）。这种观点认为，对中国和西方哲学家进行比较，就是指对思想家进行跨文化的比较，即根据预先假定的中性标准加以评判，而这种中性标准又是内在地决定着哲学的性质和各种哲学的特点的。

这前种研究的典型例子是 F. S. C. 诺思罗普（Filmer Stuart CucRow Northrop）。他对东方人爱好"直觉得来的概念"和西方人使用"来自假设的概念"之间的差异进行了描述。这种笨拙对照的方法，一旦被语言技巧不如诺思罗普的译者使用时，便产生了对这种比较方法的反动，使人们去刻画同而不是异，这样就陷入了跨文化的极端。

有的思想家认为,可以把哲学的反思看做一种最基本的看法,基于截然不同文化的思想家可以用描述这些看法的相对中性的范畴来加以评价。跨文化的比较方法在这些思想家中很有影响。把思想家加以分类,以便对他们的哲学探究和建树的内在特点作一比较评判,这种强烈的愿望使得元哲学工作蓬勃兴旺。但是,这些元理论家所做的只不过是康德在他的《纯粹理论批判》一书中未竟的工作,即提供一个纯粹理性的历史,一个方式的历史。在这种历史中,可供选择的理论图式为思想确立框架。

以上讲到的两种比较研究方法判若两派,但都认为,差异是无法消除的,无论它是出自于文化背景,抑或基于超越文化疆域的理论信仰。

我们在本书中所用的比较哲学的方法同文化间的比较方法以及跨文化的方法有共同之处。当在敏锐感受各种文化所强调的东西的差异(这些差异为有意义的理论和实践提供选择的可能性)时,我们的方法是同文化间的比较方法一致的;当在寻找一个一致的解释以提供可行的哲学对话语境时,我们的方法又和跨文化方法相一致。但跨文化论者,无需做更多的工作,就能构成这种一致解释。在这一点上,我们远不像他们那样乐观。这是我们和跨文化论者的区别。也就是说,除非我们能够详细描述和各种文化环境的理解相关的某些基本背景假设,否则,要追求一致的解释,就必然会导致我们把一套自己的传统文化标准强加于另一种文化之上。这就是以沙文主义勾画内在的哲学思索的决定因素。

我们认为,第一,在比较哲学中,异比同更有意义。就是说,认为中国传统哲学和西方传统哲学具有对立的先决设定(presuppositions)的看法,比认为它们之间具有共同的设定的看法更能提供成果。第二,在中国和西方社会,至今尚未获得让思想家们得以在共同的价值观念和共同关心的问题的基础上进行对话的可能性。在本书中,我们想加以证明的主要观点是:丰富多样的儒家文化和西方文化之间的差异,不能仅仅用一种漫不经心的态度随便一提了之。正是这种十分重要的差别才使人认识到,对某一种文化中的问题和困难,还存在着可供选择的其他回答,才能够为中西两种文化提供相互补充的机会。

本书应用的比较方法可以叫做"问题法"。我们努力从西方文化的背景中找出一些特殊的问题,然后用孔子的思想作为一种工具,精确地阐明这些问题的关键所在,提出解决这些问题的途径。所以,我们的比较方法不可能建立在文化差异不可化约论或理论差异不可化约论的基础上,而是有着跨文化的色彩。它企图促进各种文化之间的对话,以逐渐导致承认相互之间的同和异,从而使得各方最后能提出共同关心的重要的理论和实际问题。赫伯特·芬格莱特(Herbert Fingarette)的一本篇幅不大的书《孔子:即凡而圣》,就是应用问题法的范例。芬格莱特使用现代欧美哲学的语言来阐明孔子思想的特点,目的在于提出,孔子的哲学可以帮助当代西方人更好地理解语言和社会习俗的性质。

虽然在对孔子的解释上,我们和芬格莱特在一些重要的地方意见相反;但在主要目的上,我们是一致的。我们反对把孔子的《论语》仅仅看作是与中国古代文化的起源和发展相关的伦理规范的集大成,而想把孔子的思想和当前的哲学讨论联系起来。

在这本书里,我们希望通过中西哲学与文化的比较来对孔子的思想进行思索。我们的目标是:对孔子思想中的主要问题取得明确的看法。然后运用孔子哲学作为中介,作一番中西思维的反思。后者很重要,正是在这一点上,我们所使用的"问题法",才能得到最好的说明。因为通过反思"思索",以及它和孔子心目中的"哲学"的关系,我们才能考虑一个和我们密切相关的问题,即当今西方哲学中或许最热烈讨论的关于哲学学科的意义以及它在一般文化中的作用等问题。

本书既是为中国读者写的,又是为西方读者写的。这就不可避免地会产生某种困难。无疑,书中对西方哲学家和哲学思潮的许多概括,对我们西方读者来说是过于简单了。但如果我们想成功地吸引那些并未熟谙西方哲学的中国读者的话,这就在所难免了。同样,有时事与愿违,我们在想使不熟悉中国古代典籍的西方读者理解中国思想,可对中国读者来说,也难免会犯错误。

在选择对哪些研究孔子的思想家作介绍时,我们也考虑到本书的可能读者的特点。当然,我们的讨论不可能详尽无遗,只是想力图找出中西哲学文化的相同点和不同点,以促进两种文化之间最富有生气、最有成效的相互作用,并力图介绍那些真诚地提出问题的传统的和现代的西方哲学家。我们深信,以上提及的通过孔子进行中西比较的两种意义,将对当今的哲学讨论有所贡献。特别是,我们希望通过揭示孔子思想中最有活力的内容,为发展人类的思维提供一种借鉴,对重新理解哲学活动的内在重要性和应用重要性有所贡献。

在用比较的方法研究孔子时,我们将大胆地向流行的对孔子思想的理解以及传统的研究方法提出责难。为此,就需要以某些基本的文化背景的预设作为出发点。

这种设定是指某种适当的解释语境。大部分孔子思想的解释者,不管他们是立足于西方传统,还是借用西方哲学范畴来论述中国传统,其主要缺点都在于无法找出能明确表达支配中国传统的预设。而这种预设正是没有被西方传统中的主流思想家所考虑过的。对于那些难免要曲解孔子的概念的西方读者来说,我们的讨论将特别有益。

但是,我们必须从一开始就把这些不同预设的性质及其适用范围弄清楚。所谓“预设”或“先决设定”,是指通常人们(这些人属于相同的理智文化或传统)没有讲出来的那些前提。这种预设是哲学讨论的基础,它使人们之间的交流成为可能。在注意古代中国文化和西方文化的对立预设时,我们也不希望人们得出我们所强调的概念差异在任何意义上都是绝对的和不可避免的这种印象。中国和西方传统的丰富性和复杂性,确保了支配一种文化的先决设定是兼收并蓄、相互包容的,当然只是以一种微弱的形式。所以,建立中国和西方文化各自不同的预设,将在中西文化比较中起着非常重要的作用。

第二节　用比较方法研究孔子的几个预设

一、内在论的宇宙

在孔子思想中,影响最深远的、一以贯之的预设是:不存在任何超越的存在或原则。这是一种强烈的内在论的先决设定。

从严格的意义上说,超越和内在的对立本身,是出自西方哲学的传统。但不管怎样,企图求助于超越的存在或原则来说明孔子的学说,是完全不恰当的。在西方哲学中,对"超越"这个术语的用法比较复杂,其严格意义是:在原则 A 和原则 B 的关系中,如果 A 在某种意义上决定 B 而 B 不决定 A,那么,原则 A 就是超越的。就是说,如果不诉诸 A,B 的意义和重要性就不能得到充分的分析和解释,而反过来,情况就非如此,那么,A 就超越 B。在西方哲学传统中,原则的支配意义要求设定以上严格意义上的超越。

西方哲学家的超越原则显然诱导了他们在解释孔子思想和分析《论语》时使用这种语言。把中国的经典引入非汉语世界的尝试是从基督教传教士开始的。他们诉诸超越的概念是不可避免的。西方哲学在柏拉图和亚里士多德那里,使用超越原则是完全必要的。柏拉图的理念和形式完全不依赖于宇宙,相反,却为宇宙的创造提供模式。事实上,这些形式构成了基本存在的实体。亚里士多德以为,实体的原则在其自身;实体是永恒不变的,是所有其他事物的非物质性源泉;实体就是说明一切变化运动,奠定我们认识自然界基础的原则,这个原则是不为宇宙或者宇宙中的任何因素所决定的。

从德谟克利特和卢克莱修引出的古代唯物主义,认为"原子"是独立的、不变的单元,它们构成了世界;原子超越了它们所构成的世界的一切;原子决定了这些事物,但其本身不受外界事物的影响。

在西方哲学传统中,哲学范畴的又一个源泉是存在主义或者唯意志论。在他们看来,原则的终极起源是人类本身,权贵创造了原则,君主创造了规范。从最一般的意义上说,人类世界是一连串人为的构造物,人们被要求对世界重建和评价,每个人都被赋予去获取"本真性"的任务。这样,世界就成了人自身。于是,容易给人以一种假象,似乎存在主义者和孔子如出一辙。其实,孔子是以人类为中心的环境道德论者,而西方哲学中的存在主义者则不太注意人与人的相互依赖。他们较注重独立地实现个人的价值,认为决定性的超越原则是站在自我实现顶峰之上的个人,个人独立于他们所创造的世界。

存在主义的观点认为,人与社会的关系具有相对性,社会不仅由人决定,同时也决定了人;人与社会环境的相互作用不是以"每个人同所有的人作战"的形式出现,而是基于人与人之间的相互依赖和相互尊重。仅仅在这个意义上,存在主义者才和古代的儒家一致。

在中西哲学比较的研究中,我们别无选择,只能尝试从西方的传统中找出一些范畴和语言来阐明中国传统,而这些范畴和语言必须和中国传统中的范畴和语言有某种共同性,并能够加以改造和扩展以容纳新的思想。孔子思想通过西方人自身的文化经验领域内的类似结构,总能使人发现某种相似性和差异。在西方哲学传统中,令人茫然的是,找不到任何充分发展的内在论观点,即认为秩序和价值原则本身依赖或者出于与其自身相关的环境的观点。但是,对孔子思想作恰如其分的解释,就需要用一种内在论的语言。这种语言设定了法律、规则、原则或规范在某种意义上依赖于社会环境或者自然环境。

如果要寻找现代比较哲学的征兆的话,那就可能要到皮尔士、詹姆斯、杜威、米德等实用主义哲学家以及怀特海等人的过程哲学中去找。从他们那里,我们可以找到理解孔子思想所需的哲学概念。因为,西方的实用主义和过程哲学与古代中国的哲学具有相同之处。①

---

① 参见郝大维《不定的凤凰》,第169—228页。纽约:福特汉姆大学出版社,1982年版。

　　要说明孔子的思想,内在论的语言是必不可少的;要说明孔子的作为道德力量的自我这个概念,内在论的语言就格外重要。因为,在使用超越的语言与按照"实体"的概念来构筑世界尤其是构筑社会之间有着直接关联。

　　因此,运用超越原则,就不可避免地会导致自我的实体化观点。因为,如果一个人或者一种活动的意义只有通过超越原则才能够被了解,那么,这个超越原则必然决定了人和环境的根本性质。理性的原则要求理性的人去完善原则本身,道德的原则也要求道德的人去建立这种原则本身。这样的人是"理性"和"道德"的代表。正因此,才使得作为代表的人成为一种实质性的存在、本质的存在,即本然。

　　另一方面,孔子的哲学是事件的本体论,而不是实体的本体论。了解人类事件并不需要求助于"质"、"属性"或"特性"。因此,孔子更关心的是特定环境中特定的人的活动,而不是作为抽象道德的善的根本性质。但这并不意味着他仅仅把目光从道德主体转向道德主体的活动。按照事件来刻画一个人,就不可能把主体和行动孤立起来考虑。道德主体既是自身行为的结果,又是自身行为的起因。

　　在犹太—基督教传统中,对实体性自我概念的辩说非常明确,而中国古代哲学中的佛、道、儒三派对"自我"的阐述却显得含混不清。二者形成了鲜明的对照。由于近期比较哲学的兴盛,不同的文化传统之间开始有了建设性的相互作用,这种情况引起了对各种传统加以区分的问题。从尼采开始,在詹姆斯、柏格森和怀特海等人的过程哲学中所表现出的对西方哲学中实体性自我概念的批评,改变了以往作为认识人的基础的实体性自我概念。这样,引进中国文化,就是必由之路了。因为,死抱住西方的思想不放,将无法恰当地表达非实体论者的观点。

　　决定孔子思想的事件本体论,是他的内在论的宇宙论最为重要的含义。但另两种含义也需要加以强调,即内在论的宇宙"秩序"和"创造力"。

对秩序可以有两种基本的理解。一种认为,秩序就是一种先时存在的相关事物的形式,亦即"理性的"或者"逻辑的"秩序。另一种认为,秩序是美学的。创造出的新形式,就是美学的秩序。逻辑的秩序带有封闭性,而美好的秩序则是开放的;逻辑的秩序往往是通过外部强加或者所谓上帝意志的原则、超越的自然律、某社会的实际法律,或者必然存在于人的意识中的范畴等来实现的,而美学的秩序则来自某特定的方面、因素或者事件的所在环境,并为这种环境所决定。认为孔子思想中的秩序是理性的秩序,那是错误的。因为,把先时就包含一切的形式强加于事件之上,才产生理性秩序。孔子的秩序是可以由人加以实现的东西,而不是某种原则的例证。

孔子的内在论的宇宙论的另一含义是"创造性",也是由人确定的。在西方哲学传统中,犹太—基督教的"从无生有"概念就表明,模仿一种超越的创造活动,这就是创造。而孔子却认为,创造活动"内在地"存在于自然世界中,人们按照其对特定社会环境的秩序所产生的影响来估价它们,创造活动根本不是模仿某种超人间力量的有意识的封闭活动。在孔子的思想中,创造更接近于"意义"的创造,而不是"存在"的创造。

二、概念的两极性

理解孔子思想的另一个设定是概念的两极性。

在西方传统中超越概念无处不在,如神和世界、存在和非存在、主体和客体、心和物、实在和现象、善和恶、知与无知等等。用它们来讨论中国古代哲学,是不恰当的。但此种做法仍具有极大的影响。

孔子宇宙论中的基本因素——天、地和人所共有的内在性阻碍了我们使用超越语言,使任何二元的对照有害无益。内在宇宙论的概念在认识论中的对应词是两极性的。概念的两极性要求有意义的、相互联系的概念之间的对称相关性,一个概念的阐明有赖于另一个概念的阐明。孔子思想中这一点是不言而喻的。通常人们用"阴""阳"来说明两极性这个概念,"阴"并不超越"阳",反过来也一样。"阴"不断地转变成"阳","阳"也不断地转变成"阴";黑夜不断地转变成白天,白天也不断地转变成黑夜。但是,多数评论中国传统的人到此便止步不前了。他们没有精确地说明这种预设的特性,而正是这个预设决定了中国古代概念的共通的内在性,以及对称相关性。

这个预设是这样的:孔子的宇宙是一种环境,它既构成一切,又由构成它的因素所构成。但必须作一重要的补充,有机体通常被看做由部分构成的整体,这些部分在功能上相互关联,以合乎某种目的。孔子宇宙论的"有机体"的一个重要特点是,不存在任何一个在严格的意义上可以超越其他因素或方面的因素或方面,世界上每个因素都是互相关联的,一切因素都"互相依存"。而在西方,亚里士多德的自然主义最有代表性。他认为,最高的即最后目的是超越自然界,其本身不为其他所推动,是无条件的目的或目标。

如果即使在像亚里士多德那样的自然主义宇宙论者那里,也难找到相互依存性,那么,在受"创世说"宇宙论变相影响的其他哲学体系中,就更找不到相互依存性了。在西方,希伯来人的传统和希腊人的传统是一致的,"创世说"对促成超越的语言,以及被用来将这种语言具体化为二元论范畴,具有深刻的影响。

二元论也存在于受"创世说"影响的哲学体系中。在这些学说中,一种根本上非决定的、无条件的力量被假定为决定着世界的基本意义和秩序。这种二元论在超越的、非依赖的创造源泉和被决定的、依赖的对象之间,作出了截然的区分,认为创造源泉并不需要通过其创造物来解释自身。这种二元论以多种形式出现,并在西方宇宙论的发展中始终是一种支配的力量。它一直是一只真正的潘多拉盒子,释放出构造西方形而上学沉思的多种精巧的二元论形式。

另一方面,在中国古代形而上学的滥觞和发展中,"两极性"一直是一种主要的解释原则。所谓"两极性",是指两个事件之间的一种关系,每一个事件都把另一个事件作为自身存在的必要条件,每一个存在都是"本身如此"的,而不是从任何超越的力量中获得它的意义和秩序;"本身如此"中的"本身"和"他我"是一种两极关系。每个特殊都是每个"他我"的结果;每个特殊既是由自我决定的,又是由每个其他的特殊决定的,这二者并没有矛盾。就是说,构成存在的其他特殊,事实上也构成了一个自我。两极性的显著特点是,每一极都只有通过另一极才能得到解释,"左"有赖于"右","上"有赖于"下","自我"有赖于"他我"。

二元论对关系的解释导致了本质主义。世界的要素被视为分离的和独立的。相反,对关系的两极性解释则是情境主义的,即认为世界上的一切事物都是互相依赖的。

以上提及的二元论范畴,不仅不适合于将两极性形而上学化的东方传统,甚至还会成为歪曲的祸根。两极性需要相互关联的术语,以解释存在过程和动力机制:分化/缩合,分散/合并,分解/凝结,盈/亏,等等。另外,由于所有的存在都处于一个只有程度差异而没有类别差异的连续的统一体之中,所以,它们之间的区别就是性质上的差别:清/浊,正/偏,厚/薄,刚/柔,温/暴。

中国早期思想的两极性特点阻止了用"创世说"观点来解释创造力。历史学家鲁惟一(Michael Loewe)甚至断言,在中国古代,"在神话和哲学中都找不到创世说的思想"①。《庄子》是这种传统的一个例子,这本书里面明确地对绝对开端的原则提出不同的看法:

> 有始也者,有未始有始也者,有未始夫未始有始也者。有有也者,有无也者,有未始有无也者,有未始夫未始有无也者。俄而有无矣,而未知有无之果孰有孰无也。②

在中国思想家提出的哲学问题以及他们对某些哲学问题的解答中,

---

① 鲁惟一:《中国的生死观》,第63页。乔治·爱伦和欧文出版社,1982年版。
②《庄子·齐物论》。

这种二元论/两极性含义的差别是明显的。鲁惟一提出,在中国文化中,"没有发展出线性的时间概念,以找出一种开端,从这开端出发,一切过程尾随其后"①。即是说,中国人所谓的存在过程,基本上是循环的,没有终极的开端和结束,而只有周而复始的韵律、秩序和节奏。《易传》、道家、阴阳五行家即是明证。

另外,虽然在中国古代哲学中,也能找到有目的的、拟人的创造者概念,例如道家的"造物主"观点,然而,他们并没有允许创造者和创造物之间有终极区别的两极性观念,因而就使得造物主观点中途夭折。②

如果中国传统哲学根基于概念的两极性,那么,人们就有理由相信,这种两极性在中国古代思想的主要领域——社会和政治哲学中有所表现。本杰明·史华兹等人认为,事实正是这样,概念的两极性植根于并渗透在中国古代儒家传统之中,如修身和治国、内和外、知和行。③

区别二元论和两极性的意义在于心物关系。"心"和"物"之间的二元关系一直困扰着西方的传统,以至引起了许多棘手的问题。在中国古代哲学的两极性形而上学中,心物之间相互作用的关系对防止出现心身问题发生了影响。当然,并非只有中国思想家能够调和心和身两者,但这两者对他们说来从未成为一个问题。他们并不认为,心和身是两类本质上不同的存在,所以,他们就没有建立成套的不同的用以描绘它们的术语。由于这个原因,中国人用来描述事物的词的含义就非常丰富。例如,"厚"既可以用来形容物体的厚,又可以用来形容慷慨。"薄"既可以用来形容物体的薄,又可以用来形容人的轻浮。"圆"和"方"既可以用来刻画物理的品质,又可以用来刻画心理的品质。在中国,尽善尽美的人通常是用人的形体的大小来加以形容,如大、渊等等;而在西方语言中,类似的但较少使用的比喻,则要追溯到前二元论的对人的解释。这反映

---

① 鲁惟一:《中国的生死观》,第63—64页。
② 同上书,第68页。
③ 本杰明·史华兹:《儒家思想的两极性》,第50—62页。美国斯坦福大学出版社,1959年版。

了在西方传统中,理论和比喻、理性和修辞耐人寻味地不一致。

三、传统:解释问题的背景

　　理解孔子思想的最后一个预设是作为解释背景的传统,在这种解释背景中,以往的先决设定得以在文学和哲学中表达出来。和前两个预设的讨论一样,用概念对照来勾画孔子的见解,将是有益的。

　　历史可以用各种截然不同的方式加以理解,但在"主体"概念的中心位置问题上,有一种广泛的一致。无论历史是按照经济的或者军事的原因来解释,抑或按照观念的历史加以说明,主体的概念总是决定性的。即使观念不会以同样的方式、在同样程度上像经济措施那样发生作用,它们仍然会产生结果。当然,唯心主义或者唯物主义的历史观,以及意志主义的或者英雄史观,对促进人类主体的概念的作用是不同的。不过可以肯定,唯物主义和唯心主义都把历史解释为由伟大人物创建的;如果决定事件意义的有效主体不是历史人物,那么就是历史学家和哲学家。人们只要回忆一下科学史赞美"伟大"科学家的方式,就可以明了这一点。科学史主要是根植于唯物主义的范型之上的。

　　理性历史的情况也是如此。人们几乎总是按照伟大人物来解释以往历史的伟大。观念总带上发现者、发明者、创造者和继承人的名字,通过这些人及其事迹名垂青史。

　　但是,难道我们除此以外别无选择了吗?和用历史上的伟大人物来定义文化的经验环境相对立的观点则认为,传统是关键的因素。"历史"和"传统"虽然在概念上有部分重叠,但对于某个社会环境来说,二者中,往往是一个比另一个更为根本。历史是由个人和事件造就的,而传统则有某种癖好,喜欢否认有创造者,或者至少不愿意提及创造者。即便事件的复杂总体似乎是一团乱麻,是非理性的,但人们也总能够为某一事件或者一连串的事件找到理性的证明或者原因。在这个意义上,历史是理性的和可理性化的。至于传统,就完全不一样了:为某种传统、礼仪或者习惯作理性的辩护,似乎是不可能的;但是,对整个传统的复杂性的认识,则能用诸如"社会巩固"和"稳定"这些词来辩护。

与历史和传统相联系的不同类的理性,表明了二者之间的关系。与集团惯例和个人习惯相联系的礼仪形式,在很大程度上是被用做维持机构和文化连续性的工具,尽管人们很少意识到这一点。从这一意义上说,传统文化是礼仪主义的。那些较少地受传统制约而较多地受自觉的历史制约的社会,往往诉诸于成文法和法律制裁。

历史文化和传统文化的区别是显而易见的。前者强调服从和不服从原则,以及法律意义的道德重要性;而后者则强调礼仪的美学特征。在历史文化中,在外在命令和原则的意义上,规则是行为的规范;而在传统文化中,规则是执行仪式,是一种内在的要素。如果礼仪活动的人格化是必要的和必需的话,那么,礼仪和个人之间的关系就必定比原则和个人之间的关系更为密切。

在传统中,参加礼仪与经过理性的谨慎的思考而服从规则,两者是大不相同的。从一个人对体现他的社会性的基本原则所持的敬而远之的态度,我们就可以看出这种不同。礼仪文化的内在原则不仅过去还是现在,都比历史文化的超越原则更强有力,更有异化的力量。礼仪活动作为一种特定的行为,为个人提供了某种形式和表达手段;而超越个人的法律则为人们的活动提供了指导,因为法律的使命就是作为衡量的规范以及统一的指导,其目的就是为了迫使人服从。于是,人们往往会感到法律处于与己对立的地位,把法律作为异己的力量。

人对自己个性感觉的强度是由规范的外在性决定的。如果一个人的存在不与社会规范相抵触、相摩擦,就不大会产生自我中心的思想。礼仪生活加上人的美好的生活环境,大概不会给个性带来任何压抑。考察一下西方文化和中国文化中个性的不同意义,就很容易理解这一点。

西方的个人主义和中国的群体主义之间的差别就在于:西方把个人主义推崇为创造力和独创性的标志,而在中国,发展人格是通过把个体中普遍存在的情感一体化,从而达到某种相互依赖性。这种民族精神气质是主张通过习惯和传统的内在规范,以表达特殊的感情和行为。孔子认为,个人的偏离传统或者同传统背道而驰的行为,是出自这些人利己的动机,是他们对传统的背叛。

当个人在思想上或实际中打破陈规标新立异的时候,作为实践和情感的规范之本的传统就很容易阻挠和摧残新生事物。历史是在叛逆者、不落窠臼的创新者和发现者的活动中发展过来的,而传统则对社会的连续性推崇备至,并认为连续性就是把过去的思想和行动具体化,并加以发扬光大。中国和西方的理论科学的历史就很好地表明了这种差异。在中国哲学中,能以最恰当贴切的方式把古代思想家的智慧加以扩展,并解释和运用于他们所处的时代和环境;而在西方传统中,人们则把哲学史看做是由笛卡尔、休谟、康德、黑格尔、马克思、尼采等人提出的一系列革命性观点的历史。

强调传统的人往往不喜欢发动激烈的文化变革。当然这并不意味着他们完全否认变革。在中国传统中,人们总是不断地借助于圣人孔子的权威,掩盖了与孔子的学说有重大差别的变革学说;借助于促进传统价值连续性的风俗,从而把自己的学说说成是孔子的学说。例如,在《论语》里,孔子一再避免涉及形而上学问题,但深刻的形而上学著作《中庸》仍然以孔子的名义,将自己归属于孔子。《荀子》也打过孔子的旗帜,而事实上,它代表的是远离孔子学说的一种激进理论。西汉著名的儒家学者董仲舒,与其说是孔子或者先秦儒家的代表,还不如说是西汉调和折衷各学说的巨擘,如此等等。

可以用两种方式理解孔子的原训和后人的释义之间的关系。一种是惯用的把孔子作为掩盖无数富于创造精神的个人的新观点的手段,另一种是把孔子作为一个"合伙"人,在文化价值不断变迁的过程中,后代的思想家一次又一次地将他改头换面。按照后一种看法,孔子是一个团体、一个社会、一个活的传统。

有意思的是，中国历史上的一些重要变革是由外部力量引起的。中国的所谓"西方化"，特别是 19 世纪末、20 世纪初的"西方化"，是这种似乎属于历史的被动性的典型例子。正是这种历史的被动性，把中国社会的新事物以及变革掩盖了起来。当中国五四时期的主要理论家之一梁漱溟讲到中国的"调和意志"和西方的"进取意志"正相反对时，他指的就是传统社会的这种特点。调和既是一个需要很长时间的吸收过程，也是一种转换过程。在这一过程中，新事物的萌芽是在传统解释的外衣下出现。

本书的重要任务之一，就是论证不能用严格的历史观点来解释孔子的思想，而应该从传统的观点来做这项工作。这样，就会使孔子成为一个创新者、一个"伟人"，而不是像孔子自称的"述而不作"者。如果我们对儒家的创造性的意义麻木不仁，只把孔子看做一个传统的继承人，那就会把他只当做一个传人，而不是一个实际的思想家。

第一章　思维方式之比较

第一节　西方传统的思维方式

一、思维的目标——清晰性

威廉·詹姆斯曾经说过:"哲学是力图清晰地思维。"他的这一哲学定义免去一大堆理论工具,使哲学从特殊的历史和传统中解放出来。

清晰思维不仅是哲学的目标,也是科学的目标。但是,科学由于较少执著于清晰思维而与哲学不同。科学家讲的"清晰"总是和所处的情境有关;总是只意味着"现在足够清晰",或者"对这些特定假设足够清晰"。在西方文化中,对事物进行思索、追根究底,正是哲学家的任务。哲学家对科学家的假设,乃至他们自己的假设加以批判的检验。

这就是说,哲学比科学在更大程度上意识到,构成自身的各种形态,只不过是理论的假设;清晰的思维几乎总会导致某种反思,即对思维本身的思维。

当然,除了通过严格的哲学和科学思维方式以外,还可以通过别的途径达到清晰性。诗人的隐喻或神秘主义者的冥想,都是想达到某种清晰性。事实上,在西方文化传统中,艺术、宗教与科学、哲学的区别,往往在于各自探求难以捉摸的清晰性的手段不同。人类文明一直在力求达到这种难以捉摸的清晰性。

在西方传统中,特别是进入现代以后,人们已不再把艺术家和宗教学者看做严格意义上的思想家了。这种把对艺术和宗教的文化兴趣拒之于思想活动之外的做法,影响了我们对当代西方文化的了解。如果我们对重新定义思维不抱偏见的话,就必须重新检讨这种做法。

哲学思维的辩证性质,本是西方哲学思维史的特点。"辩证法"这个词包含有对话的意思,对话是"通过……来谈",或者"通过……来思维"(thinking through),它要求沉思。柏拉图早期与苏格拉底的对话可谓是辩证思维的最好代表,这种思维被认为是"没有结果的",有待继续下去。到了现代,通过学习哲学史,人们把辩证思维和它的反题联系了起来。哲学家对先驱者们的思想进行辩证的检验,多半是把他们撇在一边,并且用新构建的理论取而代之。在历史上,思维一直是与抛弃批判和重建旧观点的辩证过程联系在一起。现代的思想代替过去的思想,这是思维构建的进步,也是一种特殊方法的产物。用这种方法,人们就可以了解思维的辩证特点。

对西方传统中的"思维"和"理性活动"加以对比的反思,就能透彻地理解:思维和历史过程的联系包含了知识的积累,其目的在于达到清晰思维的相对开放性,以同理性的训练活动形成对照;后者是为了探求理想的价值或理想的目标,并探求促使这种价值或者境界为人们了解和承认的方法。

西方哲学史是按照理论体系、学派和思潮来写的。它与其说是一部广义的思维史,不如说是一部理性和理性活动史。另外,当今时代各种价值观之间的严重冲突,以及带有哲学思维气味的、实现各种价值观的不同手段,扩大了有关最高目标的理性活动和有关手段的理性活动之间的差别。这种差别出自我们的理智文化中一直为人们所推崇的对于存在和生成、实在和现象、观念和行动、心和物等等的两分法。这可从古代对上帝和世界的区分中找到有力的支持。古代的这种观念认为,神圣的事物绝对地超越现实的世界,上帝或者创造了并完全决定着这个世界,或者对这个世界具有足够的影响;理性如果要去把握真实事物的话,就必须超越这个被赋予的或被创造出来的世界。柏拉图的永恒形式、亚里士多德的自我反思、康德的终极自由王国等等都是如此。

理性可以发现独立于具体实践的原则,因为原则本身并不是从具体实践中产生的。因此,发现理想境界并不会自然地导致贯彻或实现理想境界。柏拉图有句名言:"认识真理就是去实现真理。"但这句话在西方的传统中并没有成为现实。目的和手段的分离,原则和方法的分离,意味着我们更倾向于圣保罗,而背离柏拉图,于是,该行的善我并未去行;而不该作的恶我却作了。

西方科学的理性活动和实践表明,虽然道德和宗教问题造成了原则和实践的分离,但正是这种分离才使科学活动成为可能;科学家的假设规定了与目前已知事实相反的条件,而对这些假设的可行的实验证实方法往往只同这些假设间接相关。对科学家和科学哲学家来说,证实一个假设并不意味着原则与经验一致。原子论唯物主义的假设是典型的科学假设。从留基伯、德谟克利特到尼尔斯·玻尔(Niels Bohr),原子论一直按照不可经验的"理性的"结构去解释可经验的世界。这样的结构只是为了解释的目的。例如,德谟克利特的问题并不是朴素的"存在着哪种事物",而是烦人的"如果我们用经验来反对巴门尼德和芝诺的逻辑成功了,那么,一定会有哪种事物存在呢"?

二、理性与经验的分离

芝诺的无情的逻辑在接受"理性"与"经验"分离的一般思维时,触发了一场危机。迄今为止,西方哲学传统的伟大和给人留下的深刻印象大部分都同解决这种分离的努力有关。这种努力也取得了很多成果。柏拉图处理这场危机的办法是：把理性和经验分为两个不同的活动领域——存在的和生存的领域。经验是理性苍白的影子。亚里士多德把人类的理性建立在经验之上，却又认为理论与实践是分离的，这种分离只有在"思维对思维"的反思中才能加以克服；实践的最高形式只归结为神。在对理性与经验分离问题的这些经典解释中，理性活动最终都成了超越经验世界的事物。

由此出发，自5世纪至15世纪，从奥古斯丁到司各脱和奥卡姆的神学运动，发展出了他们各自的学说。奥古斯丁等人按照超验的上帝和其创造的世界之间的关系，来解释理性和实践。"天启"论支持人类事业的经验方面，而"化身"说则力图为两种全然不同的存在秩序之间的过渡架构必要的桥梁。但中世纪后期，在唯名论和唯实论的纷争中结束的激烈论战，反而活跃了当时哲学对这个问题的解决方式。

笛卡尔作出了解决知识的理性模式和经验模式争论的最为大胆的尝试。他试图仅仅通过理性来开始并结束其哲学体系。按照笛卡尔《沉思录》中对知识的讨论，真理和谬误都是判断的质或者特点；判断包括不同于认识活动的意志活动；人类确实不具备与作为观念的最终源泉的无所不知的存在（上帝）相同的认识能力，因此，人们完全有可能作出错误的判断，人们只有十分清楚、明确地把握判断中的概念，才能精确地判断真和伪。

知识的无限，超越了人的认识的有限，这种主张是笛卡尔分析的基础。因此，知识不是直接的知识，而必须通过判断这一中介才能达到。判断力图把观念引入有限的和相对无知的世界，而建立在判断理论之上的知识与意志的分离，则是理性和实践之间差别的反映。现实世界中的紧急事件要求我们不能无限期地推迟作出解决，而必须立即作出选择；我们只有在实践中有效地把握认识活动与认识的应用或者贯彻之间的区别，以便能更清晰地阐明所把握的概念，才能推迟作出判断。把握概念本身并不包含作出判断或者去行动的意向，否则，旨在达到清晰性的沉思就会带上感情的色彩。

笛卡尔的哲学和数学沉思,在数理科学和技术的发展中具有决定性的影响。现代批评者认为,笛卡尔使理性和经验无法内在联合,造成了心和物之间有害的永久的分离;他对自我的存在的论证比他对上帝和外在世界的论证要热忱得多,也更有说服力,以致其哲学不可避免地导致怀疑论和唯我论。

休谟对笛卡尔哲学的这种情况虽然不乏了解,但他不愿按照他的推理得出最后的结论。休谟借助于人的"动物性"激情以及"信仰"激情的积淀物——"习惯",而避免了绝对怀疑论。休谟的哲学显然与波浪的绝对怀疑论无涉,同时也表明了这种怀疑论的有害性。至少对休谟本人来说,他的说明是令人满意的。即使形而上学的思维必然会引向极端的怀疑论,人们也并不注定会是形而上学的思想家。理性活动从根本上说,是激情的产物,最强烈的激情是信仰。彻底思想的产物——极端的怀疑,是无法阻挡建立在习惯和实践基础上的信仰的力量的。

康德认识到休谟把因果联系作为科学思维的理性基础的批判性结果,进而发展为一种捍卫科学自主性的方法。他赋予认识者以感性的形式和知性的范畴,来构筑经验的力量,最后通过把"实在"、物自体排除出潜在可知事物的领域,来达到这个目的。康德通过对伦理学和美学(和纯粹理性相对)关于所有实质性问题的讨论,进一步扩大了价值和事实之间的鸿沟。科学的理性活动的合理性,通过知性渗入科学研究的主要对象而得到了保证。

三、克服思维危机的种种努力

尽管存在着一些对康德观点持不同意见的人,但在 19 世纪末以前,康德对理性—经验的分离的解决法,为人们对思维的性质和特点的反思提供了主要动力。19 世纪末以后,起源于巴门尼德和芝诺的思维危机开始从数学和科学本身中去寻找出路。在现代科学中,约定论的出现,非欧几何学的发展,以及物理学相对论的发现,使科学的概念发生了革命,并且使研究思维的意义成为必要,致使思维不再轻易地同较为狭窄的理性和理性活动的概念联系在一起了。

在科学哲学中,实证主义的失败,对科学危机的爆发起了决定性作用。维特根斯坦的《逻辑哲学论》试图建立一种语言的参照理论,这种理论确立了"名词"和"事实"之间的一一对应关系。假如他的意图成功,那么用物理描述语言作为我们认识外部世界的基础这个实证主义的目标,就有可能实现。维特根斯坦后来宣布放弃他的这一主张,这也对决定语义哲学的方向起了很大的作用。语义哲学迄今为止一直支配着现代西方哲学。

总的说来,语义哲学家较少考虑语言的特点,而对语言的实际作用和构成要素较感兴趣。维特根斯坦的后期哲学根据不同的语言社团、不同的语言规则,探讨并分析语言的结果。奥斯丁发展了维特根斯坦后期思想中的实用主义倾向,最后得出了一个相当复杂的语言"操作"理论,把语言的功能说成是一系列的活动,如允诺、判断、发誓等等。美国哲学家奎因、内尔逊、古德曼和威尔弗雷特、赛勒斯也探讨了语言之构造世界的功能。

这些语义哲学的类型都反对理论——实践两分法的框框。语言的指称特点是提供名词,使思想家能勾画先时的存在——"客观"世界的性质和结构。这一特点现在已被对语言是一种形式的实践、一种行动或者创造的方式的歌颂取代了。

从理论转向实践,并宣称哲学作为一种理论活动的时代已经结束了,这不仅在语义哲学家看来是如此,而且在卡尔·马克思看来也是如此。马克思常常宣称,哲学的真正目的在于改变世界,而不是仅仅描绘世界。这既表明了他对哲学家超越现时的实践、而用一种总体的意识形态方式去勾画世界的失望,又提出了一种纲领性的观点,即认为无产阶级革命将消灭压迫的历史及其相伴生的意识形态。

在宣称哲学已经趋于没落,并努力重新阐明思维的意义的学院派哲学家中,海德格尔也许是最著名的。他是西方人在试图重新阐明思维的意义时显出优弱点的一个有趣例子,因为他比任何现代哲学家都更敏感地意识到发展新词汇的需要。这种新词汇可以刻画比较广泛的哲学问题,特别是和思维的内在意义联系在一起的一连串概念的特点。

海德格尔一直提醒人们注意将本体论理性的专门形式区分开来的后果。他认为,这种区分,势必使注重于技术和手段的思想家占上风。本体论理性要求从实践到理论的运动,但本体论把思维过程说成是理性,这是不能令人满意的。唯一可行的方法是转变重点,把思维分解为一种实践或者活动。技术理性活动只是导致这种转变的极端形式。当然,困难在于,没有实践的理论理性是空洞的、抽象的,而没有理论论证的实践理性则是盲目的。将理论和实践同等地强调,并非一件易事。

海德格尔以非常复杂的方式提出了思维的意义问题,目的在于回答有关当代哲学的特点和命运的论争。海德格尔认为,哲学的目的就是它的"结束",哲学的"结束"是从形而上学→对存在的存在的探究→最终转变为从哲学中发展出来的特殊科学。他指出:

> 哲学发展成独立科学是哲学的自然归宿,但独立科学本身内部的交流更为突出……科学的兴趣正被引向协调的研究领域的必要的结构概念理论。理论意味着关于控制论功能的范畴的假设,这种假设拒斥任何本体论的意义,而描述未计算思维的操作和模型则占了支配地位。①

哲学的目的是从研究存在的存在开始,发展为"研究协调的研究领域的必要的结构概念"(科学),再达到充分认识否定这些概念的本体论意义的结果(操作的、计算的技术思维)。

---

① 海德格尔:《基本著述》,第 376—377 页。纽约:哈勃和罗出版社,1977 年版。

用描述的、想象的、推理的、计算的概念,也可以刻画与形而上学和科学相联系的思维。在现时代,构成哲学思维的这种思维已不复存在,因为形而上学的思维已经消失,形而上学的思维也不得不蕴含在特殊的科学之中,这些科学代替了以传统面目出现的思维活动,不需要任何哲学思维的形态。

在这样的条件下,为哲学思维寻找一个适当的位置,便导致这样一个问题:"既非形而上学的也非科学的思维是否可能?"海德格尔的回答是:"有可能。"后期海德格尔为寻找新的根据以发展思维做了一些工作。海德格尔后期思想中的美学的、神秘的成分表明,他完全抛弃了公认的哲学思维的含义,听任哲学的死亡。当然,他心中并非没有矛盾。

理查德·罗蒂(Richard Rorty)接受了海德格尔的结论。他认为,作为基本思维的哲学终结了;那种把哲学作为文化一致性的基础以及一种工具,把哲学作为对知识的裁定的看法,必须加以摒弃;在任何意义上,哲学都不等同于认识。他写道:

> 如果我们赋予预言科学以"认识"的名称,并且不再对"另一种替代的认识方法"忧心忡忡,那么就会有利于哲学的清晰性。康德的传统认为,要成为一个哲学家,就必须有一个"知识论";柏拉图的传统认为,不建立在真命题知识基础上的行动是"非理性的"。如果没有这些传统,那么似乎就不值得在"知识"这个词上唇枪舌剑了。①

在罗蒂看来,将要代替基本思维(形而上学)或者"替代的认识方法"(转向"科学的"思维的认识方法)的那种哲学思维,可以称做"启迪"。启迪包括发现"替代的更富有成果的表述方法"②。

罗蒂对发现"替代的认识方法"的强调,似乎使一种把哲学家视为不同于行动者或创造者的思想家的看法得以永存。但罗蒂无疑已感到,启

---

① ② 罗蒂:《哲学与自然之镜》,第 356、360 页。普林斯顿大学出版社,1979 年版。

迪思维是帮助我们日有长进的手段;启迪型思想家的"反常"论述"总是依附于正常论述中……启迪总是运用当时文化所提供的材料"①。罗蒂的思维概念是饶有兴味的。

存在主义、现象学、马克思主义、实用主义和语言哲学都想通过为具体实践中的思维活动提供根基,来发展人类的经验和表述理论。但是,这种企图并不是完全成功的。这在很大程度上是因为,关于思维意义的理论和实践的分析模式之间的相互对立,决定了没有任何一种方式能综合它们,长期以来,理论和实践的分离在西方的传统中一直是一种先决设定,以致形成思维的哲学范畴也是通过参照这种分离而建构的;看上去是单向的概念如"理念"、"活动"、"意向"等,现在也是扎根于人类经验的两种不同方式中的一种。

以上我们简单回顾了西方传统思维问题,目的在于强调,这个问题乃是西方理智文化中的一个主要问题。如果对思维的意义有疑问的话,那么作为思维代表的哲学的终极意义也将是大可怀疑的。另外,如果说近来哲学著作有重描述倾向的话,那么,寻找西方文化传统中合适的源泉,以成功地解决这个疑难问题,即对思维作出全新的解释,也是困难的。

我们试图历史地描述思维在西方哲学发展中的定义,以及它反过来又是怎样决定哲学家的思想的。在西方传统中,人们用狭隘的认识概念来分析思维的概念,导致了两个非常明显的后果。首先,它扩大了理论和实践之间的鸿沟,导致了对实践或者行动仅仅作句法分析,这种分析很难用任何公认的与本体论立场有关的概念来进行;而本体论立场对认识来说,则是明确的、显而易见的先决设定。其次,适合于描述(诸如欣赏、评价、参与、移情等)经验世界的形式,尚未得到像内在的思维那样受尊重的地位。

---

① 罗蒂:《哲学与自然之镜》,第 365—366 页。普林斯顿大学出版社,1979 年版。

当代哲学,不管是存在主义、解释学、实用主义、分析哲学,抑或马克思主义,乃至正在相互竞争的形形色色的其他"主义",在哲学思维的意义的不适当性方面,都表现出了惊人的一致。绝大多数哲学家都在全面地抨击着事实—价值—理论—实践的相互隔离的状况,但困难在于,他们的努力都受到了其企图克服的传统的影响。从事修正思维意义工作的那些思想家必须克服文化上的偏见,然而,大部分人仍以这种偏见在进行工作。

当一个人对他所处的文化背景的根本观念提出挑战时,他应以什么为出发点呢?

最明显的答案是:站在另一种文化背景和立场上。当然,这是一件很困难的事,但必须这样做。如果我们借助于孔子的思想,确实为我们固有的文化提供了一种有价值的观念,那么,我们的工作就是合理的。我们所做的将远不止是写一部关于孔子思想的导论,或者对他和我们时代的相关性作一番印象主义的评价,而是对孔子哲学进行分析,揭示孔子的思维方式,从而提供一个思维活动的方式,以便理解思维本身的意义。

第二节　孔子的思维方式

现在我们开始研讨孔子。

对西方哲学家来说,这位中国传统文化中最为显赫的思想家代表了与西方大相径庭的另一种思维方式。另外,他对长存的哲学问题和疑难作出过别开生面的、富于批判性的研究。因此,通过对孔子思维方式的分析,重新确定思维的意义,重新规定哲学家的特点和责任,或可作为对哲学文化发展的一种贡献。

我们笔下的孔子可能会成为一个颇有争议的人物,会遭到某些持传统观点的儒家学者的严厉批评。但我们相信,这项工作不仅对西方哲学家有所裨益,而且能进一步发掘孔子思想中有生命力的东西。

在解释孔子思维的原动力时,我们将做概念的重构工作,包括进行相互印证的语言学分析和哲学分析。通过语言分析,既表达了思维,又考虑了语言的哲学含义和适用范围。

奥斯丁曾经说过:"一个语词从不(几乎从不)离开它的词源和形成时的状态。尽管它的含义会变化万端,增减不已。最初的含义将会保留下来,并渗透于和支配着这些变幻不定的增减。"[①]在英语中,和儒家最常用的"思维"或者"哲学探讨"过程相对应的词,带有十分浓厚的西方传统的内涵,从而在许多方面会造成误解。如果为中国的某些主要概念寻找英语中相应的词,然后用这些相应的词来进行分析,那么,这无疑是西方学者在解释中国哲学时的方法论陷阱。为此,就有必要从语言学和语义学分析开始,发掘出概念的"最初的含义"。这样,我们就将得到一套新的、更易感受的孔子哲学的对应词汇,并做到尽可能不违背原意。

我们的做法被彼得·布德堡叫做"语文语义学",即一种对给定的特殊用语的分析。[②] 这种分析观察和计算某种特定用语的词源、出现频率、意义范围和相关词的意义范围,以便用某种合理的精确性描绘出这些表达方式的轮廓。假如这种语言学分析的资料基础有限而又不确定,并且往往带有臆测的性质,那么,从这种分析得出的观点和结论就只能看做是建议性的。而我们是依靠严格的哲学分析和语言分析的一致来取得可信性的。

这种解释学分析的第一步工作,是仔细检查有关汉字的字源、注意它们的同源字和有关的同音异义表达方式。在检查中,我们倾向于把所有的汉字都看做是表义的,而不把它们看成是由分离的语音和意义元素构成的音标文字。

---

① 奥斯丁:《请求宽恕》,载《哲学论文》第 149 页。牛津:克莱兰登出版社,1961 年版。
② 布德堡:《孔子基本概念的语义学》,载《东西方哲学》1953 年第 2 期,第 317—332 页。

　　以下,我们将先叙述孔子对思维活动的理解——学、思、知、信相互作用的过程,以期证明:孔子提供了一种对思维的分析,避免了规范的思想和自然产生的思想之间的分离,而这正是西方传统哲学尚未能解决的问题。因此,孔子的哲学可以为解决当代西方哲学思维的难题提供重要的启示。

一、学

　　孔子思维的动力,可以称之为"学"与"思"的不断的相互作用,最后由"信"达到"知"。"学"/"思"两极性在功能上可以看做是西方思维方式中对应的理性活动,而"知"对应于"认识","信"则对应于"真理"。正是这些范畴,构成了孔子思维活动的出发点。在对西方传统加以肯定和关怀时,我们必须小心翼翼,避免把孔子的思想简单地心理化,因为这会妨碍我们对孔子思想的理解。

　　我们希望明确一点,即对孔子来说,思维不是抽象的理性活动,而在本质上是一种操作、一种活动,它直接产生某种实际效果。孔子认为,思维远不是把人从经验世界中提升上来的一种手段,而是一种综合化的过程、一种深刻的具体活动;思维力图从存在的可能性和所提供的条件中实现最高的潜在价值。这样,在孔子那里,思维就不仅是对客观事实加以认识和对价值进行评价,而是实践或实现世界的意义。

　　饶有兴味的是,作为"学习"的"学"字,是指直接知晓的过程,而不是以概念作中介的对客观事实的知识。事实上,"学"这个汉字是"敩"这个字的缩写。"敩"的意思是"教"和"觉"。在先秦时期,"觉"是指那些从事研究和教育的有学问的人的学者崭露头角。只是到了后来,也许是随着文化传统的积淀,"学"的意义才侧重于学习研究上。

　　"学"的第二个含义是传递一个人的文化遗产。在"学"和"闻"的联系中,"学"通过同"教"的相互作用和相互交流(闻),从而具有领会和体现文化传统(文)的意思。

"学"的对象是流传下来的人类文化（文），"文"的词根意义是描画线条。人类依靠社会组织和精心保存的器物，其价值观和思想才能凝结在符号中，世代相传。在这种积累和传递的过程中，文化经历了逐渐的精练过程："周监于二代，郁郁乎文哉，吾从周。"（《论语·八佾》）孔子认识到自己处于并出自传统的社会环境，遂把传播、体现文化遗产作为自己的使命："志士仁人，无求生以害仁，有杀身以成仁。"（《论语·卫灵公》）文化传播具有多种形式和结构，最显而易见的是书面文字。不管怎么说，历史上的孔子实际上负责编纂了现在归在他名下的各种经典。虽然，孔子十分强调谙熟历史和文化典籍，但他并没有把书籍当做唯一的有意义之物的贮存所。传统的智慧往往是口头传播或保存在社会结构、机构、仪式和音乐之中的。尽管孔子把书本学习作为学习的主要方面，但他又把学习看做是人的头脑和身体、书本知识和实际体验两方面的活动。从孔子为他的门人设立的课程"六艺"——礼、乐、射、御、书、数。看来，其所谓的"学习"，显然是为了培养具有完全人格的人，而文字典籍只可作为一个因素。

孔子尽管很谦虚，但他在强调学习时，却为自己孜孜不倦而感到骄傲；并用同样的话形容他得意门生颜回："有颜回者好学，不迁怒，不贰过，不幸短命死矣，今也者亡，未闻好学者也。"（《论语·雍也》）在他基于才、命、力三要素的教育哲学中，把最后一个要素——勤奋学习作为他最关心的东西："学如不及，犹恐失之。"（《论语·泰伯》）"性相近也，习相远也。"（《论语·阳货》）认为人性相近，每个人都有学习的能力，这就是人类的特点。命和力的标准很难把握，当一个人的学习像颜回那样勤奋时，学习的机会就近在眼前了。同时，孔子收取学生的重要标准，是学生渴望学习的态度和执著于学习的精神。孔子最大的失望是"困而不学，民斯为下矣"。（《论语·季氏》）

孔子除了强调学习的重要性以外，还区分了人文学科的学习和获得实用技巧的学习。孔子竭力把占有文化知识和占有功能的、工具的知识区分开来。他认为,把文化修养本身作为目的,便能丰富生活;学习不仅是谋生的手段,而且是一种目的和生活方式。

如上所述,学习就是获得和占有前人赋予文化传统中的意义。这样,"学"就能为社会的个人提供一个共同的世界,在此基础上,人们就能够相互交流和接触。而要进入这个共同的世界,就必须有个人修养的条件。关于这一点,孔子有过清楚的阐述:

> 好仁不好学,其蔽也愚;好知不好学,其蔽也荡;好信不好学,其蔽也贼;好直不好学,其蔽也绞;好勇不好学,其蔽也乱;好刚不好学,其蔽也狂。(《论语·阳货》)

二、思

学习是一种严格意义上的占有——敬重于优秀的文化遗产。它不要求学者改变传统的文化或者产生新的思想。

正是本着这个精神,孔子自称"述而不作"(《论语·述而》)。《论语》里的其他段落,也可以作为对孔子保守思想的解释:"吾尝终日不食,终夜不寝,以思,无益,不如学也。"(《论语·卫灵公》)在这里,孔子显然把"学"置于"思"之上,相信学习传统文化是培养有道德的人的必要条件。另外,"思"又是对某些既定的东西加以批判和评价。在这个意义上,"学"在逻辑上必然优先于"思"。不过,尽管孔子强调个人占有文化传统,他还是认为,要获得并接受现存的意义,就必须进行思考;为了使这些意义尽量适合并扩展到人们所处的环境中去,创造性的思考就是必不可少的。

在孔子的思维动力中,"学"和"思"是相互联系、不可分割的。孔子把"学"与"容"联系起来;"君子尊贤而容众,嘉善而矜不能。我之大贤与,于人何所不容?"(《论语·子张》)而"思"除了接受学到的东西之外,还有追求把握学习的条件、意义和目的的意思:"君子有九思:视思明,听

思聪,色思温,貌思恭,言思忠,事思敬,疑思问,忿思难,见得思义。"(《论语·季氏》)

"思"的概念是一个总称,它有几种确定的性质,包括了几种思维的方式:考虑、沉思、认为、想象、计算以及推理。"思"又常常和忍耐联系在一起,"思"还有直接的关心的意思。"思"的含义不仅限于心理学方面,还包括"思"的过程中生理器官的作用。在中国传统文化中,心理和生理被看做是"思"这一连续统一体中的两个方面。① 如果把生理排斥于心理之外,那么,我们就会曲解"思"的概念。

孔子认为,思维过程的能动性和整体性在"思"和"学"的范畴的相互依赖中暴露无遗:"学而不思则罔,思而不学则殆。"(《论语·为政》)这是说,如果一个人只是"学"而不批判地思考所学到的东西,那么,他就不能举止"得体",就不能把所学的东西充分体现出来,就不能使他所学的东西和他所处的独特环境融洽和谐,就不能展现它的意义。结果,他就只会人云亦云,随波逐流。当他遇到需要超越所学的东西时,他就会手足无措。按照孔子对存在过程的观点,每一事件都是一系列特殊条件的产物,因而,不能简单地重复过去;食古不化的人在生活道路上必定会处处碰壁。

"学"和"思"之间的相互作用,亦即从文化传统中广泛地汲取营养,与发挥个人在描述传统时的创造性,这两者之间的相互作用,乃是《论语》一书反复强调的主题:"博学而笃志,切问而近思,仁在其中矣。"(《论语·子罕》)每个事件都是独特的,这就要求人们尽力使所学的东西能创造性地适应新的环境:"温故而知新,可以为师矣。"(《论语·为政》)

人们必须创造性地充分利用现有的文化,使它适合自己的环境和时代,使它成为一种结构。只有通过这个结构,人才能实现他自己。人们又必须勤奋地学习,以获得流传至今的传统文化,在尽力实现传统文化

---

① 安乐哲:《中国古代哲学中的"体"的意义》,载《国际中国哲学季刊》1984 年第 4 期。

的现代价值方面作出自己的贡献。

但是,孔子也劝告他的门徒:"当仁,不让于师。"(《论语·卫灵公》)即使是老师的话,也要加以独立思考,以确定其正确与否。这充分表现了孔子对批判思维的强调。

孔子又认为,在思维过程中,如果重"思"轻"学",则危害更大。当一个人不利用前人的成果而闭门造车,就会缺乏同社会交往所必须的共同出发点。一个刚愎自用的人往往是不正常的人,对共同意义和价值将是一种威胁。另外,如果这个人又是个活跃的人,则他常常会行动反复无常、徒劳无功,或者陷入危险的事业。孔子把"思而不学"看做是无益的工作。荀子步孔子之后,亦批评这种做法对智慧的积累毫无裨益:"吾尝终日而思矣,不如须臾之所学也。吾尝跂而望矣,不如登高之博见也。"(《荀子·劝学》)而把孔子的观点引向深入,达到"思待学"的,则是《中庸》所说的:"博学之,审问之,慎思之,明辨之,笃行之。"

对孔子来说,思维是一个过程,需要人投入整个身心;而二元论的心物范畴,却不能描述这个过程,理论与实践分离的范畴也同样如此。通观《论语》,孔子把君子描述为实事求是的人,言而能行的人:"子贡问君子。子曰:'先行其言而后从之。'"(《论语·为政》)"君子耻其言而过其行。"就是说,观点和说明观点的文字不仅是学究式的和理论的,而且是促进行动的力量,具有实在的操作性。另一方面,孔子也谴责"乡愿"式的行为是没有正确态度的行为。孔子不仅关心言行一致,而且重视行为和价值观的一致:"'乡愿',德之贼也。"(《论语·阳货》)《孟子》对孔子讲的"乡愿",也有一段说明:

> 言不顾行,行不顾言,则曰:"古之人,古之人,行何为踽踽凉凉?生斯世也,为斯世也,善斯可矣。"阉然媚于世也者,是乡愿也。(《孟子·尽心下》)

孔子本人反对成为书呆子,反对"多学而识之者"(《论语·卫灵公》)。他认为,要根据一个人把所学的东西运用于自己或他人的实践的程度,来衡量他所学的东西的意义。就像刘殿爵所指出的,人所应具备的,既包括较为形而上学的"恕",又包括见诸实际效果的"忠",而这样的"忠"对理论又有影响。①

三、知

孔子对思维的理解的第三个基本概念是"知",一般译为"认识"、"理解"。但对孔子的"知",我们最好在"使之真实"的意义上的将它译为"实现"。在早期中国文献中,"知"通"智"。这表明了理论和实践的不可分离;而在西方,理论和实践的分离,导致了"知识"和"智慧"的分离。

在字源上,知由"矢"和"口"构成,"矢"这部分显然和语音无关,它可能是提供"投掷"或者"方向"的意思;"口"这一部分无疑和语词有关,无论是指"认识",还是指"实现",都包含了语言交流的意思。可见,"知"在语义上,主要是指进入一种有助于相互了解和相互熟悉的关系。

关于"知"的字源上的成分以及含义,董仲舒《春秋繁露》中有一段话作了很好的表述:

> 何谓之知? 先言而后当。凡人欲舍行为,皆以其知先规而后为之。其规是者,其所为得,其所事当,其行遂,其名荣,其身故利而无患,福及子孙,德加万民,汤武是也。其规非者,其所为不得,其事不当,其行不遂,其名辱,害及其身,绝世无复,残类灭宗,亡国是也。故曰莫急于知。知者见祸福远,其知利害早,物动而知其化,事兴而知其归,见始而知其终,言之而无敢诈,立之而不可废,取之而不可舍,前后不相悖,始终有类,思之而有复,及之而不同厌。其言寡而足,约可喻,简而述,省而具,少而不可益,多而不可损。其动中伦,其言当务。如是者谓之知。(《春秋繁露·必仁且智》)

---

① 刘殿爵:《孔子的〈论语〉》,第 8 页。香港中文大学出版社,1983 年版。

这里,讲到了"知"的几个含义。首先,通常译为"认识"的"知"可以和通常指"智慧"或者"睿智"的"知"通用,知识和智慧、理论和实践之间不存在一条鸿沟。其次(特别需要强调的是),"知"表示对一系列相互关联的事态的结果作预言或者预测的能力,预测者本人也是这些事态之一。

关于后者,在中国早期文献中是屡见不鲜的。例如,在《白虎通义·性情》中写道:"智者知也,独见前闻不惑于事,见微知著也。"又如,《中庸》有一段话可资佐证:"至诚之道,可以前知……祸福将至;善,必先知之;不善,必先知之,故至诚如神。……诚者非自成己而已也,所以成物也。成己,仁也。成物,知也。"再如,在《论语》中,也可以找到在操作意义上使用"知"的例子:"由(子路),知德者鲜焉。"(《论语·卫灵公》)

知识与行为是统一的。如果认识的必要条件是它在行动中所得到的证明,那么,作为认识的"知"就应解释为"实现"。

《论语》中另有一段话非常简明扼要地阐述了"知"与"仁"、"礼"之间的关系:

> 知及之,仁不能守之;虽得之,必失之。知及之,仁能守之。不庄以莅之,则民不敬。知及之,仁能守之,庄以莅之,动之不以礼,未善也。(《论语·卫灵公》)

如果不了解"知"的操作力量的含义,就无法对上述这段话作出解释。阿瑟·魏莱(Arthur Waley)在翻译《论语》时曾失望地说:"这一段话中,文学色彩浓厚,议论则空洞,置'礼'于'善'之上,无疑是后人所加的。"[①]

孔子后面对"君子"的刻画,使"知"的认识和行动两方面的意义更加明显了:

> 君子不可小知而可大受也,小人不可大受而可小知也。(《论

---

① 魏莱:《孔子的〈论语〉》,第200页。纽约兰登书社,1938年版。

语·卫灵公》)

正如魏莱所说的,这一段话在行文上,突破了一般语法的限制,力求表达出"知"的意思。① 在"君子"那里,"知"(实现的力量)是一种整体化的东西,因而也是一种意义,一种享受。所以,"知"能够应付"日常"事物,但不能够应付"琐碎小事"。而君子做的每件事都是有意义的、重要的,即使他的"日常"活动,也总是基于伟大的桥梁。

孔子的另一段话也可以一读:"知之者不如好之者,好之者不如乐之者。"(《论语·雍也》)意思是:个人价值的充分实现,需要他的信奉和参与。所谓的"实现",有三个范畴:实现、意图的实现以及产生和谐与享受感的实现。孔子以为,最后一种实现最为丰富。如果去实现一种既非企求的也不会产生享受感的东西,那就是从事于琐碎小事。

实现"知"和他的产物——享受感的最根本的活力,在下面一段带有形而上学色彩的话里得到了体现:

> 知者乐水,仁者乐山。知者动,仁者静。知者乐,仁者寿。(《论语·雍也》)

这是讲,要成为一个重要的人,就必须具备两种基本品质。就一个人用其"操作的"智慧("知")来实现世界而言,他是创造性的和能动的,好比是流动的、源源不断的活水。就一个有成就的人而言,他是价值和意义的持有者,就像高山一样巍然耸立、天长地久。"仁者"达到的优越性是一种规范,以此影响着世界,成为一种持久的标准和仿效的楷模。"知"和"仁"的范畴可以显示"思"和"学"两者关系中所表现出来的创造性和连续性的区别。就像"山"和"水"被认为是构成"自然美"的必不可少的因素一样,连续性和创造性也是完美的个人所必具的品格。

孔子还强调,智慧提供给世界以连续性:"唯上智与下愚不移。"(《论

---

① 魏莱:《孔子的〈论语〉》,第 200 页。纽约兰登书社,1938 年版。

语•阳货》)最愚蠢的人不知自己的无知、冥顽不灵,实在是那种"困而不学"(《论语•季氏》)的人。很难解释的是,最有智慧的人表面看来是不可改变的。而我们则认为,圣人是不断丰富完善自己的;智者也是环境中的人,他的动也具有相对性;智者不会停滞不前,只是他在完善自己的过程中,始终代表着当时不变的楷模,成为人类文化的规范和结构的意义和价值的化身。

其实在《论语》中的其他场合,孔子也是这样认为的。他说:"天之未丧斯文也,匡人其如予何?"(《论语•子罕》)"为政以德,譬如北辰,居其所而众星共之。"(《论语•为政》)北斗星并非完全不动,而其他天体的运动却要靠它来测量。尽管北斗星有它自己的运动,但它却是相对静止的。在人与人之间的仿效上,智者由于自身的优越性而成为相对的"秩序化身",人们通过仿效他,从而达到某种程度的优越性。

在强调用一种超出人的纯粹智能的整体化方式来描述"知"的同时,孔子也指出,那些智能较为低下的人也能通过另一种同样合理的方式来认识世界,以求得智慧。即使是智能上有缺陷的人,也能为作为意义、价值源泉的传统添砖加瓦,也能通过他们的选择来认识世界。

语言在认识世界的过程中,发挥着重要作用,而"知"是建立在预感什么将要发生,以及使用交流的语言对此加以说明的能力基础之上的,"君子一言以为知,一言以为不知,言不可不慎也。"(《论语•子罕》)在关系到客观实在的场合,谈及将来无非就是一种预言;以权威的口吻代表实在说话,也就是预先说出必将发生什么事。但是,"知"同仅仅在事发以前表示意见,有两点根本的不同。首先,"知"强调将来的事件有各种可能性,过去和现在形成了将来事件的环境;将来事件在现有的环境中产生并为这种环境所决定。其次,"知"勾勒出将来的轮廓,引起了人们的向往,使他们投入创造将来的活动。

强调某种可能的将来,以及将来的意义产生于现存的传统和新环境之间的相互作用,这并不意味着随意想象或者假设。孔子并非把思考将来的各种可能性当做一种精神享受。相反,强调将来的某种可能性,这本身就是一种创造性活动,它比较接近于艺术创造,而不是假设或演绎。

"知"是一种清晰地描绘和影响世界的过程,而不是消极地承认某种先定的实在。实行"知",就是在人力所能及的范围内影响存在的事物。

> 樊迟问仁。子曰:"爱人。"问知。子曰:"知人。"樊迟未答。子曰:"举直错诸枉,能使枉者直。"(《论语·颜渊》)

台湾学者陈大齐评论道,"知"的主要功能是区分"义"与"不义"①,任何"义"都是相对于它的特定环境而讲的,所以,为了区别和确定"义","知"必定要对现有条件加以评价。从这方面讲,孔子的"知",常常被说成是解惑:"知者不惑。"(《论语·子罕》)"惑"是指人们对可能的选择的疑惑,但不是没有能力追索出命题的表现。疑惑产生于实在的各种可能性,即对思维的各种途径和行动的各种选择的游疑不定。假设性的推理活动对各种可能性和产生的后果兼收并蓄,而"知"者则是个专心致志的人,不具有科学文化所推崇备至的假设性的思维才能。

四、信

孔子对思维的理解的最后一个概念是"信"。它和"知"的概念紧密相关。

在"符合"说中,知识就是呈现实际,所以,"知"依赖于客观实在(相对于现象、思想或者语言而论),取决于思想与客观实在的一致。

孔子的"知"和上述"知"的概念有很大的不同。实在是内在的、相对的和偶然的,它是人们取得的东西,而不是认识的东西。因为实在离不开认识者,所以真理不是简单地符合实在,而是某种"享有"②。

哈斯顿·史密斯(Huston Smith)用以下一段话对西方和中国的真

---

① 陈大齐:《孔子学说》,第78页。台北中山书局,1968年版。
② 道伊奇:《真理:一种释义逻辑的理论》,第98页。夏威夷大学出版社,1979年版。

理范式进行了对照：

> 中国的真理在双重的意义上是个人的。它把人们的感情外在地看做是一种由语言影响的活动……从内在论的意义上说，它把一个人所说的话和他应该成为的自我紧密联系起来；和符合论者的工作相似，真理使占有真理的人调整了他所规范的自我。真理概念的内在和外在意义水乳交融。这是因为，人主要是通过认识同其他人的感情(发展"仁")而成为"君子"(应该成为的自我)……①

史密斯突出了真理的个体性，把它作为一种"诚"。一个人把他人的爱好包含在"诚"里，以"照顾其他利益集团的感情"。接着，史密斯把真理定义为某种创造出来的东西。这与我们把"知"解释为"实现"十分相似。史密斯又把真理描述为某种可"操作的东西"：

> 行动或者得言词只在某种程度上是真的，即它们把各种因素"格式塔"(组合、融合)成一个整体，以加快所期望的结果的到来；在中国即是加速社会和谐的到来。真理因此被看成是可操作性的东西，言语或者活动的目的，在于取得意想的结果。②

在他看来，真理就是影响所臆想结果的言语和活动。为了把对真理的这种理解追溯到孔子，并证明这个观点是合理的，我们必须从分析儒家经典《中庸》中的"诚"的概念开始。

《中庸》的"诚"和道家的"道"，在功能上有相似之处，即"诚"不仅是人的内在本源，而且是一切事物的内在本源：

> 诚者自成也，而道自道也。诚者物之终始，不诚无物。是故君子诚之为贵。诚者非自成己而已也，所以成物也。成己，仁也；成物，知也。(第 25 章)

---

① 史密斯：《西方人对真理的比较观》，《东西方哲学》1980 年第 30 期。
② 同上书。

人们可以想象,道家的"道"和儒家的"诚"之间的主要差异是:道家是通过人的自然环境来解释人,而儒家则从人开始,并且往往通过人的范畴来理解宇宙;道家的体系是从宏观宇宙论出发,从存在的展开来理解人,而儒家的体系则是从微观宇宙论出发,从人来理解一切存在;道家不愿完全把具有儒家色彩的概念"圣人"作为他们的理想人格,于是就产生了他们自己的范畴"真人",而儒家的"诚"则是把特定的人的活动延伸到存在过程的一切要素,从人自身出发,去实现真正的人格。正像杜维明所说的那样:"说'天'是'诚',似乎是把一个诚实的人的观念转换成对'天'之道的一般描述。"①

前面我们曾把"知"定义为有效的预言。假定在这个世界中,环境的性质和认识者及被认识者具有共同的性质,那么,观念和实在之间的对应,就不是可操作的,即在真理和实在之间并无可感觉的对应,而在主体的认识与客体的被认识的实在以及描述这种关系的真理之间就不存在差异了。从根本上看,"知"和"诚"是对同一事物的两种说法,两者都有待于从质上加以评价。

"诚"从字源上说,是由"言"和"成"两部分构成的。所以,它的意义是"实现所讲的话"。可以认为,"诚"像"知"一样,包含有指精确的、自我实现的预言的意思。《中庸》也说到了这一点:

> 至诚之道,可以前知。国家将兴,必有祯祥;国家将亡,必有妖孽;见乎蓍龟,动乎四体。祸福将至;善,必先知之;不善,必先知之。故至诚如神。(第 24 章)

《中庸》的这段话和《孟子》的"万物皆备于我,反身而诚,乐莫大焉"(《孟子·尽心上》),可以理解为是确立一种宇宙观的尝试,旨在支持孔子的社会哲学和政治哲学。孟子用"诚"刻画了存在过程,把"诚"看做是

---

① 杜维明:《一般和普遍》,第 107 页。夏威夷大学出版社,1976 年版。

"真理"、"实在"。这也许是《论语》中的思想：

> 居下位而不获于上，民不可得而治也。获于上有道，不信于友，
> 弗获于上矣。信于友有道，事亲弗悦，弗信于友矣。悦亲有道，反身
> 不诚，不悦于亲矣。诚身有道，不明乎善，不诚其身矣。是故诚者，
> 天之道也；思诚者，人之道也。（《孟子·离娄上》）

《中庸》则进一步概括了达到"诚"的恰当方式："博学之，审问之，慎思之，明辨之，笃行之。"

但是，孔子强调的是人在社会和政治的环境中实现自己，而不是对人性作形而上学的沉思。实际上，孔子对形而上学问题是完全没有兴趣的。孔子主要关心的是"人道"（或者"仁道"）、已达到的社会的、政治的真理和实在，以及"信"是怎样在交流中影响人道的。

而《孟子》和《中庸》所刻画的"诚道"的"诚"，既是指本体论的真理，又是指经验的真理。但是，《孟子》和《中庸》把"诚"发展成为最终的本体论真理，应看做是对孔子的社会的、政治的真理的思辨性扩展。《中庸》关于培养"诚道"的方式，也和《论语》十分相似："博学而笃志，切问而近思，仁在其中矣。"（《论语·子张》）。因此，《孟子》和《中庸》把注意力转向了形而上学的人，可以在孔子关于现实的人转为社会、政治性的人的观点中找到根源。

在《说文解字》中，"信"和"诚"两个字互相定义。这表明，作为实际的社会、政治真理的"信"和作为本体论真理过程的"诚"之间有着密切的关系。段玉裁也评论道，《说文》强调了"信"的"造就人"的含义。确实，在孔子那里，"信"的这种含义非常突出。一个人讲到就要做到，所以"信"字由"人"和"言"构成。"人而无信，不知其可也。"（《论语·为政》）在这里，孔子把"信"看做实现理想人格的必要条件。

"信"是孔子的一个主要概念，在《论语》中出现 40 次之多，它是孔子教授的"文"、"行"、"忠"、"信"四范畴之一（见《论语·述而》）。"信"还和

"谨"、"忠"有着不可分割的关系："为人谋而不忠乎？与朋友交而不信乎？"（《论语·学而》）"言忠信，行笃敬。"（《论语·卫灵公》）这是因为，"信"不仅是愿意或者允诺实践自己的话，而且近于古代的"盟誓"，即宣称人必须具有足够的能力、聪明和手段去履行、完成他所说过的话。如果"信"只是尝试实践自己所讲过的话，那么，成功或者失败就无关紧要了。但是，孔子把失败看做是缺乏"信"的能力："狂而不直、侗而不愿、悾悾而不信，吾不知之矣。"（《论语·泰伯》）孔子认为，"信"是实现或者"完成"人的意义和价值的途径，"君子义以为质，礼以行之，孙以出之，信以成之。"（《论语·卫灵公》）孟子也反复讲了"信"的这一含义："有诸己之谓信。"（《孟子·尽心下》）所以，当孔子叫其学生漆彫开去做官，而漆彫开却说："吾斯之未能信"（《论语·公冶长》）时，孔子很高兴。漆彫开当然不认为自己不足以被人信任，而是说，"我对此还没有信心。""信"是人履行、实现诺言的必要条件。实际上，《论语》中的"信"往往是和"忠"同时出现的。这意味着，"信"从根本上说是可操作的，是全心全意地实践一个人的允诺。

孔子强调的"信"的另一个特点是："信"是建立"友谊"（"友"）、赢得大众持续支持的必要条件。"弟子入则孝，出则悌，谨而信，泛爱众，而亲仁。"（《论语·学而》）"与朋友交，言而有信。"（同上）"老者安之，朋友信之，少者怀之。"（《论语·公冶长》）都是把"信"看做是建立人际信任关系的根本因素，看做是实现理想人格的先决条件。

尽管"信"是人之为人的必要条件，但不能就此推出，有了"信"就能使人臻于完善境界。"信"一般被看做是一种积极的品质，但它究竟怎样，尚依赖于"信"的内容。孔子在区分三种层次的"士"时，甚至把"信"看做是第三层也是最低层的德行。这种德行本身并不是绝对值得推崇的。孔子认为，即使是道德低下的小人也能做到信：

> 言必信，行必果，硁硁然小人哉！抑亦可以为次矣。（《论语·子路》）

孔子在谈论自己时,也往往是夸耀自己的好学,而不是自己的"信","十室之邑,必有忠信如丘者焉,不如丘之好学也。"(《论语·公冶长》)在他看来,"信"只是较为一般的德行。

最后,孔子的"信"和"义"之间还有一种重要的关系。"义"的概念在谈及自我完善的场合时讨论得更为充分。在孔子那里,"义"是个绝对的概念,是人类自身美学的、道德的和理性的意义的最终本源。一个有"义"的人才能从他的文化传统中汲取意义,展示出他的创造力。"义"要求说明,展示和实现个人的意义。如果一个人履行了他的诺言,那么,他就使自己成为世界的意义的源泉,其他人就可以认识、传播这种意义。所以,《论语》说:"信近于义,言可复也……"(《论语·学而》)当然,如果一个人言不及义,那么,他的话就不值得信,也就不会被人复述。

要说明个人的意义,获取"信"虽非充分条件,却是必要条件。就"信"是根基于人的意义这一点而论,人是能够为世界贡献"义"的。

第三节　《诗经》——一个例证

以上对孔子"学"、"思"、"知"、"信"的解释,也同他的方法相一致。因为,我们处理《论语》的方式是同孔子处理当时的经典的方式一致的。所以,在前面的讨论中,我们通过孔子而思索的方式同孔子对传统进行思维的方式,也是一致的。

孔子对《诗经》的运用,便是他的思维方式的一个例证。

《论语》中引用最多的书是《诗经》。据《史记·孔子世家》载,孔子从王室的档案里收集到大约 3000 首诗歌,后来编纂成有 300 多首诗的《诗经》。《史记》还写道,《诗经》的序是孔子最杰出的弟子子夏所撰。不管历史记载是否正确,有一点是清楚的,就是孔子把《诗经》作为他最基本的课程之一,作为"五经"之一。在孔子以后的诸子(如墨子、孟子、荀子)的作品中,《诗经》继续保持着重要的地位。汉代以后,《诗经》和《尚书》

几乎成了儒家培养学生的教材。

《诗经》收集了西周初年至春秋中叶大约500多年的诗歌。它是一个大杂烩,其中有宣扬西周人民的情趣和价值观的民谣,有关于王公贵族生活的浪漫颂歌,有政治性的挽歌、节宴的叙事曲、典礼的赞美诗、乐歌和哀歌。

孔子把《诗经》作为课程,有几个目的。首先,《诗经》是文化价值的载体,包含了大量有关文化传统的宝贵资料,为现代社会提供了根和源,成为社会的稳定因素。其次,《诗经》作为一部艺术作品,展示出精美的品性。它是词汇的宝库,能用来改善人们口头和书面的表达技巧,为组织和表达人类的经验提供了一种丰富的媒介。再者,在春秋时期令人眼花缭乱的政治斗争中,《诗经》又是一部以隐晦方式触及敏感问题的重要著作,对任何外交官或者未来的政治家而言,熟谙《诗经》中的兴、比方式,都是很重要的。孔子本人曾斥责过他的学生没有好好研读《诗经》:

> 小子何莫学夫诗?诗,可以兴,可以观,可以群,可以怨;迩之事父,远之事君;多识于鸟兽草木之名。(《论语·阳货》)

在他看来,一个学者一旦能背出和领会《诗经》,并通过《诗经》中的微言大义来解释更多的事物时,就成了有价值的人,就能促进过去的传统和新的环境之间的相互作用。但如果他在学习《诗经》时不思不问,只是死记硬背,那就只是一个书呆子。

孔子说:"兴于《诗》,立于礼,成于乐。"(《论语·泰伯》)认为《诗经》不仅是供人学习的历史资料,而且是创造性思维的重要源泉。它激发人进行自我修养,发挥创造性和想象力,到达博学的境界,以增强自己高度的社会责任感;不应把《诗经》看做是供人仿效的、有道德者对道德规范的说明,而应把它看做是人的、社会的、政治的、经验的可信结构,是批判的反思和创造性的改编物,是当时道德的、美学的、社会团体的框架。《诗经》的主要目的不是认同、限定和提供历史资料,而是加入社会实践,以最终改变环境。

一个人通过行动和思维，就能加深、扩大他对《诗经》的理解。其婉转的表达，隐晦的本意，完全不是败笔。相反，正因为如此，它为后人作出各种可能的解释提供了很大的余地，以适用于人们各自的独特环境。例如：汉代注释家们急于强化他们时代十分僵化的文化价值观，而当他们读到《诗经》中隐喻社会稳定的"风"时就兴高采烈。不同时代的人带着不同的问题，能够创造性地运用这本经典来安排、表达他们的经验，提出他们最重视的观点，以及论证某种看法。这些解释者表面上是在阐述《诗经》，实际上是在表达自己的思想。因此，《诗经》的成功在很大程度上依赖于它的读者的性质及其不同的经验。

古时候，《诗经》以及类似的文化典籍一直是典故的重要来源。集团与集团之间、人与人之间通过这些典故来对话。这种情况反映了传统文化中交流的性质。引经据典往往使人们推崇历史的过去，并使先人的智慧永恒地流传下来。可供选择的含糊的隐喻、多重的解释，为人们进行对话和发表意见提供了机会和灵活性。作为和谐及意义本源的过去的表达式，并不只是以最清晰地勾勒现状为目的的。它们从根本上来说是操作性的。如果我们把作为典故之源的《诗经》的功能同西方传统所经常推崇的语言的精确性相对照，便可以发现，双方在交流的性质上有重要的差异。在西方传统中，一般都避免使用格言，而把它们看做是陈腐的老生常谈——缺乏想象力，容易发生歧意，甚至是夸夸其谈。

《论语》在援引《诗经》时，则常常对原意作新的解释，以适应孔子当时的情况。例如，当子夏描绘一位美貌的宫女，以表示内在美比外在美更重要时，孔子听了很高兴：

> 子夏问曰："巧笑倩兮，美目盼兮，素以为绚兮。何谓也?"子曰：
> "绘事后素"曰："礼后乎?"子曰："起予者商也！始可与言《诗》矣
> (《论语·八佾》)

另一次,孔子赞扬子贡能举一反三,增进修养:

> 子贡曰:"贫而无谄,富而无骄,何如?"子曰:"可也;未若贫而乐,富而好礼者也。"子贡曰:"《诗》云:'如切如磋,如琢如磨',其斯之谓欤?"子曰:"赐也,始可与言《诗》已矣,告诸往而知来者。"(《论语·学而》)

这段话说出了"学"、"思"和"知"三者之间的关系:既要熟谙经典,又要创造性地把握经典的原意,对原意加以发挥,以适合期望的目的和将来。

从以下孔子对人性的评论中,我们可以更充分地领会孔子是如何把握上引《诗经》两段引文的。孔子曾两次哀叹:"吾未见好德如好色者也。"(《论语·子罕》)在我们上面所引的两段话中,孔子和他的学生都突出地把好色的经典解释转变成好"德"。他们通过加强对女性美的描绘,以表示对自我价值的注重,进而去促使一个好德重于好色的社会的诞生。孔子认为,贯穿整部《诗经》的思想是"思无邪"。(《论语·为政》)即使在此处,孔子此话在字面意义上也和《诗经》的原文"公马——它们不突然转变"(《诗经·鲁颂·马同》)大相径庭。

在孔子对《诗经》的领会和创造性的说明中,我们可以看到,"学"和"思"之间的相互作用导致了对经典原文更深的理解,以及个人的转变。这样,《诗经》就为人们领会旧意义提供了源泉,并为人们表现新意义提供了工具,成了认知的必由之路:

> 子谓伯鱼曰:"女为《周南》、《召南》矣乎? 人而不为《周南》、《召南》,其犹正墙面而立也欤?"(《论语·阳货》)

这是说,个人的成长基本上是创造性的;人认识自己,这是一门艺术。孔子对作为文化经典的《诗经》进行了开放性的、解释性的运用;这深刻地表明,只有对一个人的思想进行公正的评价,才能说明这个人的创造性。

孔子对《诗经》的运用,为认识论提供了一个十分贴切的例证。但人们不禁会问:"孔子对《诗经》的解释,出众人之处何在?"我们的回答是:

诉诸像《诗经》一样的传统经典的孔子的思维方法,不仅仅是一种思维方法,不仅仅是一种和经验的或者思辨的思维方法并立的解释性的思维方法。

孔子认为,知识是扎根于构成文化的语言、社会习惯和结构中的;文化是给定的世界,而思维则是对文化的说明,即说明这给定世界的有效性;知识既不是从先于文化的实在中得到的,也不能超越决定它的文化;世界总是人的世界。

对于大多数当代西方哲学家来说,对严格地由文化决定的思维似乎难以理解、难以忍受。在西方传统中,人们认为,有一个抽象的王国,它产生出新的概念和实践;只有这样的王国,才具有丰富性和复杂性。但是,孔子的思维中没有这种抽象王国的地位。存在主义也许会举出一些理由使人相信:人构筑的世界对个人的创造性和自发性提供了足够的余地。因此,不必对因没有超越性而引起的不方便大惊小怪。但即使是存在主义者也几乎不能接受文化实证论的极端形式,而孔子的哲学则似乎是这种极端形式的代表。这种形式的实证论认为,存在主义者对个人的创造性未免强调过分了。

实际上,孔子就是这样的文化实证论者。他断言,继承下来的文化传统是一切知识和行为所绝对必需的权威。但是,我们也必须注意到,孔子在这种实证论的限制下,为人们提供了关于哲学思维过程中个人、社会和宇宙论的含义的极其微妙和复杂的看法。

孔子把思维看做是包含"学"、"思"、"知"、"信"的复杂活动。前面的讨论为我们开了个头。在两种意义上,这只是开了个头。

第一,迄今为止所讲的思维都是从认识论的角度讲的,即我们涉及的都是获取知识的方式以及认识的结果。虽然数量可观的西方哲学家可能相信,思维的严格的认识论方面是唯一有意义的或者是重要的,但对孔子来说,事情却完全不是这样。所以,我们就要考虑从个人、社会和宇宙论的方面,来充分说明思维活动。

第二,只有联系在孔子思想中的个人、社会和宇宙论的含义,才能真正认识这些概念。在《论语》中,所有的主要概念都用"比"和"兴"。这不仅同那种认为对孔子的思想只能作独一无二的解释的看法相矛盾,而且实际上为我们对孔子思想的理解提出了另一种标准——与意义的唯一性相联系的清晰性并不是追求的目标。孔子的观点无疑是同詹姆斯把哲学刻画为"锲而不舍地力图使思维清晰"相吻合的,但是,我们还须去进一步把握孔子所认为的清晰性的独特含义。

第二章　人格论之比较

第一节　中西方造就人的不同标准

在西方传统中,人们常常根据某种超越的理想的实现程度,来刻画一个人的造就过程。平德尔(Pindar)所说的"成为你自己",就是一句最有影响的刻画人格实现活动的话。唯物主义和唯心主义的思想家一直把这句话解释为"认识你的本质并让它来决定你"。从柏拉图力图找到一种手段以使人能洞见不变的形式的本质的教育纲领,直到弗洛伊德的精神分析法(即要求一个人从心理的表层进入到深层),都是指要实现一个人真正的自我。把人类存在视为理性的有机体的自然主义者也具有和自我实在论者同样的偏见,因为他们的有机体是由那些刻画理性本身的目的和目标确定的,要成为一个人,就是要最佳地实现理性的目的。

在希腊传统的早期,智者勾勒了与此不同的人的本质概念,把作为"创造者"的人的概念引入了西方哲学意识。西方传统对创造的理解和孔子关于造就人的观念形成了鲜明的对照。因此,最重要的是:要以尽可能精确的方式来理解孔子创造的概念与西方的相应概念之间的异同。为了达到这一目的,最有效的方法是探索中西方两种传统中关于人的造就和思维之间的内在联系。

当我们重温西方传统中思维的意义时，便会注意到区别理性和经验的重要性。这种区别首先是由巴门尼德提出的。理论和实践的区别，以及由这种区别造成的观念和行动的区别，为本体论和推理活动的发展提供了可能性。与解决社会实践的需要相联系的专门的推理活动，支配着西方人对思维过程本身的理解。西方传统大体上认为，所谓完美的人，就是指能够认识并决定事物本质的原理的人。现在，人们常常用心理的、社会—经济的、政治的或者科学实践的术语来描述这种完美性。为西方现代文化所竭力赞扬的那种人的造就，是指这种外在的原理。马克思的、弗洛伊德的、自由民主的以及技术的价值观都是这样的外在原理。

西方哲学中的这种转变表明：行动的理论和实践模式之间的区别使我们分别把"知识"、"行动"和"创造"孤立起来。而把作为思维内在目的的"教育"和"知识"分为两极，则是这种区别所产生的另一后果。罗蒂在《哲学与自然之镜》一书的结尾讨论了这种转变。罗蒂参照了伽达默尔《真理和方法》一书的观点，把它作为评论的基础。他注意到伽达默尔用教育的概念代替知识的概念，以致作为思维的目的。罗蒂认为，伽达默尔像海德格尔一样，把寻找客观的知识看做和其他活动并列的合理活动①，而一旦把作为思维目的的知识相对化，并把人的本质特点即把认识者的概念相对化之后，转变的重点就落在"活动"之上了。由此就会认识到，与造就人相联系的每一种活动都是一种创造；应该以作为自我造就、自我表现和自我创造的教育概念来说明人的每一种这样的活动。

从弗洛伊德到萨特，哲学家都强调自由和自我认识的联系。这表明，知识不像过去通常所认为的仅仅是认识外部世界本质的东西了，而成了一种对自我的描述、说明和解释。完全赞同思维和人的造就之间联系的理论的困难在于：把思维过程狭隘地仅仅理解为自我认识，便会导

---

① 参见罗蒂《哲学与自然之镜》，第 359 页。普林斯顿大学出版社，1979 年版。

致自我中心论,以致去反对其他的人际相关概念或者社际相关概念。

在当代存在主义、实用主义和马克思主义的理论中,自我实现和实践或行动之间的联系是显而易见的。但是,他们也提出:不能完全忽略主体间的关系。因为一旦放弃理想的超越人的客观的知识,人们马上会达到一种扎根于个人和社会环境中的人与人之间的自我理解和相互交往。也就是说,如果我们不再寻找精神的意志或者无情的自然法则,就必须找出另一种东西来。因为一旦把客观知识的神话搁置一旁,世界就不再是供冷冰冰研究之用的客观的资料堆积,而成了(相对地说)围绕人展开的显现。换句话说,世界就成了最能代表人类创造精神的文化。

在我们讨论孔子的"学"、"思"、"知"概念时,显然是认为文化决定思维,因为"学"和思维的联想能力都是文化的成就。当我们考虑孔子的"造就人的"这一概念时,就将突出"礼"、"义"和"仁"之间的动态关系。"礼"、"义"和"仁"同样预先设定文化背景是最根本的基质,这种基质决定了人的造就过程。我们将会看到,孔子对"人的造就"的理解是颇具特色的。西方传统和孔子的这一观点,最接近的,要算存在主义和实用主义。

前面我们已经提及,用创造过程来定义人类的观点发轫于古希腊智者。在近代,这种观点在某些文化人类学者那里很有影响,他们想找出一种定义,使人类与他的生物学上的近亲得以区别开来,遂提出了"制造工具的人"的概念。工具进入了新生的社会,使自然人和文化人的相互作用得以形成。这种工具是"文化的客体",其品质繁多而又功能复杂,从最简单的削打而成的石头到语言符号和记号,都属于此列。文化,以及作为文化客体之源泉的最为复杂的人类,在诞生时就给自然界带来了意义。因此,作为一种文化客体的人类,本质上是文化客体的创造者,从而也是自身的创造者。

成为人类学家和哲学家解释工具的自然的和文化的比较方法,本身依赖于作为意义活动复合物的文化。哲学人类学家列维-斯特劳斯认为,从自然到文化的过渡问题是人类学的中心问题;要理解这一问题,就必须预先设定这种过渡发生以后会出现的概念和理论。① 作为意义创造者的人类将其自身和人格作为最初的产品。

现代存在主义者和实用主义者已把对人性的这种解释转换成关于人的造就的非常精致的理论。

萨特很好地表述了存在主义的观点。萨特认为,要根据自由和自我认识之间的关系来理解人。不过,只有诉诸于行动的概念才能理解这种关系本身。"去行动就是去修正世界,就是按照目的来安排手段。"②在萨特看来,行动中最重要的是:行动是有意图的,而有意图就意味着已经意识到的某些东西(即被意图指向的东西)出了毛病;行动的目的便有意识地拨乱反正。这就反映了人类的自由,因为人倘未意识到拨乱反正,就不会有任何意图。"人就是存在,通过它,虚无进入世界。"③就是说,人的意识产生于认识到事态的混乱,而人的自由则决定着有意图的活动,这种活动力图拨乱反正,"人和存在的关系是人能修正存在"④。

存在的这种关系加强了人自身存在的真。作为有意改造对象的自身和其他事物相比是自为的;只有通过由意向指导的活动,人才能成为人,才能成为有意识的自为的人。自在的人变为自为的人,遂造就了真正的人。

对人的意义的这种看法,一方面机巧地克服了把人看做一个抽象本质或原则的认识者的困难,另一方面却大大地增加了说明人的造就的社会特点的困难。例如,唯心主义关于人的理论诉诸于刻画人的本质意义的经验和理性的超越结构,能够证明人类交往的社会特点。萨特提出的存在主义观点从个人意识出发,然后发展到把社会解释为个人的调整器和节制器,每个人既改变别人,也为别人所改变。这种观点虽然还不至

---

① 参见列维-斯特劳斯《图腾主义》,第 99 页。波士顿灯塔出版社。
② 参见萨特《存在和虚无》,第 433 页。纽约哲学图书馆,1956 年版。
③④ 同上书,第 24 页。

于把我们引向霍布士的"每个人对所有其他人开战"的观点,但显然使社会的相互作用变得十分紧张。由于这种个人主义的偏见,存在主义者就无法对理解人类的社会文化之源进行充分的探索。

在萨特看来,社会和人际关系的基础在于区分自在和自为,个人只有是自在的,才能成为决定外在的主体;社会中个人之间的合作关系和紧张关系都取决于自为的自律和完整性。这种理论的困难在于:一个自称是自为的人必须精确地确定谁是决定者。

萨特在其后期著作中转向了马克思主义。这表明,第一,他的存在主义本身不能产生令人满意的社会政治理论,而必须诉诸于其他哲学。第二,对自在和自为与社会中人与人关系的详细说明,要有专门的经济理论作背景。萨特的社会理论,用他自己的话来说,似乎是同样的"坏信仰"的结果。他认为,其他社会理论都是"坏信仰"。他从外面接受过来的对人的意义的看法同他最基本观点的真正含义相冲突。

在所有的存在主义理论中,事实上,在一切个人主义的对人的意义的看法中,都有一种坏的信仰,即坚持个人的社会特点。在这些理论中,都不讨论社会环境对人和人格的造就所具有的影响。

人是意义的创造者,他创造的主要意义同经验世界的自我意识有关。这种观点是存在主义和实用主义所共有的。但在实用主义看来,作为个人意识存在的人的发展,依赖于更为根本的社会相互作用。实用主义反对存在主义提出的个人的绝对性,认为个人必须始终被理解为与社会环境相关。

杜威把人的经历和人成为自我加以对照,刻画了获自社会的意识和人格的特点:

> 经验——带有自身特点和关系的一系列事情——出现、发生,成为现在的样子。伴随这样的事情,那些被支配的自我出现了,自我不在经验之外,也不决定经验。这些自我能像棍子、石头和星星

一样成为客观的表征,能够管理和支配某种客体和经验中的活动。①在他看来,自我通过为某种经验后果承担责任,而从经验中脱颖而出;这种承担责任的基础就在于,人类有意识地采取行动,通过行动,表现有益于未来的善,并为未来产生的弊端承担补救的责任。②杜威认为,人并非经验的创造者,而只对经验的后果负有责任,他们接受经验的后果,无论这种后果是善是恶。

这就清楚地表明:自我是从社会环境中产生出来的;产生经验的环境不只是一个木棍、石头和星星的世界;和其他人相联系的刺激产生最有意义的反应。思维、信仰、渴求都是由文化刺激引起的经验,是经验刺激最复杂、最微妙的产物:

> 创造和责任从两方面看问题,一是朝过去看,一是向将来看。自然事件——包括社会习惯——产生思想和感情。说我思考、希望和爱,实际上是说,起源并不是决定性的。③

与我们的研究相关的最有意思的是生活方式问题。在生活方式中,社会习惯创造经验。杜威强调:"动物通过象征性行为按广泛的行为方式进行交流……在人类中,这种机能成为语言交流、演讲,通过这种交流,一种生活方式的行为结果汇入了其他人的行为之中。"④

作为"社会习惯"的语言、演讲是产生于思想和感情的自然事件。语言交流的出现,使人们能够否认人类创造了经验。当对别人说"我思考、希望和爱"时,这不仅是一种经验,而且也唤起了别人的经验,也在悄悄地要求别人作出反应。最复杂层次上的经验包括交流,实际上,也往往是交流的结果。

杜威认为,从自然经验中产生出自我,并非仅仅是由于谨慎注意将

①② 杜威:《经验和自然》,第 222、233 页。纽约多弗出版社,1958 年版。
③④ 同上书,第 233、280 页。

来的后果所致。人类有能力对即时的经验作出反应：

> 一般来说，人类经验最惊人的特点是喜欢直接的享乐、宴会、过节、化装、跳舞、歌唱、精彩的哑剧、讲故事和编故事……除了出于紧迫情况的考虑以外，直接的享乐和满足先于其他的一切。①

人们尽管认识到某些不良的后果，但还是寻求能带来即时快感的经验。狂欢醉酒虽然会出现不良的后果，但人们往往仍然愿作此选择，以图享乐。神话和礼仪的强烈迷人之处是把工具的价值观和美学的价值观结合在一起。杜威实际上是想说：使人举止端庄的礼仪的重要性在于，它同时给愉快和谨慎以一席之地。在礼仪庆典中，享受和实用最紧密地结合在一起了。

语言和礼仪实际上包括了所有的社会习惯，它们为经验提供了焦点和秩序，并且强化了经验享受。广义地说，个人就是行动和相互作用的习惯本身，就是参与、交流的习惯本身。人的造就是经验的过程，是自己的态度、欲求、信仰和观念的交流过程，而这些又反过来影响了自己的行为。如果确实存在这样的过程，那么，视人与社会中人际交流完全无关，就是荒谬的了。人起源于社会，更精确地说，人起源于社会的相互作用，而这种相互作用取决于构成文化本质特征的观念、结构和观点。

在怎样造就一个人的问题上，萨特的存在主义和杜威的实用主义之间的差异是显而易见的。他们在讲到"造就"时，使用了不同的概念。在萨特看来，人的造就是通过改变或者再创造构成他的环境的活动；而在杜威看来，自我出自一系列选择行为，而追求愉悦和对谨慎的考虑，便产生了这些行为。存在主义把拨乱反正的那种"无中生有"看做是一种德行，而实用主义则把越来越微妙和复杂的选择经验和转换经验的方式称为德行。

---

① 杜威：《经验和自然》，第78页。

　　把存在主义和实用主义有关人的理论作为简述孔子有关人的造就的理论的导论,既有利也有弊。存在主义的主要长处是偏重于人文主义,反对按照自然主义来分析人类。16 世纪以来西方哲学中的自然主义,一直被认为是自然科学中占支配地位的范型,这里的自然科学指唯物主义物理学、生物进化论或者行为主义心理学。像萨特和海德格尔之类的存在主义的人文主义者,是完全反对把这种自然主义、自然科学的文化偏好放到哲学人类学中去的。他们认为,这种文化偏好的经典形式只能是把思维的概念狭隘化,以迎合科学和技术推理活动的需要。

　　我们认为,存在主义最大的弱点是其个人主义的预设。这种设定使社会成为派生的东西,从而成为抽象的概念。实用主义对存在主义的个人主义作了纠正,但同时又陷入了严重的错误,即把人的概念归入了自然主义的范畴,从而完全要仰仗自然科学的方法。这样,杜威就认为,最广义的科学知识乃是:

　　　　使了解到的事件有了意义,使思考完全习以为常的事件有了意义……往往被称做:"应用科学"的科学比习惯上所称的纯科学更加科学。因为,前者是直接发挥作用的手段,它利用通过思考后选择的结论来修正存在……所以,体现在工程、医药和社会艺术中的知识,比体现在数学和物理学中的知识更显得是知识。①

　　杜威和其他实用主义者一样(詹姆斯可能除外),也试图使工具主义的观念超出技术性推理活动之外,但其理论中的自然主义偏见使之不能完全成功。只有与杜威同时代并同过事的米德,才为自然主义理论提供了不同于科学的辩解的论据和结论。因此,我们把这个不怎么出名的实用主义者的观点提出来,作为分析孔子的人的造就理论的序论。米德与杜威不同。杜威的"自然主义的"一词是"科学的"以及"非超自然的"、

---

① 杜威:《经验与自然》,第 162 页。

"世界的"、"尘世的"等等的同义词,而米德的"自然主义的"主要是赋予其人文主义的意义。我们将会看到,米德的自然主义比较接近人文主义,而孔子正是人文主义者。

米德的观点只为美国实用主义的社会心理学家和历史学家所知晓。他和杜威的观点基本上是一致的,但米德对人的造就以及人的思维的造就之间的关系的主要贡献很少得之于某个哲学流派,而得之于他的比杜威更加社会化的出发点。米德在当时是崭露头角的社会心理学家。他为强化其论据和结论做了许多科学研究,是在科学的基础上进行哲学思维的先驱之一。另外,他的工作是社会科学的工作,而不是自然科学的工作。他把科学看做主要是方法论;在米德看来,自然科学本身要用他的社会理论原则加以分析。

米德以最激烈的方式,用社会的概念来分析社会环境中自我的展现。这一点对思考孔子关于人的造就的观点很有价值。在自我来自经验这一问题上,米德和杜威的观点基本上一致;但在自我怎样来自经验这一问题上,米德为我们提供了比杜威精巧得多的分析。在米德看来,人要取消自我的统一或者整一性就要把"泛化他人"的态度加以内在化:

> 为个人提供自我的统一的有组织的社团或者社会集团,也可以叫做"泛化他人"者。泛化他人的态度是整个社团的态度……有组织的社会集团认为,每个人是有机的、合作的社会活动的一部分……只有这样的集团才能存在下去。一个人只有采取这样的态度才能发展成完美的自我,或者占有这样发展而成的自我。①

"泛化他人"的态度是从了解与自己交往的人开始的。同时,泛化他人也包括理解在人际交往时各人所抱的态度。能够把整个社会看成一个整体,泛化的过程就算完成了。这样的泛化包括两个方面。第一,把

---

① 参见米德《精神、自我和社会》,第154—155页。芝加哥大学出版社,1934年版。

各种不同的态度兼收并蓄;第二,把视社会为一个整体的观点加以内化。后者正表达了"世界"的最一般的特点,即在语言交流中、在语法和语言的句法中、在数学和逻辑关系等等结构中的那些特点。因此,米德认为,把可供选择的角色和态度内在化,以及把它们组成一个和谐的复合体,就构成了自我。

完美的自我还有另一个方面:自我不单是有组织的个人和其他人的社会态度(这只能叫小"我"),机体对其他人的反应才是大"我":

> 小"我"代表我们自己态度中的确定的社团组织,它要求一种反应……大"我"是对主体经验内的社会情势的反应,那是一种主体对他人的态度的反应。而他人的态度又首先是对主体最初态度的反应……对他人采取的态度表现在主体的经验里。这种态度包含了新的因素。大"我"提供自由的、创新的感觉。①

大"我"对小"我"的反应,严格地说,是不可预料的,所以大"我"和小"我"之间的辩证过程不仅产生了发展了的自我,而且是把新意带入世界的中介。大"我"既召唤小"我"又对小"我"作出反应。总的说来,大"我"造就社会经验中的人格。②大"我"和小"我"的辩证关系刻画了思维本身的特点。自我是一个过程,在这个过程中,个人事先不断调整自己,以适应他所处的环境,同时又对环境施加作用。因此大"我"和小"我"这种思想,这种有意识的调整,成了整个社会过程的一部分,并使社会更高度地组成一个整体。③

这直接地、明确地表达了人的造就的社会基础,以及思维与造就一个人的关系。如果人的造就必然是一种社会过程,那么思维也必定如此。没有什么超凡的事实或者真理;没有什么超凡的物理学的、数学的、形而上学的原则或者永恒的真理;这些都只有在大"我"和小"我"的相互

①② 米德:《精神、自我和社会》,第 175、177—178 页。
③ 同上书,第 182 页。

作用中才能得到解释;大"我"和小"我"每一方都依赖于另一方而存在,两者都具有经验的社会性质。

米德的"自我出自我们所处社会环境"的观点,也许是西方传统中与孔子比较接近的观点。米德的自然主义带有达尔文主义和行为主义科学的意味,实质上是一种人文主义。

我们一直想从西方哲学传统中找到门径,以期更易于理解孔子的思维和人的造就之间的关系。但问题在于生活的理论形式和实践形式之间的脱节。西方的传统已经广泛地接受了这种脱节,从而造成了思维、行动和创造之间的分离;而西方的经典哲学理论又是以这种分离为特征的。因此要想用这种哲学理论来解释不依赖于这种分离的哲学,是十分困难的。

20世纪西方哲学转向了实践,这确实使我们的任务变得容易了些。不过我们还是要小心从事。因为把理论归结为实践,以后用行动来解释观念,这种存在主义的做法,在某种程度上也是实用主义的做法,在孔子看来是不能令人满意的。孔子从来不承认上述双方之间存在任何鸿沟。正如我们一直想证明的那样,孔子认为,思维包含着必然联系着的理论和实践两个要素,而在人的意义问题上也同样如此。如果我们小心从事,前面讨论的萨特的观点,特别是杜威和米德的观点,对我们理解孔子关于人的造就的观点是有帮助的。反过来,孔子对人的造就的理解,对于说明和重新解释西方传统中"人的造就"的意义,也是有帮助的,因为它能避免轻率地接受狭隘的技术意义上的"造就"概念。如果我们不想从西方哲学传统以外去接受帮助,就会在实践上重复理论上犯过的错误,用技术理性代替科学理性,以作为思维的基本标准。

第二节　礼和义之相互关系

前面,我们把孔子的关于人的造就和实现的理论描述为一种"通过⋯⋯思维"的过程。在这种过程中,通过"学"的人际活动享有了文化传统,并在"知"和"信"的共同作用下,使思维过程绵延下去。于是,思维便具备了一种根本性的社会特征。同时,就思维是一个过程而言,特定的个人必须是文化的共性适应其环境的特性,以表达主体的创造性和新意。思维把主体的意向性作为其构成要素。

在第一章讨论教育、思维和自我修养的时候,我们已经勾画了思维的机制;而本章的重点则是"通过人际活动来进行思维"。在第一章里我们说过,孔子认为个人的展现需要他人的加入;而在本章中,我们想继续阐明,人的造就是人际交流和相互作用的过程,借此,人才能在自然和社会环境中完善自己。这种完善的程度要看一个人对环境的占有程度以及创造性地改变环境的程度而定。

从思维到人格造就的动力机制,体现在孔子的从"人"或"己"到"仁"的转换中。一个人如果不努力或因缺乏远见而不能向"仁"发展,他就是一个"小人"。我们有理由把"仁"这个核心概念译成"仁人","仁人"正是通过判断、享有感和能力,通过"义",才从"礼"的仪式、习惯和机构中认识和领会意义。"仁人"建立"礼"的机构,确定共同的权威。同时,"义"也就是使传统以及现时的环境与人的意向相一致,并且用这些礼的仪式、机构作为工具,以发展、展现人自身的意义。从这个观点看,尽善尽美的"义士"创造了其文化传统。正是由于他们体现了一致的权威和创造了文化,才成为"仁"。

在本章中,我们将揭示"人"和"仁"之间的区别,先分析蕴含在语言中的人的造就的机制,然后再阐明这种分析的哲学意义。这就是说,我们将在哲学的层次上考察"礼"和"义"是怎样通过转换而产生"仁人"的。

一、礼

孔子在讲到自己的成长时说:"三十而立。"(《论语·为政》)"立"的概念与较正式和专门的概念"地位"相关,是指一个人向往追求的总的目标。在《论语》中，一再讲到，"礼"使一个人决定、设定和实现他的个人目标：

> 陈亢问于伯鱼曰："子亦有异闻乎?"对曰："未也。尝独立,鲤趋而过庭。曰:'学《诗》乎?'对曰:'未也。''不学《诗》,无以言。'鲤退而学《诗》。他日,又独立,鲤趋而过庭。曰:'学礼乎?'对曰:'未也。''不学礼,无以立。'鲤退而学礼。闻斯二者。"陈亢退而喜曰:"问一得三,闻《诗》、闻《礼》,又闻君子之远其子也。"(《论语·季氏》)

从"不学礼,无以立"这句话,我们可以看出"礼"的地位和作用,及其在造就人时所扮演的角色。

首先,"礼"的社会含义是"礼"的概念演化中的重要的历史结果。众所周知,原先的"礼"是一种形式化的程序,制订者用以建立和维持人和神明之间的关系。这样的"礼"是对可感受到的宇宙律动的模仿,以使人与自然和精神的环境协调一致。"礼"被用来加强人与有规则的存在之间的和谐,以及与环境的不可分割关系。于是,"礼"逐渐地从制订"礼"的人扩展到社团的其他成员,并发展出社会意义。在这些"礼"的活动中,每个人都有一定的位置,即"位"。如果一个人不懂得"礼"的程序,那么他就不会知道立在什么地位。

"礼"的第二个特点是它的展现和显示的功能。"礼"字用"示"作偏旁,意思是"显示"、"记号"、"指示",代表着使人的意图为神明所知的宗教活动。"礼"字的另一部分"豊"则进一步把"礼"和神圣的、献祭的仪式联系了起来。尽管中国社会历尽沧桑,尽管"礼"从仅仅是一种宗教仪式转变为包罗万象的人际交往活动,但是它从未丧失原先的神圣的、献祭的意义。在中国文明滥觞时期的周朝,部落制的社会开始向更复杂的封建制社会过渡,原先支配专门宗教仪式的"礼"就成了社会习惯、规范、民俗等一系列活动的体现,涵盖了越来越复杂的关系和社会机制;"礼"的重点也从人和超自然事物的关系转变成了人类社会成员的关系,"礼"的运用则从宫廷扩展到文明社会的各个层次。

在"礼"的演进发展中,它始终未失其神圣的意味,显示出了中国社会和文明的重要特点。虽然"礼"的活动重心和应用范围发生了巨大的变化,但它把特定的人和整体融成一体的宗教机能却一如既往。不仅宫廷,而且中国社会的各阶层都通过"礼"来规范他们的生活,以达到与有序的自然相一致。在通过适应文化和人际活动以达到个人和整体的融洽关系这一点上,每个人都不为自己的特定环境所限。如果宗教从根本上说是对个人在环境中的意义以及他和这种意义之关系的理解和领会的话,那么,进化了的社会的"礼"就既包含了"礼"的神圣意义,又包含了它的宗教意义。它为社会成员提供了一种在社会交往中达到精神发展的中介。孔子只评述"礼"的纯粹社会含义,而后来的学者则把"礼"的社会结构置于更广阔的宇宙论范围中。例如《白虎通·礼乐》说:"为礼不敬,吾何以观之哉! 夫礼者,阴阳之际也,百事之会也,所以尊天地、傧鬼神、序上下、正人道也。"

人们常常用中国人文主义的出现来解释"礼"向社会方面的进化。但这样的解释,需要加以证明。毋庸置疑,这个时期,精神中心开始向人类中心、巫师开始向圣人、由地位高贵产生的权威开始向由人类崇高产生的权威过渡。但是,我们不应该把这种过渡理解为脱离宗教和精神的运动,就像罗伯特·M. 吉米罗(Robert M. Gimello)评论的那样:

> 人们最好认为,孔子及其门徒最终的和综合的价值是一种过程。只有在这个过程中,人才能过着丰富、完美的精神生活。在这种生活中,"人作为其他人中的一员"。在这个过程中,"礼"更多地被当成人类关系的范型而不是僧侣活动的模式。①

---

① 参见吉米罗《古代汉儒之礼的非宗教性》,第 204 页。载《东西方哲学》,1972 年第 22 期。

　　孔子劝告他的儿子"学礼"以"立"，其中一个要点是在"立"与"礼"的传统的"体"之间有一种形态上的相似。在早期的词典中，"礼"用同音异义字"履"来定义，强调确立并体现吸收于"礼"中的文化传统，"礼者，履也。履道，成文也。"(《白虎通·性情》)"礼"活动和文化传统之间，是"禮"和"體"之间的同语源关系。正如布德堡所说，在常用中国字中，只有两个字发"豐"——一种礼器——的音。另外，他还提出，这两个字都有"有机的形式"的含义：

> 把这两个字联系在一起的是有机的形式而不是几何的形式。中国古代学者在他们的评注中，一再用"體"来定义"禮"，即是明证。[①]

　　形式的"礼"的概念和"体"的概念有共同之处，"礼"是构成文化传统的意义和价值的体现或形式化。如果我们对古代文献中"礼"的概念作一番检验，特别注意它和"义"概念的关系，那我们就会发现，要是把"礼"描述为一种把人们的活动加以形式化后流传下来的传统，就非常确切了。"礼"既是一种文化传统中的先驱们积累的意义，又是有待于人们在传统的发展中重新解释、增添新意的东西。"礼"像"体"一样，具有多种"形态"，在不同的情况下具有不同的含义。作为体现在传统中的累积起来的意义的"礼"是一种形式化的结构。传统的延续要靠这种结构，借此，才能使文化发扬光大。像文学的"体"或者音乐的"体"一样，"礼"历经世代而绵延下来，成为先人的道德、理性和美学的观念的载体。一个按"礼"活动的人，总是想使自己合乎"礼"的要求。当他这样做时，实际上就获得了某种意义；当他提出新的意义和价值而对"礼"作出补充时，他也就进一步发展了"礼"。

　　"體"的简写是"体"，由"人"和"本"构成。由此我们可以得到启发，

---

① 参见布德堡《孔子基本概念的语义学》，载《东西方哲学》，1952年第2期。

即"礼"可以描述为"本",它对文化传统的发明和创造加以支持和监督。像人体一样,"礼"也是一个有机的整体,必须吸收营养,加以培育,以保持自身的完整性,并且不断地赋予它活力,使之适应当时的环境以发挥其影响。"礼"既是过去的成果,又是将来生长的基础。

"禮"和"體"的字源关系正体现了这两种意思。我们已指出过,传统上认为,古代的圣王看到了自然过程中的规则和秩序,于是设立了人们行为的规则,要人们遵从它,在日常生活中体现宇宙的道。作为人类生活内部构架和外部凝聚力的仪式是"分理"。在中国早期文献中,人体及其息、窍、眼睛、循环系统等,都被看做与大宇宙具有同样功能的小宇宙;"礼"和"体"的功能都是对大宇宙功能的模仿,都有一种神秘的力量,都是神圣的、有功效的。

作为祭祀(制订者依靠它和神明建立关系)的最早意义上的"礼"包含有关系的意思。"礼"的活动在人类经验的每一层次都建立了规定和联系,即从个人的内省到宏观的社会、政治的基础。同样,有形的仪式是具体的特定活动的中介。通过它,人们继承传统,发扬传统。

人们从来不把"礼"看做是由神确立的规范。如果"礼"具有规范的力量,那也是因为它是从人类的环境中产生出来的,并且是为与环境一致所提出的一种方式。礼是一种行为方式,由人们创造出来并代代相传下去,以使社团生活更加美好并得以加强。同样,人体也是因条件而异的,它既不是对上帝的模仿,也不是不可改变的种族性状,而是不断变化的过程体。它对相应的环境作出创造性的反应,而不存在理想的形式;各种技巧和才能都出自它们所试图与之结合的环境。人体又是意义和价值的可变的表现形式,而意义和价值是在特定环境许可的范围内,通过人们为改善、丰富生活的努力所获得的。

二、义

在说明了孔子的"礼"的演化以及"礼"的含义后,现在再来讨论和人的展现过程紧密相关的第二个概念"义"。

"义"字常常有两个意思、两种译法。一是指"宜",二是指"意义"。我们暂不对它进行翻译,而是想提供一种适当的说明,以重新把这个字的两个含义联结成一体。我们不仅将论证,要认识人的造就过程,就必须充分把握"义"的含义;而且还将说明,对"义"字作任意歪曲或者片面解释会大大降低"义"的价值。

实际上,由于古代"义"字含义的不明,就使儒家对它作出了过于狭隘的、保守的解释。我们认为,一个附属的然而却十分重要的论据是:西方人用来解释中国古代思想的理论词汇常常是把同词源的字的含义和公认的中心哲学概念的含义联系起来;用这种方式来解释"义"字,就往往造成严重的误解。

我们对孔子的"义"的意思和作用提出的论据和主要结论,既是革新的又是保守的。革新在于,我们所作的语义分析和概念分析将揭示一系列"义"的新含义,因此有时候我们的意见会与有关孔子哲学的传统以及当代的解释相左。又因为我们的目标在于从孔子的本义上再前进一步,所以我们解释的基本目的又可以说是保守的。

我们将从分析"義"和"我"的字源关系着手。首先可以确定的是,在古代,"义"不是被看做人及其人格的显著特性,就是被看做一种自然条件。在《论语》中,"义"是"质",君子要求自己"质":

> 君子义以为质,礼以行之,孙以出之,信以成之。君子哉!(《论语·卫灵公》)

孟子以阐明、详述孔子的教诲为己任,一再强调了"义"的"内在"性。在同告子的几次辩论中,"义"也是孟子的主要论题。告子把"义"看做是人性的"外在"产物(参见《孟子·告子上》),而孟子则认为,"义"是"良能"和"良知"。孟子把"义"内在化,认为它本来就居于人的本性中:

> 君子所性,仁义理智根于心,其生色也,睟然见于面……(《孟

子·尽心上》)

至于孟子怎样把"仁"和"礼"这类的关系概念和行动概念置于心中的问题,只有对人作原子论或本质论解释的人才会提出来。实际上,孟子把这些关系概念的动力置于特定的人的心中的做法,也使人想起了孔子的"克己复礼为仁……为仁由己,而由人乎哉"(《论语·颜渊》)? 成为一个完美的人固然要求社会的承认,但首先要求真正具备完美的人所具有的禀性。"义"不只是为君子所天赋,而是像人的五种感觉一样,是发端于所有人心中的自然特性:

> 至于心,独无所同然乎? 心之所同然者何也? 谓理也,义也。"
(《孟子·告子上》)

荀子明确地把"义"定义为人类的特有禀性:

> 水火有气而无生,草木有生而无知,禽兽有知而无义;人有气有生有知亦且有义。(《荀子·王制》)

西汉哲学家董仲舒在讨论"仁"和"义"之间的关系时认为,"义"是一个人对自己适宜行为的关心:

> 仁之于人,义之于我者,不可不察也。众人不察,乃反以仁自裕而以义设人……义之法在正我,不在正人。我不自正,虽能正人,弗予为义。(《春秋繁露·仁义法》)

董仲舒接着又说,就表达一个人的"义"的行为是"自得"而不义的行为是"自失"而言,"义"是人的共性和个性的条件:

> 义者,得义在我者。义在我者而后可以称义。故言义者,合我与宜为一言。以此操之,义为言我也。故曰有为而得义者谓之自得,有为而失义者谓之自失。人好义者谓之自好,人不好义者谓之不自好。以此参之,义我也明矣。(同上)

这里所谓的"自得"和"得义"是同义词。它们常常在中国早期讨论关于人的成就以及这种成就的特性的文献中出现。（参见《淮南子·原道训》）

《说文解字》也以一个人的积极成就来定义"义"："义，己之威仪也。"由此可见，"义"似乎是个自我分析同一性的概念。重要的是，孔子的理论是建筑在情境主义本体论之上的。在这种情况下，操作的人的概念是"过程的"，而不是"实体的"。因此，我们很容易断定，"义"既是一种自我分析同一性，又是一种人应当做的东西。如《孟子·尽心下》说："人皆有所不为，达之于其所为，义也。"

"我"是本源、原动力，从一开始就由"义"的自我展现所决定。如我们已经指出的那样，"我"有两个特点：一是表示第一人称的形式；二是在中国古代社会的中期和后期，其语法功能似乎从指称转向客观事物的代表。

这表明，作为个人意义之展现的"义"与"自我实现"的过程是并存的。也就是说，和"义"相联系的模范人，就其积极从事自我实现的过程而言，已"达到极至"，或者已获得了"地位"。这就是为什么"义"和"仪"同源的缘故。"仪"就是适宜的行为举止的标准。孔子强调自我实现过程主要是"克己"，以及通过"克己"达到的目标。这个目标要求不谋"私利"。在孔子思想中，"义"和"利"的冲突是贯穿始终的："君子喻于义，小人喻于利。"（《论语·里仁》）在孔子看来，"利"是有益于己的私利，是小人的行为；而"义"是"我"，是追求更高的善的君子的品德。

孔子认为，成为君子的过程既包括自我和他我融为一体，又包括积极地通过展现"义"，使解放了的自我和社会情境融为一体。这个观念体现于《论语》中的"克己复礼为仁"（《论语·颜渊》），即消除自我和社会情境之间的隔阂，约束自己，使自己成为"情境人"。这个过程也就是自我的客观化过程，人的造就与社团的造就、世界的造就之间是一种相互关联、相互光大的关系。

孔子还指出,"我"包含有情境人的意思;"不知命,无以为君子也"(《论语·尧曰》)。孟子对这个观点的解释更为充分:"万物皆备于我矣。反身而诚,乐莫大焉。"(《孟子·尽心上》)当孟子讲到"浩然之气"时,无疑已深刻地认识到了自我的"客观化"以及与情境的一致性:

> 我善养吾浩然之气……其为气也,至大至刚,以直养而无害,则塞于天地之间。其为气也,配义与道;无是,馁也。是集义所生者,非义袭而取之也。行有不慊于心,则馁也。(《孟子·公孙丑上》)

当展现"义"的"我"成为自我实现的情境人时,它就达到了极至,就被客观化了,既不再在解释经验时拘于一隅,也不再在解释世界时在自我和他我之间作绝然区别了。换句话说,情境人的"自我"是存在的、动态的、变化的中心,它在发展的过程中,在某些方面有扩展,有缩小,只有用周围全部情境才能解释它。孟子下面一句话最能表现展现了"义"的、实现了自身的人与情境的关系;"羞恶之心,义之端也"(《孟子·公孙丑上》)。"羞"和"恶"依赖于情境,在情境中,它们预先设定了其他人对此的评价。

如上所述,"义"是人所独有的,它起源于并规定了最高的"达到极至的"或者"实现着的"自我,它为人的行为提供了正面的、规范的榜样。从这最根本的意义上说,"义"就是把美学的、道德的和理性的意义引入世界上人的生活之中,于是,"义"就包含了"意义"的含义。一个人和一个词一样,在提供本身积淀的意义和从情境中汲取新的意义的相互运动中,获得了意义。

细读一下孔子的哲学文献就会发现:就有意义的行动而言,个人对"义"作出贡献是必不可少的条件,道德的、美学的和理性的行为的所有模式,最终都可以追溯到个人的"义"的禀赋,并依赖于这种禀赋。例如,孔子认为,"义"是"勇"的先决条件:"见义不为,无勇也。"(《论语·为政》)一切道德行为都应以"义"为准绳,这是因为,君子"义以为上"(《论语·阳货》)。孟子也这样认为,并把"义"看做是一个基本范畴:"大人者,言不必信,行不必果,惟义所在。"(《孟子·离娄下》)

孔子的"义"的最重要之点在于,情境人把意义引入了世界。如果说孔子关于人的造就理论是建立在情境主义宇宙论基础上的话,那么,人的行为就要体现新的情境,即在永恒变动、推陈出新的情境中不断展现"义"。这就必然意味着,世界上没有两个相同的"义"的行为。另外,"得义"一定是因时而异的,陈大齐称"义"的这种变动不居为"不固"。实际上,"义"的创新是孔子所一再强调的中心论题。

由于情境人不定的、多价值的性质,情境人对"义"的解释就不能仅仅是运用获自外界的规范。相反,情景人不能为一些决定性原则所摆布,而必须作出自己的创造性判断,以同它的当时情境保持融洽:"我(孔子)则异于是,无可无不可。"情境人还必须按自己对"义"的理解行事;"君子之于天下也,无适也,无莫也,义之于比。"(《论语·里仁》)

以上讨论表明:"义"包含某种特定的个人贡献,反过来,这种贡献又规定了一个人。但这并非问题的全部。如果人和其所处的情境是一种相互依赖的关系,那么,情境在某种意义上必定对决定人之为人发生作用。于是,就有了我们下面的语言学的分析。

在早期哲学和语言学文献中,"义"一直是以它的同音字"宜"定义的。但这两个字有所不同。"义"是指和一个人的理想人格一致,而"宜"则指和一个人的情境一致。在自我和情境的统一中,"义"是主动的、不断增添新内容的。自我在情境中产生新的活动,并按照自己的概念,用一种新的创造性方式分析自身、表现自我和丰富有机体。而"宜"字的意思是自我迁就于情境,从情境中汲取意义。"义"强调个人的我即情境人,而"宜"强调情境即情境人;"义"基本上是自我肯定的、赋予意义的,而"宜"却是自我牺牲的、汲取意义的。

由于赋予"义"的自我也要考虑从情境中汲取东西,即也要"宜",所以,一个人就必须在肯定事物时有灵活性。故孔子认为:"不曰'如之何,如之何'者,吾来如之何也已矣。"(《论语·卫灵公》)这是因为,在特定的情境中,人不可能事事有规可循,而常常应该发挥他自己的道德感。所以,人们称孔子为"时圣",是因为他既汲取继承了历史的文化遗产,又对现时的情境增添了新意。

"义"和"宜"的联系还在于两者都有"牺牲"的含义。根据《诗经·大雅》的说法,在做重要的事或者动员民众的时候,首先必须祭祀土地神,这就叫宜。另一方面,"义"和"羲"同源,"羲"就是"牺牲"的意思。"义"的"赋予意义"和"宜"的"汲取意义"之间的差别,从"牺牲"这一点就可以明白。作为牺牲的"羲"显然有"提供"或者"给予"的意思,而"宜"表达了愿意"给与"或者"放弃"自己的权力以及权威以得到意义,并表达了同周围的大情境相协调的意思。

我们已经论证,"义"表示个人把意义赋予世界,人之为人要依条件而定,其进步有赖于自己在应付新情境时的表现;"义"是人所独有的活动,而人的活动由"义"所限定,就叫做"礼"。

"义"使合乎"礼"的活动区别于其他无意义的人的活动。值得注意的是,"礼"常常指"适宜"(propriety),propriety的拉丁语词根是proprius,意思是"一个人自己的",这和"财产"一词同词根。就是说,使"礼"成为一个人的禀性,使人以"礼"来展现自己的"义",这是与"礼"相关的。《左传》形容了这种过程,认为,只有合乎"义"的行为才能称得上"礼":

> 夫名以制义,义以出礼,礼以体政,政以正名。(《左传·桓公二年》)

段玉裁注《说文》时,也把"义"定义为由"礼"表现的东西:"礼容得义则善。""礼"起初是人的"义"的活动的表现。孔子死后,"礼""义"越来越为大家所并称,就证明了这一点。例如,在《荀子》中,三分之一的"礼"字是和"义"字同时出现的,而在《孟子》一书中,110次出现"义"的场合,只有6次同时讲到"礼"。

"礼""义"并称引起了这两个概念的混乱,使"义"的性质不明显了。古代儒家因此变得较为浅薄。我们认为,不能清晰地区别"礼"和"义",就不能充分领会人是有意义的行为之本。这不仅是现代人阅读孔子著作的通病,而且在早期道家那里,就曾对孔子要人们去同人为的、不出于自然的秩序保持一致的做法予以谴责。因此,只有清晰地阐明"礼"和"义"之间的区别,认识"义"在孔子哲学反思中的基本作用,我们才能知道对"义"的曲解已达到了什么程度。

无论"义"的含义是什么,看来在古代社会前期,对它的表达完全取决于人的所好。《墨子》生动地形容了这种状况:

> 古者民始生,未有刑政之时,盖其语人异义,是以一人则一义,二人则二义,十人则十义。其人兹众,其所以谓义者兹众。是以人是其义,以非人之义,故交相非也。(《墨子·非攻上》)

从那时开始,在社会化的过程中,各人对"义"的表达,就被织进了较为稳固而又不断变化的"礼"的社会的、政治的和文化的结构之网中了。这些"礼"是前人赋予这个世界的"义"的载体。

《左传》刻画了传统的礼义关系:

> 诗、书,义之府也;礼、乐,德之则也;德、义,利之本也。(《左传·僖公二十七年》)

这就指出了,包藏在传统之中并出之传统的、作为文化精华的"礼"有以下几种功能。

第一,"礼"有教育、启发的功能。学"礼"以及对"礼"加以思考的人在"礼"中能找到前人所贡献的"义"。于是,他们就刺激、发展并提高了他们自己的敏感性。不仅在一个人行"礼"的意义上,而且就"礼"唤起某种反应而论,我们都可以把"礼"叫做能"完成"人或者"造就人"。"礼"是智慧的积淀,就它们能指导现实人的活动而言,它们又是规范。但它们又是以经验为根据去判断什么是适当的"礼"。

"礼"的规范力量常常导致同"徙义"、"通义"这类常常用来指"义"的"路"的措辞相冲突。这些措辞的使用强化了把"义"看做规范原则或标准的解释。人要成为有道德的人,其行为就必须同这些原则或标准一致。但是,对一个想培养自己人格的人来说,现有传统所提供的"义"固然是个丰富的源泉,但他还是具有对过去的遗产进行估价、学习以及补充、丰富的不可推诿的责任。孟子是这样看的:

> 舜明于庶物,察于人伦,由仁义行,非行仁义也。(《孟子·离娄下》)

"义"当然可以解释为"路",但正像孔子所说的:"人能弘道,非道弘人。"(《论语·卫灵公》)任何以牺牲"义"的基本经验方面来夸大它的规范力量的解释,都会认为孔子思想是保守的、框架式的哲学体系的看法。

"礼"的第二个功能是它能作为获取以及展现一个人的"义"的中介。当"礼"仅仅是拙劣地模仿他人行动时,就不会有真正的意义。只有当"礼"人格化到能够展现一个人的时候,它才是真正有意义的人类活动,"克己复礼为仁。一日克己复礼,天下归仁焉。为仁由己"(《论语·颜渊》);只有当现在的人受传统提供的意义的刺激而把过去与现在融为一体的时候,"礼"才会有意义。特别需要指出的是,有意义行动的终极源泉和缔造者是特定的个人。

这便引出了"礼"的第三个功能:即把修养自己的人的创造性加以具体化。每个人都受到传统的制约,但又必须在追求"义"的过程中评价并改变传统。当我们肯定"礼"的这种创造性的功能时,并非不强调尊重传统。我们将要谈到,这种传统中的"敬"可能成为一种特定的宗教形式。即使如此,在一系列的形式化活动中,"礼"还是为传统引入了新意和变化。就是说,新的"礼"是一个人在表现"义"时将人的创造性加以具体化。

在强调"礼"的整体性质时,它与同源字"体"和"义"也有密切而重要的关系。可以把"体"解释为意义和价值的有形体。根据对传统中的有形表现的探究,人就能激励、提高自己的意识,知道什么是正确的形式,从而充实自己。同时,他对传统中有形的表现进行选择和修饰,从而改造、提炼了传统。这样,作为"义"的载体的"体",也有启发的功能。"体"和"义"一样,是实现、展现意义和价值的形式工具。有形的表现也传递道德的、理性的、美学的和宗教的感受,并且同世界保持和谐一致。

最后,正像继承下来的传统的"礼"要求人们领会并修饰它一样,继承下来的有形的表现也不是固定不变的。它既是前人贡献的成就,也有屈有伸,是一个能印上人们新观念的蜡块。

前面我们从语言学和语义学的角度分析、解释了孔子哲学的一些重要观点。较为重要的是:第一,孔子思想中天、地、人的有机统一意味着规则、原则的严格内在化,这种内在化防止在刻画"义"的意义时使用任何超越的语言;第二,用创造性、自发性和情境依赖性的概念来解释"义",就要求使用一种事件的语言(a language of events),而不是实质的语言。如果一个哲学家要用西方传统的范畴来解释孔子的观点,同时想避免超越的、实质性的语言,那么,他就会感到特别困难,因为西方的范畴从根本上说是扎根于并且完全出自于超越的、实质性的语言的。

下面,我们将通过最近对"义"的三种解释,来说明这种哲学语言的不适当性以及避免使用它的困难性。

以上讲到,"义"的一个重要方面是它的道德规范力量。很自然,哲学家是使用"原则"这个西方哲学词汇来刻画这种规范力量,并且这种"原则"往往有形或无形地带有超越性的含义。

成中英在解释"义"的时候,在某些方面似乎和我们的观点一致。但由于成中英不加批判地使用了西方传统的形而上学的语言,因而他的一些最重要的观点便黯然失色了。他说:"'义'……决定人生和活动的总的意义",并且"'义'是运用于判别每一个行动有无价值的普遍的和总的原则"①。把"义"定义为"普遍的和总的原则",以及运用"'义'决定"和

①　成中英:《孔子道德学说中作为普遍原则的义》,载《东西方哲学》,1972年第22期。

"'义'运用于每一个"这样的语言,这本身表明,"义"是作为决定的标准或者行为的标准,在某种意义上,它先于表达"义"的决定或者行动。我们以上所举的理由和论证正是批判这种解释。

"义"并非是西方传统意义上的原则的意思,而是随情境而定、与情境共生的。它包含有意义的行动,这种行动并不要求将先存的意义应用于某个行动或事态。这种有意义的行动是表现意义的,是"弘道"的。因此,"义"和实现自身的情境是内在地交织在一起。

"义"具有规范的力量,但其本身并不是规范。实现"义"的行动并非按照严格的指导行事。至少在某种程度上可以说,这样的行动是自发的、新创的。这意味着,"义"既是具体的决定或者行动的原因,又是它的结果。尽管"义"的活动有创新的因素,但它仍不失为一种规范的力量。阐明特定情境下的"义",包括明了在特定情境下孰是孰非,以及怎样行事才能实现最高程度的"义",这本身就同时阐明了行动本身。"义"既非被决定者,又非决定者,而是在决定和情境的交互作用中实现自身,达到适宜。

刘殿爵在他的《论语》译本的绪论里区别了行动者和行动,以阐明"义"的意思。他认为,"仁"较多地带有行动者的意思,而"义"则较多地带有行动的意思:

> "义"基本上是个行动的字,它应用于行动者是可想而知的。一个人只有始终如一地做正确的事,他才是"义"的。行动的"义"依赖于在道德上适应情境,而和行动者的禀赋或动机毫不相关。①

根据我们对行动者和行动相互关系的论述可以明显看到,这样刻画"义"是错误的。如果"义"仅仅对合乎"义"活动的人才是适用的,那么就排斥了"义"转变人的可能性。一个人始终如一地按"义"行事——使他

---

① 刘殿爵:《孔子的〈论语〉》,第 23 页。香港中文大学出版社,1983 年版。

被认为是正确的化身，那么"义"就不会是他的内在的东西，而成了外在的、客观的尺度。无论怎样把"义"说成人的行为的特点，"义"仍然还是有它的起源。对"义"的这样的分析会直接导致把道德行动的内在的意义展现方面同人的行动割裂开来。以上引用刘殿爵的话可以改述如下："义"的行动使人"合乎道德"，而一贯合乎道德使人成为正确的化身。刘的这种对行动者和行动的区分，显然使自己劳而无功。

　　和刘殿爵对行动者与行动的区分紧密相关的是他对道德规则和道德原则所作的区分。刘利用这种区分来展开对"礼"、"义"关系的讨论。作为行为规范的"礼"，要根据"义"的标准来加以判定，因此"义"就是贯彻于"礼"之中的原则。"义"的原则确定"礼"的规范。把"义"作为原则，而把"礼"作为贯彻这种原则的规范，并把两者严格加以区分的做法，会带来像区分行动者和行动一样的麻烦。刘认为，一个人实施由"义"决定的"礼"，就能完善自身。但我们认为，这样的行动并不是"义"，因为它们合乎"礼"；它们也不是"礼"，因为它们是由"礼"例示的"义"的原则。换句话说，"义"并不是由"礼"表达的唯一的"适当"原则，"义"本身也不是终极的行为标准。在孔子那里，"义"主要是一种由行动和情境的和谐构成的过程，这种过程产生实现"义"的义士。

　　认为仅仅按照"义"的标准行事并与情境保持融洽的人就是有道德的人，这是完全错误的。任何脱离了情境人的"义"的原则都是不存在的。将目前的"礼"与作为取舍"礼"的标准或原则的"义"进行比较，并不能决定"礼"是否适当。有义之士和与他的义举相关的情境共存，他对"礼"的适宜性的看法的本身总是与情境、环境相关的。

　　对活动者和活动、规则和原则之间作出区分，以此来讨论孔子"义"的概念，这实属不得要领。因为，这会使人想到有客观原则一类的东西存在，依凭它，人们就能产生相关的"礼"。这样的预先设定需要一种伦理学。只有在更一般的理论范围之内才能判断这种伦理学的合理性。而不同的伦理反思所表达出的不同偏见，必然会导致太多的伦理学说。

这样,或者会陷入保守的教条主义,以反对任何可供选择的理论,保持唯一"正确"的理论;或者就倒向怀疑论的相对主义,无法决定哪种理论最佳。西方传统中以绝对主义和相对主义的对垒为特征的道德理论,在孔子那里是找不到的。而在中国传统儒家那里,像荀子那样的保守的解释,往往是把孔子的教诲看做理论的、系统的,这鼓励了道德的教条主义。

对孔子本人来说,形成一种道德观的过程同以上描述的理性化过程几乎是无关的。一个人与其寻求决定人类社会各种规则、规范的原则,倒不如对"仁"的经验保持开放,对仁人自我实现的方式保持敏感。自我实现是行动和情境相互作用的结果,"义"就是这种相互作用的和谐表现。但是,我们应竭力防止将这些纯概念的区别具体化,以避免运用手段——目的、方法——目的的范畴。例如,我们可以合理地把"仁"说成通过"义"的行动而达到的目标,但我们同样可以非常合理的把"义"说成目标,而"仁"是达到这个目标的手段。这样一来,我们实际上就使用了许多实质性语言的预先设定。

要更忠实地刻画"义",就不能使用超越的语言。这还在于,孔子认为,"正确"("义")具有特定的美学意义。对和义相联系的道德规范力量的最好解释是诗人、画家经验到的"创作冲动"。艺术家通常在心中并没有所要创造的样式。如果他在按照一个样式进行创作时,就创造不出最好的作品。在艺术家那里,具有规范力量的正是达到美学成就顶点的东西;只有到了那时,创造的意义才能充分展现;展现是完美的创造之义。只有当活动的意义展现时,它才成为美学的创造性活动。在我们以下讨论孔子之成为圣人的问题时,我们将时时提到审美经验。因为这是孔子奥妙的哲学观点的最富启发性的一部分。

前面提到的事件本体论,要求我们不能把"义"看做是"德行",而应把它视为一种禀赋。"义"是指人们在特定的情境内以这样或那样的方式安排自己。因此,就"义"包括有意义的行动而言,它是人们对自己作出安排,以使适当的意义得到展现。这种"意义展现"既是社会情境内和谐得以维持的原因,又是社会情境内和谐得以维持的结果。如上所述,意义从两方面来展现自己。一方面,在那些需要敬从或者接受的情境下,人们得到"义"。另一方面,那些需要创造新的积极活动的情境要求人们提供新的意义。在这两种情况下,目的都是达到适宜的行为和和谐的秩序;而了解这种秩序是什么,对于我们说来至关重要。

"义"不是强加于事件之上的先存范式这种秩序,而是包括意义的获得或赋予,目的是实现唯一适宜于具体情境的新范式。尽管赋予意义这方面更突出,但获得意义这方面也同样存在。对于获得意义的活动来说,如果它是"义"的,那么就是适宜的、创新的、不可重复的。

所谓"义"展现意义、产生和谐的社会秩序,即是说,"义"是创造性的活动。有了对创造性和秩序的根本意义的清晰的认识,就能把握有道德的人的特点,就能把握道德活动者和他的活动之间的内在关系,就能把握作为一个椭圆的两个焦点之间的关系。这两个焦点就是真正意义上的人。当然,从某种意义上可以说,道德活动者创造了他的活动;同时也可以说,道德活动也创造了道德活动者。

人们通过尧、舜和周公的事迹而了解了尧、舜和周公。他们因其行为而被推崇为"义"的模范。他们之所以频频地在中国传统中得到赞扬,是因为人们认为他们的活动是正确的("义"的)。事实上,提到历史人物往往就要提到他们特定的活动,以此作为其正确行为的具体例证。同时我们也常常能看到,历史人物的活动后来却变成了一种象征,以适应后人的口味,这样,历史人物和他们的所有行动最后都面目全非了。然而,个人和他的行动两者不能分离。我们在行动上仿效的人是由他及其行动构成的。圣王和孔子之所以被推崇为模范,是因为他们在活动中坚定地贯彻了"义"。因此,他们不仅创造了事迹,也为其事迹所创造。

这听起来似乎是老生常谈,除非对传统中人物的概念和相对非传统社会的人的概念之间的真正差异加以反思。在把个人的英雄事迹看做决定社会之伟大程度的社会里,把个人看做其事迹的创造者是十分重要的。在这种情况下,历史被说成是由杰出人物造就的。而在比较富有传统的社会里,例如在中国古代,传统具有一种弹性,它反对把创造者和发明者孤立起来。孔子自称"述而不作",这就很好地表现了他对人与文化情境之间关系的理解。

在当代孔子思想的注释者中,希尔伯特·芬格莱特似乎最能领会孔子思想中习惯和传统的特点。如果人们注意到他的小册子和几篇论孔子的文章中根本没有讨论过"义",就会对此大惑不解。虽然芬格莱特对人们严肃对待"义"的概念以理解孔子和孔子的思想深表同意,但他似乎并不认为清晰明了地使用"义"的概念是重要的。由于忽视"义"的概念,他在解释"仁"及其"礼"的关系时,就失之偏颇,从而使这些公认的核心概念含混不清。

芬格莱特对孔子哲学十分敏锐的分析是围绕着"仁"和"礼"的关系而展开的。表达"仁"的"礼"被看做是"理智的常规"。它把人和野兽以及无生命的东西区分开来了,并且表现了"内在的和谐、美和神圣"。这些理智的常规是:

> 不能被创造也不能全盘接受;它们基本上依靠各个时代庞大的约定语言和实践体而一代一代地遗传下去……如果人们感到行为规范或者仪态规矩是新的、由人发明的或者实用的东西,那么"礼"就不会成为十分庄严的东西,就不会在人的灵魂中唤起深沉的、原始的反应。[1]

因此,不同凡响的人类王国就由根基于传统的某种约定习惯的礼仪而建立起来了。这些习惯从继承下来的对以往的神圣感中获得了它们的

---

[1] 参见芬格莱特《孔子:即凡而圣》,第 69、63 页。纽约火炬出版社,1972 年版。

权威。

芬格莱特认为，"礼"的作用对孔子来说是保持稳定与和谐；因此，"礼"起源于传统而不是起源于需要或者舆论。无论君主有多大的权势，也无法为建立"礼"而建立"礼"；"礼"也不能由大众通过理性的舆论所建立，"礼"起源于传统。而这意味着，特定"礼"的起源和它的"理性的"意义都不是绝对主要的。在较少传统性的社会里，要使实践和结构有意义，就必须找出它们的起因。从这个意义上说，事件和结构是理性的或者理性化的。相反，在传统性的社会里，人们不大可能去追溯这个或那个传统，或者"礼"的历史根源，但很可能根据社会的稳定与和谐的目标，来确定每一件事情的理性程度。

要理解芬格莱特为什么在解释孔子思想时对"义"概念保持令人疑惑的沉默，就要考虑他对"礼"和传统的看法。芬格莱特在谈到传统的非理性特点时，认为探寻出某个"礼"或相应的形式的起源是不可能的，甚至是徒劳的。而实际上，"义"和这些问题显然有关。要理解"义"在传统的礼仪过程中的作用，就要把它看做是能够产生以及改变礼仪的一种能力。

对"义"的最深刻的解释是"义"确立了礼。正如芬格莱特所指出的，礼仪是约定俗成的，所以，它们必定起源于人。任何礼仪都不是出于这人或那人之手，这并不意味着礼仪的起源与礼仪的实施即个人"义"的实施如风马牛般不相及。我们之所以无法追溯到"礼"的精神出处，主要是因为不强调个人自我，并把人看做是由情境造成的，而不是因为传统的神秘性。如果一个人创造了"义"，同时又为"义"所创造，那么，"礼"的起源问题就没有什么内在重要性了。然而，毕竟是"义"确立了礼仪。否则就势必会为"义"去寻找一个超越的起源（这当然是错误的），或者断言礼仪不是根源于人的。后一种观点正是芬格莱特的主张。他说："非人的标准的唯一可能是传统或者神的意志。"[1]芬格莱特认为，强调神的意志

---

[1] 芬格莱特：《孔子：即凡而圣》，第63页。

欠妥，于是就强调传统是"非人的标准"。

芬格莱特说，人之所以为人的"理智的约定"具有非人的起源。这种讲法十分含混。倒不如说，代代相传的"礼"出自"义"，"义"使人之为人。作为"义"的模型和载体的"礼"之从过去一直延续到现在，就证明了"礼"的活力，但"礼"的这种持续性本身却不能保障这种活力。

芬格莱特的解释并不能说明，为了克服过去的惰性，个人的创造性是必不可少的。没有个人的创造性，"礼"就下降为一种盲目的重复和持续的力量。受制于空洞的形式，离开充满活力的人，就只是对真正的"礼"的无意义的、拙劣的模仿。芬格莱特说，传统是"礼"之本，这是对的。但实现持续的社会和谐的原动力不能从人世间以外去寻找。把"礼"明确理解为起源于"义"，就能明察社会领域中人与人和谐关系之源的传统的重要性。

我们已经说了，除了要看到"礼"的教育功能以及展现"义"的形式的中介功能以外，还应把"礼"看做通过"义"表现出的个人创造性。根据这样的理解，"义"不仅要求个人为传统增添意义，而且要求我们不能像芬格莱特那样，把传统看做是由一套不变的礼仪表达出来的唯一的意义集合，经由"义"所形成的礼仪是后来"义"的行为模式。

有人也许会反驳说，如此强调"义"在确立礼仪中的功能，就难以理解孔子竭力主张把建立在传统之上的一以贯之的"礼"作为人类经验的出发点。但是，我们认为，应该从建立礼仪的"义"的功能上去认识"义"的原本意义。这当然不是说，礼仪的建立是"义"的最明显的功能，相反，只有对照"礼"赋予传统的连续性力量，才能理解我们的新解释。我们认为，社会赞同的礼仪并非规范意义的唯一表现形式，人们显然可以举出例子表明，在某些场合，规范意义同"礼"并无关系。另外，虽然光大人类的大量的"义"的行为是按照已建立的礼仪对"礼"的新实现，可是我们仍然必须考虑为新的礼仪的建立增添有意义的活动。

这样解释的"义"的概念，为对孔子的传统解释开辟了新途径，使我们不再把孔子看做是一个顽固的保守派,使我们对他的正统思想能重新作出估计。前面对"义"的分析否定了把任何特定的礼仪看做是不可批判的人类规范的做法。正如中国曲折的儒学发展史所证明的那样,当给社会增添新意的自发的、创造性的活动无法触动形式化了的行为的原动力时,僵硬的、教条的道德主义就应运而生了。我们接下去准备证明,孔子和许多儒家学者不一样,他是赞同"义"的。我们将站在孔子的立场上,阐明成为一个完美的人的过程的意义和结果,这是一个非常重要的问题。

第三节　仁人

一、作为"仁人"的"仁"

以上我们叙述了"礼"和"义"在文化传统形成中的动态关系。在叙述中,我们对"义"只是直译,以避免在研究和重新解释这个十分复杂的概念时带上偏见。关于这一点,我们想补充的是,"义"对个人以及社团总是十分重要的,我们只是暂时把它译成"提供意义"。在此基础上,我们还将分析"礼"和"义"关系的产物、目标和文化传统的体现——"仁"。

孔子的"仁"有几点是可以肯定的。第一,它在《论语》中扮演了主角,共出现了 105 次。弟子们向孔子请教这个概念的也特别多。在孔子以前,"仁"这个概念似乎不大重要,在文献中出现得不多。而《论语》中赋予"仁"以丰富的内涵及显著的地位,似乎是前所未有的。

虽然学者们通常认为,在孔子哲学中,"仁"即便不是一个中心的概念,也是中心概念之一。但他们在各自不同地分析"仁"时却忐忑不安,悲叹《论语》中的'仁'充满悖论,神秘莫测","复杂得使人灰心丧气。"[1]正如杜维明所指出的,评论家在企图找到"仁"的意思时陷入了困难。当

---

① ② 杜维明:《孔子〈论语〉中的"仁"》,载《东西方哲学》,1981 年第 31 期。

然,这并非因为孔子有意模棱两可所致:

> 应该从一开始就注意到,《论语》中"仁"之所以没有确定,决非孔子故意隐藏这个字的深奥意义。孔子对他的学生实行启发式教育,"二三子以为我隐乎? 吾无隐乎尔。吾无行而不与二三子者,是丘也。"相反,孔子在努力把自己对"仁"的真正含义的理解和体会讲给他的学生听时,还是十分严肃认真的。[2]

陈荣捷在分析"仁"时指出,孔子是第一个把"仁"看做一种普遍德行的人。[1] 就是说,在孔子以前,中国传统不具有包括所有特殊德行的普遍的、整体的德行,而当孔子把"仁"发展成这样的综合德行时,就用团结、一致和内聚性为中国传统伦理思想提供了基础。陈认为,在解释《论语》时所产生的许多问题是由于:有时候对"仁"在"特定的"意义上加以使用,有时候又在一般德行的意义上加以使用。

杜维明倾向于陈荣捷的看法,也把"仁"看做是一种德行:

> "仁"从根本上说,不是一个人类关系的概念,虽然人类关系对"仁"来说是非常的重要。我们不如说,"仁"是一种内在的原则,"内在"即指"仁"不是从外部获得的品质;它不是生物的,社会的,或者政治的力量的产物……因此,"仁"是一种内在的道德,而非由外部的"礼"产生的。它是一个高层次的概念,它赋予意义于"礼"。此意义上的"仁"基本上是同个人的自我把握、自我完善、自我实现的过程联系在一起的。[2]

杜维明在他的近著中,发挥了他对"仁"的解释。他说:"仁"是一种内在的力量和自我认识,它把一个取之不竭的群体的创造性表现之源象征化了。[3]

---

① 陈荣捷:《中西方对"仁"的解释》,载《中国哲学》,1975 年第 2 期。
② 杜维明:《仁和礼的新冲突》,载《东西方哲学》,1968 年第 12 期。
③ 杜维明:《孔子〈论语〉中的仁》,载《东西方哲学》,1981 年第 31 期。

芬格莱特坚决反对对"仁"作心理学的理解。在各种英语解释中，"仁"曾被译为"慈""爱""利他""善意""宽厚""同情""宽宏大量""完美的德行""善""人性""博爱"。芬格莱特认为，这些译法具有把"仁"加以心理化的倾向，即把"仁"看做是我们在合乎"礼"地以"客观的"社会规范行事时表现出来的正确的"主观"感觉，"仁"往往被解释为心理上的禀赋，而"礼"是有形的表现。

芬格莱特提醒我们要反对这种简单化做法：

> "仁"似乎强调了个人、主体、禀赋、感觉和态度；总之，它们似乎是一种心理学的概念。如果人们像我一样认为《论语》中的"仁"基本上不是一种心理学概念，那么，对"仁"的解释就容易解决了。事实上，理在对"仁"的分析的主要成果之一是揭示了孔子何以能以一种非心理学的方式来把握基本问题。对此，我们西方人会很自然地用心理学的术语来加以讨论……那种认为"仁"与人有关，由此又与人的内在精神、心理条件或者过程有关的观点，在《论语》中是找不到根据的。[1]

芬格莱特在同把"仁"定义为内部的精神/道德条件的习惯解释决裂时，是经历过一番思想斗争的：

> 我在上面说过，"仁"是态度、感觉、希望和意志。再想往前走，就会对"仁"产生误解。我们决不能把《论语》中孔子的"仁"心理学化，认清这一点的第一步，是认识"仁"以及和它联系在一起的"德行"。另外，"礼"在原著中，同"意志"、"感情"和"内部状态"这种语言无关……我必须强调，孔子的话并非想完全排斥内部的心理。如果他心里想过它，看到它的合理性，经过思考又决定否定它的话，那他会完全排斥内部的心理。但这里我想论证的并不是这一点，而是

---

① 芬格莱特：《孔子：即凡而圣》，第35、47页。

认为,这样的概念孔子完全没有想到过。我们熟谙的内部精神生活的各种形式在《论语》中是根本找不到的,甚至没有作为被否定的可能性出现过。①

芬格莱特对"仁"的心理学的"内部"解释加以纠正。他要求从"外部"来看待"仁",指出:"……'仁'是一种行为,它把我们的注意力引向特定的人以及作为行动者的人的倾向。"②就是说,"仁"是活动,"'礼'和'仁'是同一事物的两个方面,每一方面都表现了人在扮演自己特定角色时的一种活动。"③

我们认为,以陈荣捷和杜维明代表一方,以芬格莱特代表另一方的把"仁"解释为"内部的"和"外部的"两种看法,实际上只会使这个概念显得十分贫乏。他们对这个概念本身都注意得不够。正如布德堡所说的:

> "仁""人"并非仅仅是派生词。实际上,它们是同一个词,尽管其形态不一样。它们也并不像杜伯斯(Dubs)教授所谓的双关词。两个概念同体是中国语言意识深层的一部分,这一点必须在两文的翻译中加以反映。④

布德堡这段话里最重要的是,指出我们必须更多地注意到孔子原著中把"仁"定义为"人"。例如,《孟子·梁惠王上》和《中庸》第20章曾明确表示:"仁"者,人也。如果"仁"和"人"的意思都是"人",那就可以推出这两个概念一定有本质上的区别,即指两个完全不同层次上的人。在"有仁和有人"这句话里,我们也可以看到同样的区别。"仁"指一种达到的境界,这种境界是一切人行为的楷模,是一切人所仰慕的,是一切人所在的群体所赞颂的。在我们上面讨论"知"时所引的《论语·雍也》中的"知者乐水,仁者乐山。知者动,仁者静。知者乐,仁者寿"这段话里,我们也可

①②③ 芬格莱特:《孔子:即凡而圣》,第43、45页。
④ 布德堡:《孔子基本概念的语义学》,328页,载《东西方哲学》,1953年第2期。

隐约体会到这种意思。要延续和促进对社会有益的行为,仁者必须是杰出的人物,并且是大家可以了解的具体的人物:"知及之,仁不能守之;虽得之,必失之。"(《论语·卫灵公》)但是,简单地把"仁"描述为个人的品质,也会引起误解。

布德堡在分析"仁"时,还表达了这个词的第二层含义:"还必须注意到,孔子原著中'仁'这个词不仅用做名词和形容词,而且用做及物动词……"①这就是说,应该把"仁"看做是一个人质变了的新形态,它不仅指成仁之人,而且指成仁之道。这可以在《中庸》中找到根据:"成己,仁也。"

二、"仁"和人的造就

如果"仁"是指人的质的转变以及成为一个仁者的过程,那么,这个词表面上的含混性就可以得到部分的澄清了。首先,由于"人"这个概念十分复杂,可以从许许多多的角度来加以研究,因而任何人的定义势必都只是偏于一面,从而容易引起曲解甚至矛盾。其次,因为"人"(像所有这样的一般范畴一样)违反了"所有特殊都是独特"的原则,所以,对一切特殊来说,无论断定什么,也不能必然为真,只能根据具体条件作相对的解释。在某种背景下为"仁",而在另一种背景下就不一定了。另外,每一个人达到完美境界的道路都是不同的。第三,孔子说"人能弘道"(《论语·卫灵公》),这显示了人又是由自我来定义的。我们已经看到,孔子的哲学不允许将活动者和活动之间作严格的区分,"仁"是一个过程词,它没有特定的终点。"仁"始终是自我超越的,是应该用美学的、质的标准而不是用逻辑的"完成"或者"达到"这样的标准来评价的。因此,成为"仁"是一种"构想"——像尼采的 Übermensch 一样,同"做"近义,永远不能为人所完全把握。最后,孔子把"人"解释为过程,认为过去要不断地

---

① 布德堡:《孔子基本概念的语义学》。

按照现在的情况来作重新解释。同时,历史的影响又是双向的,不仅一个人在世界上延续过去的努力产生了现在,而且历史的过去由于不断引入新观念,也一直在被改造着、重新解释着。当孔子的话和行为的意义随着时光的流逝而增加时,他的追求"仁"的理想就始终是留待人们去发展和补充的。

我们已经论证,"仁"和"人"是同一个概念,它们反映了人的造就的程度差异。二者写法不同,这种不同虽然简单却意味深长。"仁"比"人"只多了一个"二"字,但它的含义却更为丰富。

"仁"基本上是一个整合的过程,这可从"二"和"人"合成"仁"字这一点表明。只有通过主体之间的交流,在群体的环境中才能达到"仁"。孔子认为,人的本质的发展只有在人类世界中才有可能:"鸟兽不可与同群,吾非斯人之徒与而谁与?"(《论语·微子》)孔子的学生子路接下去讲,只有在社会环境中才能表达人最根本的东西——"义",人又必须去追求"义":

> 不仕无义。长幼之节不可废也;君臣之义,如之何其废之?欲洁其身,而乱大伦。君子之仕也,行其义也。(《论语·微子》)

刘殿爵把这种对人际关系的强调叫做"仁的方法论"——"恕":

> "恕"是发现其他人愿意别人怎样对待他们或者不愿意别人怎样对待他们的方法。这种方法在于以己度人,己所不欲,勿施于人。①

古代文献中常把"恕"定义为"仁",强调了"仁"和"恕"之间的密切关系。

芬格莱特进一步发挥了这样的类比。他强调,一个人在扩展自身于

---

① 刘殿爵:《孔子的〈论语〉》,第 8 页。

他人那里的环境的过程中,仍然保留了自己的判断。[1] 在肯定他人时,一个人并不是简单地抛弃自身,而是使自己在他人的环境中得到表现,并对自己认为是最恰当的那些环境作出反应。人通过扩大自己人格的范围,以领会确定的条件,了解他人的态度的背景,使一个判断有效地反映己与他的"二"面。另外,这一判断也由于自身和所处的变化着的环境之间的关系而不断地加以限定和修改。

解释孔子的人很容易忽略一个事实,即"仁"的行为总是保留着个人的判断以及价值观。他们把"恕"解释为"利他",从而强调这个方法论的"克己"方面;又把"克己"解释为克服自己。孔子的确讲过,我是"仁"的必要前提;孔子也认为,追求私利是"小人"的低贱行为:"放于利而行,多怨。"(《论语·里仁》)但孔子把约束自我看做扩大个人的关心、适宜地使个人的意向推广的基本手段。自我中心的个人像仁者一样,也追求好的东西;差别在于,仁者追求的是一般的善,关心的是尽可能多的人的好处。尽管仁者由于他所关心他人利益而不同于小人,但这样关心远非完全抹煞自我。正如《孟子》讲的:

> 仁者如射:射者正己而后发;发而不中,不怨胜己者,反求诸己
> 而已矣。(《孟子·公孙丑上》)

就是说,尽管"仁"的行为是对"外"的,但这种行为的基础却总是一个人对意义和"义"的感觉。在解释人的造就时,董仲舒感到失望,因为人们有一种同"仁"、"义"相反的倾向,错误地把"义"当做自己所确立的评价他人的标准,把"仁"当做充分利用他人的手段。他认为:

> 是义与仁殊。仁谓往,义谓来。仁大远,义大近。爱在人谓之
> 仁,义在我谓之义。仁主人,义主我也。故曰:仁者人也,义者我也。
> (《春秋繁露·仁义法》)

---

[1] 芬格莱特:《伴随着〈论语〉的一贯之道》,第373—406页。载《美国宗教学院杂志》,1979年版。

人的造就过程既包括吸收他我建立自我，又包括应用一个人的自我判断("义")。在领会他人的意义和价值并对它们加以吸收的过程中，自我判断便不断地得到修正和发展。

人的造就过程包括向外和向内两个方面。在这个过程中，自我判断不断得到修正和发展。一个人既影响他人，又受他人的影响。如我们上面指出的，社会心理学家米德常常使用有助于解释孔子对人的造就的语言，例如：

> 在人类社会的经验和行为的过程中，每个个体自我的有机结构是由这个过程整体的有机关系类型造成的。并且，前者是后者的反映。但是，每个个体自我结构都从自身的特殊角度反映了这种关系类型的不同方面，并由这不同方面造成。"我"的反应包括适应，但这种适应不仅影响自我，也影响造成自我的社会环境。这有点进化论的色彩。①

魏耐·C. 布斯(Wayne C. Booth)通过突出米德的自我概念的某种含义，叙述了人际的"自我造就"："在所有的社会中，一个成熟的男人或者女人很大程度上都是其他男人和女人通过符号交流而造就的。"②所以，对米德学派来说，自我是一个"自我领域"(field of selves)，自我领域通过吸收他我，而使他我成为我们公有的自我的一部分而形成自身。自我造就是一个过程，在这个过程中，通过将传统的形式结构以及由社会交往约定的历史的自我与现在的自我加以综合，而形成了自我领域。

一旦把人类看成是不能用分离的、不连续的概念描述的意义的凝聚，那么，人也就成了"自我"与"他人"、"我"与"我们"、"主体"与"客体"、"现在"与"将来"之间的不可分割的连续体。这样，心理学与社会学之间、伦理学与政治学之间的疆域就消失了。一个人将自身扩展于他我，

---

① 米德：《精神、自我和社会》，第 201、214—215 页。
② 布斯：《现代教义和同意的修辞学》第 114、132、134 页。圣母大学出版社，1974 年版。

并与他我融合,这就使一个人的意义和影响成为有形的东西。也就是说,一个人加入构成其公共性的自我领域,就是有意义、有价值的了。他个人的本质也因其所吸收的他我的丰富性、多样性以及创造性而加以扩展的成功程度而定。所以,孔子认为,个人扩展的程度和融合的程度决定着其本质的基础。这也是区别圣人和仁者的基础。

> 子贡曰:"如有博施于民而能济众,何如? 可谓仁乎?"子曰:"何事于仁! 必也圣乎!"(《论语·雍也》)

这是说,"仁"是"吸收"他人以及发挥个人发展着的判断所产生的最适宜事物的一种积累。这个过程还有第二个重要特点,即他人的造就。

在《说文》中,"仁"以"亲"来定义。"亲"即是"爱亲近的人"。如果人的造就包括吸收他人以造就自己,那么毫不奇怪,"亲"不仅指扩展到他人的爱,而且也指扩展这样爱的人以及接受这种爱的人(即"父母"、"亲戚"、"熟人")。此处的问题在于,如果孔子本人曾明确讲过"仁者爱人"(《论语·颜渊》),"人的造就"即是"爱人",那么为什么他还要使这种爱由近及远,从个人的家庭开始逐渐扩大到整个社会呢? 正如孔子本人所说的:"君子务本,本立而道生。孝弟也者,其为仁之本与!"(《论语·学而》)我们认为,原因之一就是在人的造就过程中,个人的判断起着重要的作用,它为解释孔子的基督教信徒提出了一个无法解答的问题:如果"仁"的含义是"不自私",则他们就不能把"仁"等同于"神爱"。因为"仁"不能是"神爱","神爱"出自上帝,是基督徒爱的最高形式,人是"神爱"的对象。就人是上帝的爱的对象而言,人只能接受这样的爱。而"仁"则相反,它产生于群体实践中的个人的判断。

"仁"是吸收的整合过程,它把人类社会的条件和关心的事物纳入了人的判断的发展与应用之中。这就是孔子的"如仁由己,而由人乎哉"(《论语·颜渊》)的意思。"仁"的最终源泉是应用一个个的个人判断,而不是其他外在的东西。这一事实使孔子认为:"仁远乎哉? 我欲仁,斯仁至矣。"(《论语·述而》)因为"仁"总是意味着把个人判断应用于情境人的具体环境,所以在社会结构中,人就完全是由周围的那些关系造成的,"仁"总是即时的。

这里产生了一个有趣的问题:中国古代的家庭概念在孔子的成为仁人的思想中,是不是一个必要的因素? 如果我们认为依赖于情境和结构是有可变性的,而人就在这种情境和结构中生活并受着它们的熏陶,那么就可以推出,任何特定的形式结构甚至家庭,都是不必要的。当然,通过家庭这个传统结构,就可以发扬十分丰富的各种各样的爱:孝、慈、悌、友等等。但是,如果要使结构适应情境那就最好把家庭看做是一种偶然的结构;在不同的条件下,一种与此不同的、更适宜、更有意义的公共组织便可以替代它。

孔子第一个把"仁"定义为"爱人",他的许多追随者便群起仿效。中国传统的爱的概念与人的造就过程中的"吸收"方面是一致的,都表达了一种适宜。爱就是把他人放进自己关心的范围内,这样就使他人成为自身的一部分。如果这种"吸收"的爱是双向的,那么,爱就成为一条纽带,使个人自身可以由那些他所爱的人来定义。《荀子》一书中关于孔子问他最得意的"弟子"什么是"仁"的一段话,可资参考:

> 子路入。子曰:"由……仁者若何?"子路对曰:"……仁者使人爱己。"子曰:"可谓士矣。"
>
> 子贡入。子曰:"……仁者若何?"子贡对曰:"……仁者爱人。"子曰:"可谓君子矣。"
>
> 颜渊入。子曰:"……仁者若何?"颜渊对曰:"……仁者自爱。"子曰:"可谓明君子矣。"(《荀子·子道》)

至少从《荀子》对孔子的解释而言,"仁"产生的爱是自我和他人之间相互吸收的基础。在最低的层次上,"仁"是指一个人使他人把他所关心的事情看做是自己应该关心的事情。这是值得赞扬的行为,但也包含有自私的一面。在较高的层次上,"仁"是指一个人把他人所关心的事情看做是自己关心的事情,但这样却把个人抹煞了,因为缺乏对个人的正当关心。最高层次的"仁"是从反身意义而谓的,即把自己和他人关心的整个领域并入自我的人格中。

我们已把"仁"定义为造就人的整合过程。在此过程中,个人吸收他人的兴趣,并变为自己的兴趣,使自己的行为表现出一般的善。现在我们可以回到《论语》中对仁的具体说法,以检验我们的理解了。《论语》中叙述"仁"大多数段落都倾向于把它看做是过程,这种过程包括对他人的尊重(尊重必定包含有权威的意思),也包括发挥自己的优点。例如:

> 子张问仁于孔子。孔子曰:"能行五者于天下为仁矣。""请问之"。曰:"恭、宽、信、敏、惠……"(《论语·阳货》)

这"五者"可以归结为:或者指尊重已确立的意义,或者指展现、实现自己的意义。但在很大程度上指的是前者。强调尊重以往的智慧,这是《论语》一以贯之的思想,例如:

> 樊迟问仁,子曰:"居处恭,执事敬,与人忠。虽之夷狄,不可弃也。"(《论语·子路》)

这是说,仁者不仅要扩大自己所关心的范围,及其所在群体关心的一切事物,并为这种事物奉献自身,而且要确确实实地使自己和群体融成一体。因为个人都是环境的产物,他必须严格地使自己的正义感与他准备接受的他人的要求协和一致:

> 仲弓问仁。子曰:"出门如见大宾,使民如承大祭。己所不欲,勿施于人。"(《论语·颜渊》)

孔子对关系的自我以及产生关系的自我之间的交流之关心,是贯穿《论语》的主线。兴趣和意义的同一和展现,对于人的造就以及把他人纳入自我领域乃是一个基础的东西。仁者继承了文化的价值和意义,并为此增添新意,这些都是通过以语言为中介的符号交流来实现的。这样的语言是操作性的。对仁者来说,说的东西只有经过实践才能算是真的。由于言语必须付诸于行动,所以,仁者就不得不慎其言,当然这还只是必要条件而不是充分条件:

> 司马牛问仁。子曰:"仁者,其言也切。"曰:"其言也切,期谓之仁已乎?"子曰:"为之难,言之得无切乎?"(《论语·颜渊》)

我们在下一章将详述孔子关于个人、社会和政治的共同发展、共同相关的观点。人的造就要求关心他人,由此可以推知,他人的进步与个人的修养有着密切的关系:"夫仁者,己欲立而立人,己欲达而达人。"(《论语·雍也》)我们在《论语》中找到的"仁"的最后一个定义是最为明确但也最有争议的:"克己复礼为仁。一日克己复礼,天下归仁焉。"(《论语·颜渊》)大多数争论集中在"克己"这个词上。"克己"有各种各样的译法,如"克服自己""控制自己""支配自己""约束自己""成为自己"等①。我们对此段话的解释与杜维明的解释完全一致。杜维明说:

> "克己"这个概念可以译为"克服自己",但英语中这样解释往往会使人误入歧途。孔子的观点并不是说一个人应该进行激烈的斗争去克服肉体的欲望。"克己"实际上与修身密切相关,二者是同一的概念。②

杜把"克己"等同于"修身",这无疑是正确的。

在这个意义上,"克己"和"复礼"是同一回事,都是指人的积极的造就,包括尊重传统的意义和价值。这种传统具体体现在文化遗产和人们当时的"重要事物"之中。"复礼"还包括创造性地提出以个人判断来解释、实现自认为与环境最协调的东西。"克己复礼"是自我改造,就此而

---

① 关于这一点,刘殿爵、陈荣捷、芬格莱特、魏莱等都谈到过。
② 杜维明:《人和自我修养》,第6页。柏克莱亚洲人文出版社,1979年版。

论,它完全是个人的。就"义"是一个创新和享有传统的尺度而论,"克己复礼"是积极的活动;就人和群体之间有一种共生的关系——仁者和"仁"的群体相互解释而论,"克己复礼"又是深有影响力的活动。

如果浏览一下《论语》中论述"仁"的地方,我们会发现,事实和芬格莱特所说的不同。"仁"确实包括了像"态度、感觉、希望和意志"一类的东西。[①] 人的"仁"限制了整个人。它不仅指那些"私下的"、"沉思的"和"内部的"自我,而且指那些"公开的"、"活动的"和"外部的"自我。[②] 另外,与杜维明的观点相反,"仁"远非指"内部的原则"[③],而是要求考虑到一个人的周围环境。只有把"仁"理解为既是"内部的"又是"外部的",才能使这种关系有意义。杜维明和芬格莱特在讨论"仁"时所遇到的困难,只有在认识到这一点以后,才能被克服。

第四节　伯夷和叔齐——一个例证

在前面一章里,我们用孔子对《诗经》的看法和他对《诗经》的运用,阐明了"学"、"思"、"知"之间的关系。孔子作了艰苦的努力以达到成为"仁"的境界。但当他为自己的好学而感到骄傲时,却并不认为已达到了"仁"(见《论语·述而》)。即使如此,孔子还是欣然将"仁者"的桂冠戴在几个历史传说人物的头上。他对伯夷、叔齐两兄弟的分析,为我们提供了一个孔子眼中"仁者"行为的例证。

伯夷和叔齐的故事是中国文学中被引用最多的故事之一。从《尚书》到乾隆皇帝为宗庙写的诗,都讲到了他们的事迹。

伯夷和叔齐是孤竹君的长子和三子。孤竹国在什么地方,至今仍有争论。孤竹君临终前,诰命他的三子叔齐继承王位。但在孤死后,叔齐

---

① 芬格莱特:《孔子:即凡而圣》,第 43 页。
② 同上书,第 46、42 页。
③ 杜维明:《仁和礼的新冲突》,载《东西方哲学》,1968 年第 12 期。

坚持要把王位让给他的长兄伯夷,伯夷则认为,叔齐执政是出于父命,拒绝接受王位,逃出了孤竹国。而叔齐却坚持认为,他不应该剥夺他长兄应得的权利,于是就随着长兄也离开了孤竹国。于是,孤竹国的臣民拥立了孤竹君的二子做了王。伯夷和叔齐在自我流放中年事渐高。

周朝的奠基人周文王素有体恤老耆之誉,伯夷和叔齐就去找他。但当他们到周王宫时,文王已经死了,武王竖起了文王的牌位追缢他为文王,并且东征去讨伐商朝的暴君。伯夷和叔齐抓住武王的马缰劝告他:"你的父亲还未下葬,你就征伐了,这能叫孝吗?臣弑君,这能叫仁吗?"

武王的侍卫想把他俩就地正法,但太公拦阻道:"他们是实践自己信仰的人。"太公保护了他们,送他们走了。武王征服了商之后,全国的人都拥戴他为周朝的奠基人。但伯夷和叔齐却把接受武王的禄位看做可耻的事。他们根据自己的信仰,不食周粟,逃到首阳山,以野果充饥。有一首流传至今的诗表达了他们的哀愁:

> 登级西山兮,
>
> 来其薇矣。
>
> 以暴易暴兮,
>
> 不知其非矣。
>
> 神农虞夏,忽焉没矣,
>
> 我安适归矣。
>
> 于嗟徂兮,
>
> 命之衰矣。

最后的结局是,他俩饿死于首阳山。伟大的历史学家司马迁评论道:"由此观之,怨邪?非邪?"(以上见《史纪·伯夷列传》)

孔子对伯夷和叔齐的看法是,他们两人通过"礼"和个人判断之间的相互作用,实践着"仁"。伯夷和叔齐拒绝接受王位的理由、他们不愿意违抗父命的行为、他们无畏地劝止武王违礼以及最后抗议武王弑君的做法,都表明了他们对"礼"的执著。在这几种情况下,伯夷、叔齐都按照隐含在"礼"的价值观行事,牺牲了自己的利益。在他们克服一己之私利以实践"礼"的价值观时,他们成了行为的表率。

但是,孔子把他们作为楷模,并非完全是因为他们支持了已经建立的价值观,而是因为他们愿意发挥自己的个人判断:"不降其志,不辱其身,伯夷、叔齐与!"(《论语·微子》)将伯夷和叔齐同大邦中富裕的君主进行对照便可看出,前者受到赞扬,后者由于专注于自我利益,已被人们遗忘。直到现在,人们还记得伯夷、叔齐是因为他们能达到仁:"隐君以求其志,行义以达其道。"(《论语·季氏》)

孔子认为,伯夷、叔齐不支持武王是"行义"。同时,孔子本人对武王又是推崇备至的。这一事实表明,孔子把"义"看做是个人判断的实践,而不是看做某种客观的正确的标准。孔子称伯夷、叔齐为仁者,自己和他们不同,是由于自己的"容":"我则异于是,无可无不可。"(《论语微子》)这清楚表明,孔子并没有按照范畴的必然和普遍的理念来思考。孔子在赞扬伯夷、叔齐人格的同时,认为他们缺乏灵活性而与他们分道扬镳。根据孔子对周王朝的崇敬之情,也许他在处于和伯夷、叔齐同样环境时,会作出不同的个人判断。另外,孔子不要求别人和他相像。他尊敬伯夷、叔齐,并对他们选择的为仁的方式也表示宽容。

第三章　社会政治观之比较

第一节　中西方对秩序概念的差异

现代西方的社会政治理论多数是围绕着社会和个人的关系、私人和公众活动的范围、自然法和成文法的地位、权利和责任的特点、国家的制裁权（法律权威）、正义的含义等问题而展开的。以此来分析孔子的哲学,就会南辕北辙。讨论孔子的社会政治理论,需要使用另一套概念,即"修身"、作为法的基础的"礼"、社会角色和社会机构、正名、清官等等。

对中西方这两套概念进行比较,便可看到它们之间明显的区别。在孔子那里,特有的道德现象直接在社会和政治思想中反映出来。政治秩序和"修身"相结合,要求统治者"内圣外王"——即成为君子,这就为中国传统政治理论带上了不同的色彩。

通过对照孔子和西方传统的秩序（order）,可知他们在问题和优先考虑的事情上何以有天壤之别。把西方理智文化中的社会政治观与孔子的社会政治观加以对照,不仅能说明实现社会秩序的过程,而且能说明"秩序"的不同含义。因此,我们的讨论需要首先谈谈孔子和西方社会政治理论对秩序概念的不同理解。而对不同的社会秩序的理解的分析,又要求我们首先要了解西方传统哲学中的"实践"问题。

如我们上面讲过的,割裂理论和实践,或者完全用理论来解释实践,这既是信仰个人和社会行为超越的规范的原因,又是它的结果。当然,这种割裂及其变形的实际形式,要视以这样的理论为基础的特定的宇宙论假设而定。

在西方传统中,对"实践"作占主导地位的解释是柏拉图和唯心主义的解释。他们把实践视为与知识的规范原则相一致的活动。怀疑论和存在主义对这个问题的回答是,力图把实践和人类的意志同一起来。这种观点产生的结果是颂扬英雄,把英雄说成是决定我们认识自然和社会的力量和推动者,说成是超越的原则、人类思维和活动的规范。自然主义和当代实用主义把实践定义为由解决问题而唤起的活动,在这种活动中,指导原则似乎可以取消。美国的实用主义者皮尔士、杜威以及米德的著作所阐述的科学方法,便是这种理论的代表。

这里,重要的是应看到,上述观点都不允许我们对秩序的建立者和秩序的受惠者之间的分立提出责难。然而,有一种"实践"观却对此提出了责难[1],而我们的传统对于此种观念尚未加以挖掘。

理解这一新奇概念的关键,是认识到经济和艺术对"创造"概念的不同理解。如果我们把"需要"的意义扩大到经济范围以外,使它包括审美的"享受",那么我们就开始触及到了用美学的创造性来说明"实践"概念。在西方用技术来控制自然的传统中,对实践的这种理解可能是不得要领、劳而无功的。但是,正是美学的"实践"概念使我们能正确地解释孔子的社会政治理论。

美学的本初意思只是"通过感官知觉到外部世界"。美学具有"先见"(Preoccupation)的意思,对可感知的外部世界的先见和理论思维

---

[1] 参见郝大维《不定的凤凰》,第238页,纽约:福特汉姆大学出版社,1982年版。

(theoria)及审美(aisthesis)的概念有关。约翰·罗斯金(John Ruskin)首先使这种联系明确化,他把理论看做是"知觉到作为道德的美",它不同于"仅仅为愉悦的动物意识"的审美。两者都建构了与享受感官经验世界之模式相关的"先见"的形式。而康德则认为,美学是研究感官知觉条件的科学,它探究审美的知觉与功能,或曰与"非物质事物"对立的"物质事物"。

当代对感觉经验的研究大多是依靠对知觉的分析。这种分析强调,经验比意识更为根本;知觉到的客体是经验的事实,而客体被知觉的方式规定了主体对世界的感觉;经验材料按照知觉者对世界之"先见"的感觉形式而被接受,而正是这种先见方式决定了人们解释世界的性质和方向。

美学的"实践"要求一个由美学行为的目的构成的世界,并按照自我创造过程来理解其本质。这种过程建立在确定世界的"先见"形式的看法之上。在前面我们讨论作为意义的"义"时,也曾探讨过自我创造的过程。

与此相关的问题是:孔子的社会政治哲学是否依赖于美学的"实践"概念?如果我们在孔子的社会政治理论的范围内讨论"秩序"的意义,那么这种美学观点是可以最终阐明的。而我们最终想要提出的问题是,孔子的"秩序"概念是否要求个人在适应客观规律和关联模式时协调一致?或者说,他是否含有偏好"美学秩序"的意思,此种秩序因强调个体的构成细节而显现为一种复杂的整体?

这里,有必要对"理性的"秩序和"美学的"秩序作较为详细的说明,因为这能表明孔子的社会政治思想诸方面的一致性,还能据此说明许多用以反映西方和中国的社会政治理论发展的概念。

通过对照不同的社会组织形式,我们可以对理性的秩序和美学的秩序作出区别。就我们的社会交往受到先定的关系形式的限制而言,这种交往是政治的、宗教的和文化的。而就我们适应这样的关系形式,把这样的形式看做是决定我们行为的习惯、习俗、规则和法律而言,我们是按照"理性的"或者"逻辑的"秩序造就的。另一方面,就我们的交往不必求助于规则、理念和原则而言,并且就反映我们共同活动的模式的秩序是由个体构成的而言,我们是"美学的"秩序的创造者。

这样,对于经验中的主体,人们可以有两种假定:一是主体从属于一种方式,经验到的对象准此而为某一个或者某一套形式关系提供例证;二是主体表现一种方式,每一个体以这种方式独特地构造自身以及相互间的关系。这两种方式都包括抽象。前者是从"现实性"中抽象出来的,而后者是从"可能性"中抽象出来的;前者是由逻辑秩序支配的,而后者是与美学秩序相联系的。个体例证的可代换性是逻辑的、理性的秩序的纯粹一致性之存在的保证。就是说,逻辑秩序是人们从有序的对象的特殊性质中抽象出来的普遍原则。

西方的形而上学一直被看做是秩序的科学。事实上,它常常被当做一致性的科学。既是普遍性的科学又是一般本体论的思辨哲学,一直在寻找途径,以说明存在和经验的一致性的性质和关系。"普遍性的科学"的形而上学思辨揭示了那些秩序的原则,而这种原则又对世界的要素以及我们对这样要素的经验加以组织、分类;"一般本体论"则探寻由一系列统一的关系所表现的存在的意义,而这种关系支配了万事万物。

把理性的秩序和美学的秩序加以对照所产生的模糊性似乎是无法克服的。认识到这一点很重要。美学的秩序和理性的秩序之间的关系至多像格式塔的图形和背景一样。我们只有牺牲一种秩序,把它作为背景,以突出另一种秩序。

理性的或逻辑的秩序构成了一种相关的形式,这种相关的形式同构成秩序的相互关联的要素基本上是无关的。秩序中的特定成分只有在满足一形式时才是重要的。所以,如果要画一个等腰三角形,就必须找到能体现这种形状关系的三个点,而这些点的特点并不重要,重要的是它们所代表的相互之间的先定关系。逻辑的或理性的世界结构总是与具体的特殊分离的。逻辑结构所需要的封闭性在某些哲学家那里很容易找到,在他们看来,"实现"是超越形式的例证,或者是某一潜在性的现实化。

美学的秩序从某一事物的特殊性开始,把这个特殊看做是对它的环境的均衡的复杂性的贡献。每个细节的特性和这些特殊细节的最终统一之间的冲突是开放的,而由于美学的秩序赞美这种开放性,因此,多元被看做是先于统一的,而分离被看做是先于结合的。美学秩序强调的是一种方式,而具体的、特殊的细节则以这种方式来表现自己是产生由这些互相关联的细节的复合体所构成的和谐的源泉。

独特性并非没有秩序。当然,一件艺术作品可以离开构成它的特殊事物。但是,它的伟大在很大程度上在于理解那些构成自身的特殊事物。另外,虽然我们对一件艺术作品的享受既是审美的又是理性的,因而它们建立在同(构成因素)以及异(组成这件作品的不可替代的特点)之上,但我们却很难找到说明这种情况的综合的秩序概念。

把秩序看做是特殊事物的功能(实际上前者是由后者构成的),就产生了一个比理性的秩序复杂得多的秩序概念。美学的一致性并非像人们所认为的那样是一成不变的。由美学的特殊个体所建立的秩序,既包括那些满足逻辑一致性要求的秩序,也包括其他无数不需满足这种要求的秩序。逻辑的或理性的秩序的基础,是探寻自然中的一致性;而对由各种可兼容的一致性所构成的个体来说,这种自然的一致性是特别重要的。

社会组织的秩序为美学秩序和理性秩序相互作用的方式提供了最佳的例证,因为特定的人类社会是"不偏不倚的",既不偏向逻辑一端,也不偏向美学一端。用理性解释的社会中的个人的特性被抽象出来了,其一般的或者普遍的特性变得相互关联,"人性""人权""法律面前人人平等"等概念便表明了逻辑的或者理性的秩序的影响,甚至个人主义的主要形式也都是理性的或逻辑的秩序的产物。

一个偏爱美学秩序的社会不会不对使用规则、标准或规范加以限制。这些规则、标准或规范被某些人认为是人类的根本特点和共同模式的概括或范例。舆论一致并不是社会秩序的客观基础。美学秩序的社会中明显的一致性和连续性产生于对个人的尊重，这些人可以随时提出各种可能的秩序。

令人奇怪的是，我们谈及的逻辑的和美学的秩序的对立，竟然在西方传统内几乎没人注意到。这在很大程度上也许是因为"秩序"的概念一直被认为是"创世的秩序"或者"自然的秩序"，人们往往更关心说明秩序的一致性而不是不规则性，从而就去寻找因果律或者意义形式，以规范地测度自然世界。

在西方传统中，对单一秩序（single-ordered）的宇宙的信仰，加强了人们对自然和社会一致性的探求。作为秩序的外部决定力量的法律，为理性秩序的永恒提供了基础。另一方面，如果不诉诸或者几乎不诉诸创世的秩序或者服从自然法的世界的概念，就一定会把这样存在的秩序看作是偶然的。这种偶然性并没有为另一种理性的或逻辑的秩序提供机会。作为秩序外部决定原则的规则和法律可以或者出自个别统治者的专断或心血来潮，或者出自传统的内部，或者出自变化着的自发产生的一致舆论。美学秩序的显著特点是，尽管理性秩序允许人们从秩序要素中抽象出具体的特殊并无视这些要素，但美学的秩序却正是靠那些特殊的个体构成自身的。这就是说，美学秩序的多样性正是来自于一种有序观点区别于另一种有序观点的那些特点。

以上我们介绍了理性的和美学的秩序的特点，以有助于研究孔子的社会政治理论，并最终研究他含蓄的宇宙论观点。在研究孔子的社会哲学并把它同西方的社会理论进行比较时，理性秩序和美学秩序的区别将使我们更好地了解西方的"个体"概念的含义，更好地对"原则"和作为获得社会和谐中介的"模式"加以区别。

第二节　民

一、"民"和"人"

我们在《论语》和其他古代典籍中发现的"民""人"的区别,一直是争论的焦点之一。特别是近年来,随着马克思对人的关心被通过传统的范畴表达出来,就更是如此。[①] 问题是,孔子对"民"与"人"的区别是否已意识到了它们之间的阶级差别? "民"在政治上没有权力,而"人"是上层阶级,具有政治地位和特权。读者可能认为这种区分完全是来自马克思的阶级斗争概念。即使是刘殿爵这样的解释孔子的保守派也承认,马克思的说法有某种合理性。但是,刘马上又指出,《论语》似乎没有系统一致地使用这两个概念。这就在很大程度上削弱了"民""人"有阶级冲突的看法。

沿着刘的思路前进,我们相信,通过对无定形的、受摆布的"民"和特殊的"人"之间进行困难却有意义的比较,可以澄清一些问题。我们认为,两者之间的区别基本上是文化意义上的而不是阶级意义上的。就是说,政治特权和责任只是进入某种文化类型的条件。尽管经济的、社会的地位无疑和一个人受教育的机会有关,但出身并不是差异的决定因素。与其说一个人无资格参与政治是因为他出身于"人"这一阶级以外的阶级,毋宁说其个人的修养和社会化才是使之不同凡响的原因。成为人,要靠人的努力,而不是天生的;成为人是取得的,而不是给予的。我们可以通过语言分析来论证这种观点。

"人"字有多种含义,却很少有和"民"对立的含义。"人"的最广的含义是构成人的种族的"人类"。这也许是因为,人们普遍认为人是"万物之灵",是"宇宙之心"。人们还常用"人"字指果仁或果核。《论语》中,

---

[①] 见赵纪彬《论语新探》中《释人、民》一文。

"人"常常指"作为人类的人",以同非人的对象相区分;"人"本身意味着高贵者。

> 子游为武城宰。子曰:"女得人焉尔乎?"曰:"有澹台灭明者,行不由径,非公事,未尝至于偃之室也。"(《论语·雍也》)

从"人"和"仁"的同词源关系中,可以进一步看到"人"的确定含义。这两个字在《论语》中有几处甚至是通用的。

《论语》中"人"的第二个最常用的意思是指"他人",以别于"己"。"君子求诸己,小人求诸人。"(《论语·卫灵公》)这个解释和前一种解释是一致的。

第三种用法是和"民"对立的"人"。现在我们就来说明"人"与"民"之间的区别,并详述"民"的原初意思,以同含义较为明确的"人"相比较。

"民"字有许多同源字,都有"迷蒙和混乱"的意思,如"泯"、"殙"、"昏"、"惛"等等。甚至作为玉的"珉"也往往被称为假玉,由于它们缺少真玉的光泽,因而君子不屑一顾(见《荀子·法行》)。几种古代经典还定义"民"为"冥"或者"冥"的同源字"瞑",即黑暗和混沌的意思。董仲舒就是一个例子:

> 民之号取之瞑也。使性而己善,则何故以瞑为号? ……性有似目。目卧幽而瞑。……譬如瞑者,待觉教之然后善。当其未觉可谓有质而不可谓善……民之为言,固有瞑也。随其名号以入其理,则得之也。(《春秋繁露·深察名号》)

西周文字中的"民"字指瞎了的眼睛,因为它没有瞳子。"民"是缺少眼睛中最重要的部分——瞳子的人,而"人"的一个含义是果核。这是鲜明的对照。段玉裁认为,《说文》把"民"定义为"众萌",特别使用了"萌"字以表示精神上的黑暗和无知。"萌"字的第二个意思是"发芽",这和董仲舒把"民"说成可以唤醒的沉睡着的人是一致的。

《论语》中"民"的低贱地位是显而易见的,它常常和"上"形成对比。

例如:"上好礼,则民易使也。"(《论语·里仁》)

"民"常常是被动的。上层人物往往用"屈尊"的观念对待"民",使之"服":"举直错诸枉,则民服。"(《论语·为政》)上层人物管理"民"是"临":"临之以庄,则敬。"(《论语·为政》)上层人物对待"民"要"惠":"其养民也惠。"(《论语·公冶长》)上层人物能代表"民"行事,而"民"则不能出于"义"而为上层人物服务,只配用法律和惩罚来接受统治:"刑罚不中,则民无所措手足。"(《论语·子路》)"民"对上要"敬",并仿效他们的行为:"上好礼,则民莫敢不敬。"(《论语·子路》)"民"的德是安分守己:"中庸之为德也,其至矣乎? 民鲜久矣!"(《论语·雍也》)杨伯峻在解释这一段话时说:"这'民'字不完全指老百姓,因此'大家'译之。"[①]可正因为他们是"民",所以他们就必须在共同事务中作出自己的劳力。孔子又把"民"和"适时"联系起来:"使民以时。"(《论语·学而》)这里的"使民"就是一种特殊的耕耘,而"使人"则常常用于公众官吏上:"及其使人也,器之。"(《论语·子路》)

《论语》用了几个不同的措辞来指普通人,如众、百姓、庶人等等。这些用语和"民"之间的第一个区别是:前者是指分散的个人的集合,至少是分散的氏族的集合,而后者是指蒙昧的一般人。第二个区别是:前者不一定被排斥在社会的上流阶层之外,而后者必定如此。

当孔子把"民"看做蒙昧的一般人时,可能有鄙视的意思:"民可使由之,不可使知之。"(《论语·泰伯》)"困而不学,民斯为下矣。"(《论语·季氏》)如果我们把"德"看做一种独立原则的话,那么孔子讲的"民德"的"民"就可以解释为一个整体:"慎终追远,民德归厚矣。"(《论语·学而》)前面我们已经指出,"礼"的显著特点是要求个人行"义"。从这个意义上说,不作为单独个人而作为一群的"民",是可以按"礼"行事的。

成为一个杰出的人不容易,成为仁人更难:"仁者先难而后获,可谓

---

① 杨伯峻:《论语译注》第 69 页,中华书局 1980 年版。

仁矣。"(《论语·雍也》)反之,"民"则是简单的:

> 仲弓问子桑伯子。子曰:"可也,简。""简而行简,无乃大简乎?"
> 子曰:"雍之言然。"(《论语·雍也》)

"民"依赖他们上层人物的文化,以作为生活的意义模式:"上失其道,民散久矣。"(《论语·子罕》)由于一般人缺乏适合于社会生活的文化规范,所以他们无法批判地对待提供给他们的生活方式:"天下有道,则庶人不议。"(《论语·季氏》)

社会和政治的和谐,就像许多人之间的协作一样,需要每个人的参加。但作为一个人民整体的"民",不能像个人那样贡献意义和价值,不能发挥特定人的潜力,不能成为重要的"道"的源泉。他们只能遵循"道"来行事,但不能实现"道"。

孔子对"民"也作过一个明确的解释,即"民"代表潜在的"人"。在第二章里,我们曾论证了从"人"到仁人的发展是一个人和环境统一,并为环境增添有意义的和谐的过程。同理,从蒙昧的"民"到"人",也经历着这样的过程。孔子认为,不仅从"民"到"人"的发展是可能的,而且从"民"到"仁"的发展也是可能的:

> 君子笃于亲,则民兴于仁;故旧不遗,则民不偷。(《论语·
> 泰伯》)

对"民"来说,从潜在的"人"成为真正的"人"是十分重要的:

> 民之于仁也,甚于水火。水火,吾见蹈而死者矣,未见蹈仁而死
> 者也。(《论语·卫灵公》)

在孔子看来,"仁"的可能性从最充分的意义上说,就是人生的可能性。

孔子又认为,"民"虽然简单而没有教养,却是潜在的"人"。作为孔子重要课程之一的《尚书》写道:

> 民可敬,不可下。民惟邦本,本固邦宁。

在孔子最著名的注释家孟子那里,统治者和"民"的关系屡次被比做父母和子女的关系(见《孟子·梁惠王》《孟子·公孙丑上》《孟子·滕文公上》),作为子女的"民"依靠统治者以保障自己的经济利益和安全。比物质需要和安全更重要的是,他们相信统治者有能力提供一个有意义的社会:

> 子贡问政。子曰:"足食,足兵,民信之矣。"……"民无信不立。"（《论语·颜渊》）

如果"民"要发展自己的潜力以成为"人"的话,文化精英的介入是必要的。汉儒贾谊论述了这种关系:

> 夫民之为言也,暝也,萌之为言也,盲也。故惟上之所抉而以之,民无不化也。(《新书·大政》)

所以,文化精英和"民"的关系就是相互补充、相互依赖的了。正像"民"依赖于文化精英并把他们看做是仿效的楷模一样,文化精英则把"民"看做是基础。社会和国家就在这个基础上发展。当然,文化精英是既得利益者,如果个人、社会和政治的实现是同步的,那么,社会上层的人的生活就完全要视文化环境的丰富性而定。这样,他们对人的关心就不应解释为无私的利他主义。事实上,《论语》在列举国家所要关心的最重要的事情时,是把"民"放在首位的,其次才是丧、祭:"所重:民、食、丧、祭。"(《论语·尧曰》)对待"民",要像在祭祀时一样的虔诚、小心,因为正像适宜地举行祭祀一样,适宜地对待"民"也会导致和谐的将来:"出门如见大宾,使民所承大祭。"(《论语·颜渊》)能吸引住大众就能积聚起重要的力量。但是,只有当统治者为"民"提供了丰富的物质生活环境时,他才能从事教育,转变"民"的计划:

> 子适卫,冉有仆。子曰:"庶乎哉!"冉有曰:"既庶矣,又何加焉?"曰:"富之。"曰:"既富矣,又何加焉?"曰:"教之。"(《论语·

子路》)

最后,在孔子的思想中,习惯上解释为"上天"的"天",常常和"民"在一起出现,例如《尚书·泰誓》中说:"天矜于民,民之所欲,天必纵之。"

《孟子·万章上》一再出现:"天视自我民视,天听自我民听。"在"天"和"民"的联系中,我们应注意到,在实现的可能性的意义上,它们是一致的。"天"可以解释为混沌一片的东西,无数的东西,它展现着自己并且不断成长着;"民"和"天"一样,可以看做是一种可能性,从中能产生出有教养的人:

> 质胜文则野,文胜质则史。文质彬彬,然后君子。(《论语·雍也》)

孔子很明显地对有教养的"人"和无教养的"民"作出了区分。但由于他对产生这种差异的根源——教育的一视同仁态度("有教无类"),上述区分的重要性就相对减少了。孔子非常赞赏他的学生颜回,因为颜回尽管很穷但追求着文(见《论语·雍也》、《论语·子路》)。孔子接受学生和教育他们的基本标准是看这个学生对学习的态度:

> 不愤不启,不悱不发。举一隅而不以三隅反,则不复也。(《论语·述而》)

孔子认为,在"民"和"人"的区别和差异上,启发很重要。启发使"民"过渡到"人",最终发展到"仁"。

二、人的绝对性和相对性

在理解"民"和"人"之间的关系这一点上,孔子和古代西方人的观点有相似之处,但其出发点则完全不同。此中最重要区别的是对"个人"和"公众"、"社会"模式和"政治"模式之关系的认识。

孔子厌恶在社会集团和政治形式之间作出区分。《中庸》在讨论五种关系时,父子关系被认为是君"民"关系的形式;统治的九原则之一是君对民要像父对子一样,父子关系和君民关系是相同的。这就决定了社会和政治关系的方式是相互交织的;作为君子的统治者是"民"的榜样,正如父亲是他儿子的榜样一样。因此,统治者的权威根本上是道德的权威。

在西方,也不乏对家庭和国家进行的类比。亚里士多德承认,家庭是道德教育的基础,父亲应从道德上教育儿子,直到儿子参加政治活动为止。按照亚里士多德的看法,国家本身是家庭的联合体。但是,这种观点和孔子的观点差异极大。亚里士多德和大多数希腊人认为,家庭属于私人的领域,而国家则基本上属于公共实践的领域。把个人的生活划分为私人和国家两个方面,这在早期儒家学说中是找不到的。亚里士多德有时提到,父亲代替国家给他的孩子以道德教育,这种观点和孔子的并不相同。孔子认为,父亲对孩子的一生都负有责任,父子关系的道德功能并不是暂时性的,而是贯彻一生的。

希望人对公共生活和个人生活作出区分,这是西方政治传统的基础。这种区分源于理论和实践、精神生活和实际生活的区分。柏拉图和亚里士多德都把理论、精神看做是存在的最高形式,尽管柏拉图在《理想国》里要求哲学王从沉思回到国家事务中去,但这显然被认为是一种非常痛苦的责任。

西方基督教传统的出现,使注重精神生活的倾向得以延续至今。基督教通过建立僧侣等级制以及强调祈祷是私人的沉思活动,把精神生活制度化了。个人与上帝关系的神学学说的重要性在这里凸显出来。现代个人主义的自由主义理论就发端于这种学说。具有主要指"上帝"或者"良心原则"的灵魂或者意识,保证了一个人在独处的书房中产生出绝对的意义。

这种个人主义形式引发了一种假设,即生活的最基本形式是同私人活动相联系的,在这种种私人活动中,个人同超越的存在或原则发生关

系。个人的自我是真正的自我,而公众的自我实际上是人。注意到人们
对名人的私生活的兴趣,就能理解这种观点的意义。名人的私生活似乎
可以告诉我们,当他们在公开场合的"面纱"被揭开之后的真面目。

另一种为人们所赞美的个人主义形式是同唯名论的传统有关的。
这种原子论的个人主义的基础是完全世俗化的观点。这种观点认为,当
社会或国家的成员处于"自然"的自治状态时,他们是受需要和利益支配
的,这些需要和利益一旦无限制地表现出来,就会导致"每个人反对所有
的人"的战争。在托马斯·霍布斯(Thomas Hobbes)的思想中,这个概
念得到了经典的表述:

> 处于自然状态的所有的人都有欲望和希望去伤害人……人为
> 什么想互相伤害,最常见的理由是许多人同时想得到同一个东西;
> 他们既不能共享这个东西,也不能把它分割开来;可以想象,最强者
> 一定会得到它;但谁是最强者,则必须由剑来决定。①

所以,社会的基础是相互恐惧,构成社会是为了物质或者精神上有
所得;当然,最根本的收获是避免了自然状态的暴力,获得了相对的安全
感。另外,社会也不是由选择产生的,而是不可避免地产生的:

> 每个人都趋利避害,最主要的自然之害是死;由于自然的作用,
> 人的死像石头落地一样不可避免。②

如果最主要的自然之害是死亡的话,那么最主要的自然之善似乎是
光荣或者荣誉。

> 善是令人愉快的,它或者和感官有关,或者和精神有关。而一
> 切精神愉快或者是光荣(或别人对自己的赞赏),或者是最终和光荣
> 有关的东西;其他一切都是感官的,或者属于感官的。在适当的时
> 候,我们会了解这一点。一切社会或者是为了得到物质上的东西,

_____

①② 霍布斯:《公民》,第 24、25、26 页。纽约:爱泼顿·赛屈·克劳夫茨出版社,1949 年版。

或者是为了得到精神上的荣耀,即都是为了爱我们自己而不是爱我们的同伴。①

第一类的个人主义根本不是个人主义。希腊人,尤其是亚里士多德认为,人是政治动物,不能把人看做是外在于政治环境的存在。作为理性交往的基础的语言是社会的馈赠;社会的团结是理性存在的基本要素。但是,为了社会的存在,理性活动中最根本的是理论和思维。而最杰出的理性创造物是那些按照超越社会价值观行事的人。原子论的个人主义是个人主义较为明显的形式,它常常和理性的或者超越的理论的某些结论有关。但这两种个人主义都认为,个人和公共的活动领域是分离的。

霍布斯和古典自由主义反对把人看做是政治动物。他提出了著名的国家起源改善论,即国家起源于人们企图避免其他人的伤害。但霍布斯仍然保留了一点积极的有机自然主义观。他谈的人类企求荣耀的观点在希腊人的政治概念中可以找到痕迹,荣誉正是要在公共活动领域中获取的。正是由于人们对光荣、荣誉和伟大的仰慕,才为多少世纪来公共活动领域提供了特别的吸引力,并加强了个人的独立感。

冀求名誉也许正反映了人们对不朽的希望,即指能永远活在同伴及其后代的记忆中。人们从私人活动的领域进入公共活动的领域,为的是要别人承认自己的存在,从而使自己成为一个完整的人。但常识告诉我们,对荣誉和名誉的追求,就像对经济利益的追求一样,由于两者的相对匮乏,故而追求的结果是可以预料的。如果每个人都能实现他的欲求,那就不会有强烈的动机了。名誉是既不能由大家共享也不能分割开来的东西。对名声、荣誉、快乐和物质利益的追求,只能导致个人主义的强化。

在根据公共活动和个人活动定义的人类概念中,可以发现向个人主

① 霍布斯:《公民》,第 24、25、26 页。纽约:爱泼顿·赛届·克劳夫茨出版社,1949 年版。

义发展的强烈动力。在西方传统中,精神生活和实际生活都导致各种形式的个人主义。

缓和导致个人主义严重后果的大部分努力,包括把公共生活纳入私人生活或者把私人生活纳入公共生活。柏拉图在《理想国》里废除了家庭,有效地取消了私人活动领域,把政治看成是每个公民唯一的家。他认为,理想社会的每一个成员都必须为国家服务,即使是在创造理论的活动中获得至善的哲学家,也应该回到公共活动的世界,以发挥启蒙者的作用。柏拉图《理想国》的动人之处在于,反对把实际生活和精神生活分开,反对偏好精神生活而贬抑实际生活。

黑格尔最强烈地主张公共活动凌驾于私人生活之上。他认为,国家对公民的权力和权威是绝对的。但是,即使这个极其强调国家意义的绝对主义理论,也是以"个性是存在的目的"这个设定为基础的。

> 因为国家是客观精神,所以,个人只有作为国家的一个成员,才有客观性,才有真正的个性以及合乎道德的生活。纯洁、简单的统一是个人生活的真正内容和目的,个人注定要在普遍的生活中生活。①

不考虑国家,公民就是没有个性的抽象。而国家的统一和特性又保证了其每个成员的个性,使他们过着一种"普遍的生活"。在黑格尔和传统的唯心主义政治观看来,人类的实在性是由他们的社会性决定的,但这种社会性本身是作为超越原则的"绝对"的表现。"绝对"是根本的实在,而过着"普遍的生活"的公民则是这种实在的例证。因此,即使把私人生活归结为公共生活,把个体的公民归结为国家,个性仍然是实在的真正标准。

另一种把公共生活归结到私人生活的观点,原先是同宗教和神学运

---

① 《黑格尔的权力哲学》,第 258 段,纽约:牛津大学出版社,1962 年版。

动联系在一起的。这种观点为基督教的大同理想奠定了基础。圣奥古斯丁的经典著作《上帝之城》对上帝之城和人之城作了区别,这为后来主张把精神王国作为人的理想模式提供了根据。尽管在西方的传统中,在"末世"说和"启示"说的激励下,人们不时企图完全取消公共的、世俗的社会存在,但都没有成功。

在当代西方社会,把公共活动归结到私人活动的范围内,往往被认为是否定的力量促成的。西方的政治和社会生活一直是由存在于私人领域和公共领域之间的特殊平衡来维持的。在当今世界,经济变得越来越重要。这种重要性借助于重视"消费者"个人的经济动机,严重威胁着公共活动领域。在确定社会和政治生活的特征时,技术进步也扮演了和经济一样的日益重要的角色。公共领域的自主化和规范化从公共生活中带走了某些人的特权,它越来越不是政治角逐的场所,而成为产生专家阶级的温床。

对公共和私人领域的经典划分,以及对个人主义的普遍接受,把个人主义看做是社会存在的基本前提,这两者共同加强了西方社会和政治哲学的危机。只有在事实上存在一个公共领域,使个人能在这个领域里寻求实现他对名誉、伟大的欲望时,政治个人主义才是可能的。而当缺乏这样一种活动舞台时,个人主义的动力将转向自我的经济满足,这对社会和政治的活力几无贡献。

孔子区别"民"和"人",既不意味着私人领域和公共领域的对立,也不意味着社会和政治模式之间的分离。他的社会政治思想,除了有其重要的内在性以外,还构成了人类整体的意义。对孔子这个观点进行思考,将大大激发我们的想象力,以便对当代西方人就社会、政治问题进行的讨论作出有价值的贡献。

根据 A. N. 怀特海的看法:

> 在分析文明活动时,最一般的哲学概念是由于强调个人的绝对性或者个人的相对性而产生的对社会生活的不同影响……有时那

些观念是自由和社会组织的对抗,有时更重视国家利益和它的成员的福利。①

的确,至少从表面上看,个人的绝对性和个人的相对性之间的对立,既与孔子的组织有关,又与占支配地位的西方政治思想有关。孔子的政治思想基本上是建立在社会的相互依赖之上的。而在西方关于社会、政治问题的最有影响的讨论中,个人自治是先决条件。在比较绝对性和相对性时,只要我们小心从事,就能避免对孔子和西方的社会生活观之差异的认识产生误解。

西方社会理论在对家庭的看法上,强调个人绝对性。这表明,西方人难以使社会的相互依赖与自由和自治的概念达到协调一致。这正与孔子的观点相左。孔子很注重个人的相对性,认为任何把这种相对性转移到绝对性的做法,都会威胁这种社会观的结构。

当然,我们也不能忘记,占西方思想主流的"人"的概念和孔子的"人"的概念是截然对立的。在孔子看来,严格意义上的"个人"概念是可疑的,"社会性"是存在之本。本章提出的逻辑秩序和美学秩序的区分将有助于理解孔子的"个人性"的含义。当我们在后面引入"场和凝聚"的模式、以说明孔子对"部分"和"整体"的看法时,对这个问题就会看得更加清楚。这里还须指出:对西方社会所赞扬的那种个人主义,孔子是全然不能接受的。

在个人的绝对性和个人的相对性之间达到适当的平衡,这是极其困难的。但是也应当看到:在相互对立的社会观中,存在着不同的模式。如果不认识这一点,就会导致种种混乱。无论是西方人,还是中国人,都无法既把对方的模式纳入自己的模式之中,而又不冒产生严重误解的风险。如果中国的思想家把西方的模式看做是美学的,那么西方的个人主义形式一定会显得荒诞不经,因为他们轻视从美学秩序的观点来看相当

---

① 怀特海:《观念的探索》,第54—55页。纽约:麦克米伦出版社,1933年版。

重要的社会整体性。而用逻辑秩序概念作为范型来理解社会整体性的西方人，也自然会认为孔子的观点是在毁灭根本的个人自治概念。

孔子等中国思想家会认为，西方人对理性秩序的偏爱产生了对社会生活的不恰当的理解。其实，西方人讲的平等是抽象的，自由度是根据量的大小来确定的；人之所以平等，乃是由于每一个都是"同样的人"，保证人的自由乃是因为人们可以有自我选择。而在仅仅存在着量的差异的事物中，这种选择就太多了。我们既可以选择杂货铺架子上的不同种类的麦片，也可以选择不同的汽车。但是，我们的选择主要是量上的，难得有真正的质的不同；而有意义的选择却是选择具有不同质的东西。

这里要指出的是，在西方，从受马克思影响的一些分析家，到具有贵族色彩的、反马克思主义的盖塞特（José Ortega y Gasset），在从量的方面考虑社会问题这一点上，都是一致的。由于他们都暗中设定了"理性的秩序是认识社会整体性的唯一钥匙"，因而他们所讲的有计划地改善社会的问题都是不得要领的。然而，对他们的批评意见加以分析，以启发人们对中国和西方传统中的社会整体性模式作不同的理解，还是值得一做的工作。在用西方人熟悉的语言讨论一些重要问题之后，我们接着将从孔子观点来考虑这些问题。

西方和中国一样，社会的健康一直维系于社会精英和民众之间的适当平衡。某些西方社会的批评者认为，最重要的政治问题是社会和国家的"大众化"。这种现象同运用量的标准来决定社会和政治价值的做法有联系，其标准基本上是经济标准。

现代西方的民众和社会精英从质上看特别少，而从量上看又特别多。形成这种状况的第一个原因是现代形式的个人主义。个人主义理论促进了抽象的平等和自由观。我们的平等产生于我们的相同性；我们的自由是在根据对几乎没有质的区别的对象进行量的选择后定义的。第二个原因与技术社会的现象相关。技术社会加剧了抽象的自由和平等。以上两个因素在本质上都是设定的理性秩序的功能。

作为工业和科学技术复杂组织形式的技术社会形成于 19 世纪。此后,迅速的技术发展一直为西方社会的民众提供着前所未有的丰富物质。自由主义和民主增加了民众的权力,而技术则增进了他们的安全。权力和安全的增加产生了从未预料到的结果:民众对精英的恭敬由于普遍生活水平的提高和社会中这两部分人之间的区别的消失而日益降低。这就是说,民众认为,生活条件的改善保证了自己和他人相比在各方面都是平等的。另外,由于对技术对专业需要的强调,以致人们不能充分认识到,掌握为各种专门任务提供背景知识以及协调各种专门活动的一般理论,仍然是十分必要的。

现代技术缩小了要获得理智发展所必需的努力范围,使个人只需有很小的才能和很差的技术就能得到金钱的报酬;学会做某种专门的工作比懂得决定这种工作的一贯原则要容易得多。许多科学和技术工作是照章办事的,专家被认为是"科学家"——一个懂得某一行的人。专家对越来越细小的东西懂得越来越多,这是技术复杂化引起的。专家也是"民众"的缩影。

文明是那些懂得文明所依赖的原则的人以及那些愿意为文明的维持、发展献身的人的努力结果。西方社会的民众不再是可以产生出真正的人的潜在的不确定性,他们被认为或自认为是权力之源,是发号施令的主人。

在自由主义的民主社会中,个人感到,自己与同自己一样的公民是平等的。对这种平等的信仰被写进了大多数西方国家的宪法,并成了不容批评的信仰。但是,如果没有对社会中真正的杰出者的适当尊敬,整体性的社会就无法维持。这些杰出人物负责把意义引进社会环境。他们做着重要的工作,揭示和传播传统的价值观。而在评价社会价值上强调量的标准,就使建立在尊敬之上的质的评价变得不可想象了。

我们将看到,孔子的社会理论提出了建立在质的标准之上的另一种社会秩序概念。"民"和社会精英("人"和君子)之间的区分会使当代西

113

方的自由主义民主倡导者不大自在,但这种区分却避免了由对社会阶级作量的区分而产生的社会的大众化(massification)这个恶果。就民众是潜在的"人"和"人"产生仁人而论,这样的社会秩序是美学的。如果一个美学秩序的社会忽视了量的方面,以至威胁到社会成员的福利和安全,人们当然有理由责难这样的社会。但是,要解释孔子的社会把芸芸众生提高到新的高度的问题,就不能用量的标准而要用质的标准来估量这种社会的好处。

第三节　为政

一、中西传统中的"政"和"正"

彼得·布德堡在对"政"进行哲学分析时,模糊地感觉到了逻辑秩序和美学秩序的不同,从而左右为难。[①] 首先,他把"政"区别于通常所讲的"政府",因为"政府"一词来自希腊语拉丁词根 guberno,意思是"舵手"、"掌舵",而"政"的意思是"对"、"正确"。接着,布德堡在对"政"进行了肯定的同时又作了否定的解释。肯定的是,"政"是"正",它"产生了有效的政府,'正'是指在君的'正'和臣的'正'之间进行巧妙的斡旋"[②]。布德堡对"政"否定的方面是,"政"的同源字"征",意思是"强迫服从",这样,"政"在政治上的含义就是"强迫就范"。

在区分自愿的仿效和强迫的权威时,布德堡似乎间接地带有美学秩序的观念。然而,他的区分不够清楚。首先,他坚持认为,"政"和其他两个同源字"正"和"征"不可分离,所以,把"政"只限于"政治"是不够的。下面我们将会看到,"礼"是正人,是正社会和政治的手段。在中国当时的环境下,把它们加以任何形式的分离,都是抽象。这样,最好将"政"解释为"正社会——政治秩序"(在广泛的意思上就是正人际秩序),而不是

---

① ② 彼得·布德堡:《孔子基本概念的语义学》,载《东西方哲学》,1953 年第 2 期。

较为政治性的"管理政府"。孔子在和一个把"政"严格解释为政府的人对话时，明确地表示，他正是以我们以上的解释来认识"政"的：

> 或谓孔子曰："子奚不为政？"子曰："《书》云：'孝乎惟孝，友于兄弟，施于有政'。是亦为政，奚其为为政。"（《论语·为政》）

其次，《论语》中的"政"确实有肯定和否定的意思。其肯定意义是指美学的秩序，包括君民的和谐，这种和谐就是个人在行"礼"中表现的价值和意义。这种理想的秩序是由仿效产生的，在上者的良好修养激起在下者的模仿。一个社会的特性虽然根基于延续的传统，但也由它的特定成员的意向所决定。因此，它总是新奇的、独具一格的。

"政"的否定意义是指人的修养需要献身精神和努力。我们已经看到，要使"礼"有意义，人们就要发挥自己的"义"。即使统治者的行为成为民众的表率并为民众所仿效，也仍然不可避免地存在着难以对付的少数人，这些人缺少理智和教养，不顾其行为的后果而追求一己之私利。为了普遍的和谐，对这些人必须用最低限度的法律规范加以约束。这样，就产生了"政"的第二种含义：用以保证最低限度的服从当时秩序而采取的明确的（因此也是形式的）社会和政治措施。第二种意义上的"政"是否定的，也是次要的。它不要求受其直接影响者的"义"。这是因为，这些人不能自愿地合乎规范行事，故必须强制他们。虽然孔子明显地倾向于自愿约束自己，但他也非常现实地知道，必须以强制手段作为支持。

《论语》屡次谈到"政"，一般人译为"统治"或者"政府"，而实际上是指"建立社会—政治秩序"。《论语》强调了这个概念与它的同音同源字"正"之间的关系：

> 季康子问政于孔子。孔子对曰："政者，正也。子帅以正，孰敢不正？"（《论语·颜渊》）
> 子曰："苟正其身矣，于从政乎何有？不能正其身，如正人何？"（《论语·子路》）

下面,我们将提出一些论据来证明,孔子的社会、政治哲学给予美学秩序以优于理性秩序的地位。

我们认为,孔子的哲学不诉诸于任何超越的概念,而持有内在论的观点,它的系统含义是按照事件而不是按照实体来解释世界。若按照过程和内在性来解释世界,就必然强调个体性。逻辑秩序强调连续性和一致性,避免分离和新意。相反,美学秩序则关心在事件本体论中得到充分实现的具体的个体。在事件本体论中,正是表示过程特性的某种程度的分离和不一致,保证了相应程度的创造可能性。

由此可见,在美学秩序中发现的"个性第一",是孔子认识论的显著特色。"知"在"信"中实现,"知"产生一个自然出现的世界,它是偶然的,依赖于从事现实活动的具体个人的能力和条件。这样,真理和现实最终都取决于个人,并对每个人来说都各不相同。

"个性第一"在我们讨论"仁者"时也表现得很明显。个人实现是一个过程,它取决于一个人本身特殊的禀赋和环境。每个有修养的人都是唯一的,都用质的标准来加以评价,而不是被看做某些先定理念的完成或者满足。

在"正身"和"政"的关系上,孔子的社会政治哲学的一个重要方面是重视唯一的个性,这种"部分"和"整体"的相关性,同西方政治理论中部分归入整体的紧张关系形成了鲜明的对照。萧公权曾经指出过这一点:

> 世界和自我的关系……区别不在于内在与外在或者重要与不重要。如果我们想把孔子的"仁"和西方理论加以比较,我们就会注意到,"仁"一方面不同于集体主义只强调团体而不强调个人的观念,另一方面也与个人主义的扩张、个人限制国家的观念不同。集体主义和个人主义这两种观点把个人和社会对立起来,而孔子则取消了这一界限,把二者统一了起来。[1]

---

[1] 萧公权:《中国政治思想史》,第140页。普林斯顿大学出版社,1979年版。

　　因此,孔子认为,个人和社会都不是实现对方的工具或者手段,相反,它们互为目的。社会和国家的所有秩序最终都可以追溯到组成社会和国家的个人的"正",并且和个人的"正"相统一。另一方面,如果社会和政治生活不提供条件,个人的"正"也是不可能的。孔子在对特定的社会秩序和用以刻画它的语言进行类比时,强调了个人的"正"的作用。"政"来自"正","政"本身可以归结为民众"正身"的成效。孔子在许多场合都强调社会政治秩序和特定个人"正身"的相互依赖性:"子曰:'其身正,不令而行;其身不正,虽令不从。'"(《论语·子路》)由于这个原因,追求社会和政治的和谐必定从个人修养开始:

> 子路问君子。子曰:"修己以敬。"曰:"如斯而已乎?"曰:"修己以安人。"曰:"如斯而已乎?"曰:"修己以安百姓。修己以安百姓,尧舜其犹病诸?"(《论语·宪问》)

　　个人的"正"与社会政治的"正"之间的共存关系,防止了我们对西方政治理论范畴的套用。在人的造就问题上,孔子独具一格的社会观并不认为,在个人利益和公共利益、伦理关怀和政治关怀、社会结构和政治结构之间存在着西方人所认为的那种差异。

　　在孔子的社会理论中,个人是最小的团体。这是一个与西方传统观点相异的重要成果。对笛卡尔以后的大多数西方哲学家来说,最令人困惑的也许是,在设定了个人意识的自治和绝对性之后,怎样去说明主体间的经验。而对孔子来说,就根本不存在这样的问题,因为在他看来,经验本身就是主体间的经验。

　　在近代西方哲学中,主体间性的问题在解释学的代表人物的著作中得到了最为勉强的解释。威廉·狄尔泰通过强调设身处地地理解文献以把握历史活动和机构,阐明了后来奠定解释学基础的那种观点。历史学家倡导的由历史学家自身和他的解释技巧确立的主体间性(intersubjectivity)的形式,形成了解释者和被解释者在心理、"精神"上的共时性。他的这个看法的杰出之处在于,突出了最好把历史理解为由时空限定的。历史解释的艺术是建立一种实质性的主体间性,它在任何时代都是不断转变着、相互补充着的。

西方后来的思想家在理解"社会理论的基本材料要到主体间的经验中去寻找"这一观点时的主要困难是,社会哲学家一直允许用取自政治领域而不是社会领域的范畴来支配他们的理论。

西方政治理论长期以来的困难是,渴望享有秩序带来的好处往往同渴望创造或者维持秩序相矛盾。这种(主要是)心理上的差别产生了"统治者"和"被统治者"之间在社会、政治上的差异。统治者创造和维持秩序,被统治者享受这种秩序所产生的好处。至今为止,从社会主义到民主制,各种有代表性的企图克服这种分离的做法,只获得了有限的成功。统治者和被统治者之间的分离至今是西方社会和政治生活的特点。

比社会权力的分配重要得多的是:为了促进和维持一种文明的秩序,是否有必要区分统治者和被统治者。在西方,这主要是一个学术问题,迄今仍然是社会和政治哲学中最有争议的问题。甚至持"统治者统治自己"观点的社会主义和自由民主派,也要求把规范和规则从它们许可和禁止的社会和政治活动中分离出来,因为统治自身的主体是根据理性或促进社会秩序的永恒原则进行统治的,也就是说,主体是根据客观的规则来统治自己。所以,统治者和被统治者之间的区别是在用以促进和维持社会秩序的规则与要求有序社会的元素之间的区别。

马克斯·韦伯的研究,说明了长期以来用政治范畴构造社会理论的情况。在韦伯那里,真正作为社会理论的社会理论(而不是随意地、不加批判地应用于社会现象的宇宙论和政治思想体系的社会理论)开始形成。但是,韦伯的理解社会理论并不完全符合狄尔泰原来的观点。韦伯在其巨著《社会和经济》中提出的社会理论的结构,受到了他在行为和活动之间作出区分的立场的影响。行为是外部的尺度,而活动要求对行为的意义作出解释,以说明主体的价值观和意图。社会理论家必须努力去解释,哪些可以作为行为的描述,哪些是可以通过找出意义所在而加以思考的东西。理解产生了对活动解释的结构。事实上,这种结构是主观的。但是,如果我们对韦伯的社会理论加以批判的考察,就会发现,有一种内在的不和谐阻碍了用主体间性来理解行为。

韦伯的社会理论受到了他的历史哲学的很大影响。他的历史哲学的主题是:西方或者西方文化传说是经过官僚主义理性化了的重新组织过的故事;在历史的发展中,创造性因素和具有超凡魅力的个人联系在一起,此类人物有能力阻止和部分地控制或者改变理性化潮流。根据理性化和超凡魅力作用的概念,我们找到了连接科学的、政治的和宗教的社会形式的桥梁。

和这种社会动力学相反的是,引进了自然发生价值观和理想。韦伯基本上把这些价值观等同于社会的宗教,特别是就宗教一直被看做产生价值观的基本之源而言。但韦伯却又把政治作为社会的指导力量,认为社会的单元是个人,社会的基本关系是统治和被统治的关系。正如认为社会是由政治结构和政治环境决定的亚里士多德一样,韦伯也是政治社会学家。按照和社会对立的社团概念来考虑的主观间性,在韦伯的社会哲学中是第二重要的概念。

一直到前不久,人们才认识到用狄尔泰的观点来发展社会理论的困难。只要人们觉得用政治实践解释社会实践是必要的,就不能适当地把主体间性概念应用于社会理论。这是韦伯的个案所清楚表明的。经典的政治理论受统治者—被统治者这种划分的束缚,不能超出一致性的概念。正如查尔斯·泰勒(Charles Taylor)所指出的那样,一致性重视社会中分离出来的个人所信奉的意义。主体间的意义"扎根于社会实践之中",并因此"构成社会实在"①。

① 查尔斯·泰勒:《人的解释和人的科学》,《批判的社会学》,第 179 页。纽约:企鹅出版社,1976 年版。

当前对西方社会理论的挑战,包括要求放弃显然是毫无成果的对自由、理性的一致性的追求,去探索而不是去发现主体间的经验对于"仁"的说明会有什么价值,"仁"怎样会有助于理解人的修养和人际修养。孔子关于"正身"和"政"的关系的观点,可能是解决这些问题的一条重要途径。

重温《论语》中"正"和"政"的相互关系,人们可能会认为,孔子并没有提出过"正"对所有的人都会产生政治效果,而只对那些掌权的人才是如此。作这种限定的一个特殊例子,体现在他强调统治者是秩序的杰出代表的一段话里:

> 天下有道,则礼乐征伐自天子出;天下无道,则礼乐征伐自诸侯出……天下有道,则政不在大夫。天下有道,则庶人不议。(《论语·季氏》)

人们肯定会把这种限定理解为与取得和谐所要求的社会成员共同参加的观点相对立,而在那种和谐中,每个人都有他自己的特权以及相应的责任:

> 子曰:"不在其位,不谋其政。"曾子曰:"君子思不出其位。"(《论语·宪问》)

这就是说,人的政治地位决定了人的贡献范围。孔子认为,"正"和发挥有意义的社会和政治作用的程度是相互关联的,"正"只有在参加社会和政治中才能实现,而社会和政治地位只能根据个人修养的成就才能取得。

在下面关于君子的讨论中,我们将会发现,孔子没有用本质主义的生来就有的品质概念。他认为,君子是靠修养而并非天生高洁的。他又用同样的观点表述了文明世界和不文明世界的区别,正像萧公权所说的:

使我们感到饶有兴趣的是,孔子在决定野蛮人还是中国人时使用了文化标准……野蛮人和中国人的区分完全不是固定的,而是根据文化程度的高低而变动着的,所以,这样的区分完全失去了它的种族意义,而成为纯文化的概念。①

按照孔子的看法,社会和政治的不同完全是文化适应的结果,并由一个人对社会—政治和谐的贡献所决定的。

孔子对宗派主义的强烈反对进一步表明了美学秩序的优先性。在形式结构优先的社会和政治过程中,"同"优于"异","一致"优于"和谐"。例如,在政治哲学建立在服从既定标准的法家那里,"刑名"的概念就是想保证与官吏先定的规定相一致,任何偏离规定的行为都会带来惩罚。这与孔子所主张的清明政治的前提是官吏、要使现在的政策适应不断变化着的环境,形成了鲜明的对比。孔子提到过人类团结性的限制,明确指出,虽然一个人通常能够依靠他人的判断和良好意图,但当遇上突发事件时,他也必须能够单独行动:

> 子曰:可与共学,未可与适道;可与适道,未可与立;可与立,未可与权。(《论语·子罕》)

事实上,孔子把政治上的适应环境看做是没有官位的人的特点。他一再用追求异中之同来表达对社会和政治活动的参与:"君子和而不同,小人同而不和。"(《论语·子路》)"和"与"同"的差异即是"协调"和"调和"的差异。"协调"是把两种以上的成分集合起来和混合起来,组成一个和谐的整体,而不牺牲所有成员的特点、个性,并有利于所有的成员,最大程度地加强他们的可能性。而"调和"则是通过使一个成分和现存的标准一致,靠牺牲一个成分来强化另一个成分,以求得一致性。孔子有几段话,特别批评了政治事务中的宗派主义:

---

① 萧公权:《中国政治思想史》,第140页以后。普林斯顿大学出版社,1979年版。

> 君子周而不比，小人比而不周。（《论语·为政》）君子……群而
> 不党。（《论语·卫灵公》）

下面一段话最能表明孔子追求美学的"和"而不是形式的"同"：

> 孔子对曰："人之言曰：'予无乐乎为君，唯其言而莫予违也。'如
> 其善而莫之违也，不亦善乎？如不善而莫之违也，不几乎一言而丧
> 邦乎？"（《论语·子路》）

这几段话里，孔子提倡社会和政治的"和"而不"同"。

以上我们已显示了孔子对"容"的重视以及"疾固"的程度。仁者的
行为既不受偏见的干扰，也不违反规则。在追求给个体提供最大开放性
的社会—政治秩序的努力中，"容"当然是一个必不可少的条件，就像孔
子所说的："君子贞而不谅。"（《论语·卫灵公》）美学秩序的社会所必不
可少的"容"，是那些在社群中发挥影响的人的基本品质。用许多不同方
式表达的这个"容"，是孔子理想的社会组织的主要成分，也是堪为他人
楷模的必要品质：

> 居上不宽，为礼不敬，临丧不哀，吾何以观之哉？（《论语·
> 八佾》）

如果孔子的人的造就纲领设定了要"克己复礼"，那么"恭"、"容"、"敬"就
是所有人的成长的先决条件。就像个人的人格是与众人的关系所确定
的那样，社会和国家的特点也是由以往的传统和现在的环境、保留在
"礼"的结构中的传统的意义和现在人的新贡献之间的互相作用所决
定的。

说到底，在这种社会秩序中，理想的统治者是"无为"的，避免任何强
制行动。孔子曾这样形容以往杰出的统治者的：

> 无为而治者，其舜也与？夫何为哉？恭己正南面而已矣。（《论
> 语·卫灵公》）

这是《论语》中很有代表性的一段话,是对那些负有协调社会秩序责任的人的正确态度的简洁刻画。在第四章里,我们还将探究"德"的概念,"德"既是个体性的原则,又是综合的基础。一个能充分把他的个性综合到整体中的统治者其实就是"无为"的人。他从不强制他周围的人:"为政以德,譬如北辰,居其所而众星共之。"(《论语·为政》)完美的统治者从来不强制他的民众,把秩序建立在丰富的多样性上,对他的臣民的各种倾向进行协调,以便最大程度地发挥他们的创造性,从而有益于美学秩序的形成。这就是孔子所说的"宽则得众……公则说。"(《论语·尧曰》)

二、中西传统中的"刑"、"法"和"礼"

孔子对作为指导规范的榜样的价值的认可,表现在他对"礼"与作为达到社会秩序之方法的"刑"的比较中。"礼"是自发的实践和谐的行为,而"刑"则是对越轨行为的控制。无论"法"看上去是如何必要,它的存在尤其是"刑"的存在,表示了"礼"的失败。孔子认为,"礼"是样板,是模仿的对象;它们以机构化的形式存在,是与君子行为相联系的意义形式。"礼"是榜样而"刑"则不是,原因就在于,"刑"不能像"礼"那样表现君子的有意义的行为。

在各种情况下,君子本身就是一个独特的成就。人只有通过领会、人格化以及创造性地扩展凝聚在"礼"中的意义,才能成为君子。所以"有意义地"确立的"礼",像君子一样,必定优于"法"。实际上,孔子是提倡说服教育而不是强制约束:

> 季康子问政于孔子曰:"如杀无道,以就有道,何如?"孔子对曰:"子为政,焉用杀?子欲善而民善矣。君子之德风,小人之德草。草上之风,必偃。"(《论语·颜渊》)

这是说,君子是用"德"来约束没有教养的人,而"德"完全不是强制性的;君子是在造就民众人格的人际交往中发挥潜移默化的作用,其影响就好像"风"一样把民众引向某一个方向,而无须用"刑"来取得他所期望的社会秩序;"风"是引导的而不是强制的,"草"是接受的但不是被迫服从的。就是说,它们以一种自然的和相互有利的方式互相作用。在孔子的理想社会中,"刑"是不必要的:"听讼,吾犹人也。必也使无讼乎!"(《论语·颜渊》)在引这一段时,我们务必不要误解了孔子对"刑"的态度。孔子在《论语》中提倡通过劝告和树立榜样的方法达到社会政治的秩序,这是无疑的。但是,孔子在偏爱并强调教育和转化人的德性的同时,并不排除为反对混乱无序而采取必要的行政手段。①

在西方传统中,作为神的命令和理性原则的"法"都是法律制订者的创造。前者具有超越性,保证了它合乎正义;而后者是公开的和产生最大社会稳定性的行为规范。上帝把"法"启示给摩西,叫他再传授给犹太人。汉谟拉比和梭伦则为他们所敬仰的社会制订了法律。在这些情况下,都有一种精神上的对"法"的支持,都有一种超越的本源赋予法律以力量并支持法律的权威。

我们在讨论"礼"和"义"时已经谈到,孔子的"礼"是"义"的行为,任何"礼"的持续的正当性,都来自"礼"在实行中所引发的"义";那些奠定"礼"之基础的各种具体的"义"的行为,大多在流逝的时光中淹没了,每种"礼"的生命力的持续都要求在执行中始终体现"义"。

所以,体现个人之"义"的执行"礼"的意义,与出自权宜之计的、非个人的"刑"的强制作用,形成了"刑"和"礼"之间的鲜明对照。西方传统中的法律的起源被看做是超人的,而个体的力量要视规范的外在性而定。这种观点的结果之一是:作为外部决定力量的超越性的法对于极端的个人主义社会来说,是必不可少的。这是因为,在一个高度个人主义化的社会里,公共的一致性几乎是不可能达到的,所以,必须用法律来对付离异的行为,必须以惩罚的威慑作为保证一致性的制裁力量。无论施行这

---

① 参见安乐哲《"主术":古代中国政治思想研究》,第 29 页以后。夏威夷大学出版社,1983 年版。

些外部强加的法律或规范的代价如何,个人主义在西方传统中一直被认为是一种收获,个人主义需要法律,法律又强化了个人主义。

这里的关键是社会和谐的特点,这把我们引回到美学的秩序和理性的秩序的对立。后一类型的秩序依赖于先存的关系形式,这种关系形式独立于任何特殊。社会秩序是由服从或者与原则或规范的一致造成的,这些规范的最终源泉一定是上帝的精神或原则、人类理性、共同承认的开明的自我利益。社会秩序的理性形式的出现不能仅仅依靠善的榜样。

李约瑟在比较中国和西方的"法"概念时,把西方的自然法与中国的"礼"、西方的成文法与中国的"法"联系起来。他说:

> "成文"法带有尘世统治者命令的性质,服从它是一种义务,对各种违法行为都有精确具体的制裁。在中国人的思想中,这种成文法无疑由"法"这个字代表,就像建立在伦理……或者古代的禁忌……基础上的社会的习惯是由"礼"这个词代表一样,"礼"还包括一切的仪式和祭祀……现代中国可以说基本上没有普遍法,因为由于中国文明与世隔绝,无法借鉴其他国家的普遍法。但是,自然法无疑是存在于中国的,它是圣王和人民所接受的习惯的总和,也就是孔子称为"礼"的东西。[①]

虽然这几个范畴的宏观比较在某种程度上是合理的,但是,它们的"异"而不是"同"更令人感兴趣。孔子对"法"的态度当然在中国传统中是很具代表性的,但他并没有明确地用它来指"刑法",不然就会来一个时间错位。因为在中国,"刑法"是用"刑"字表示,它先于"法"出现。

在中国,"礼"起源于对自然规律性和秩序的模仿。但我们认为,就"礼"是自然规律的扩充,是人类某些行为的普遍化而论,它并非严格意义上的模仿。西方传统把自然科学解释为在世界中普遍起作用的力量。

---

① 李约瑟:《中国的科学与文明》,第 2 卷,第 519—520 页。剑桥大学出版社,1954 年版。

而中国传统仅仅承认自然的自发和谐；通过人们的齐心努力，人和自然可以达到一致，从而丰富自然和人自身。存在于自然中的和谐远不是由某些抽象的自然法则先定的，而是构成存在过程的那些内在的相关要素的综合的、开放性的成果。

同样，也不能将人类社会的和谐归结为"普遍接受的道德原则"①。与自然相似的人必须不断地改变他的立场以同日新月异的环境协调一致，尽管这种改变往往在不知不觉地进行。因此，必须将中国的"礼"与西方的自然法区分开来。西方的自然法出于过去的环境，并被现在的紧急事件所改变。它是属于个人的，永远带有特定个人的印记。

孔子既没有说过"礼"构成普遍的道德规范，也没说过"礼"是普遍的道德规范的反映。相反，孔子明确表示，"礼"的最终本源是在社会和自然环境中努力取得"义"的人。另外，追求"义"的具体个人，如果没有义务，也有权力改变、扩充这些环境。

以上我们已把"礼"定义为发展和表现人的"义"的能力的中介，以及提高人的修养的工具。"礼"带有传统中前人赋予的意义以及处于当代文化环境中的人所赋予的意义。因此，"礼"是主体间性的。为使"礼"有意义，人们就必须发挥自己"义"的能力，以找到通往继承的意义的大门，来领会、扩充意义。

把西方成文法的概念同中国"法"（或者孔子的"刑"）的概念联系起来，无疑是有问题的。中国传统的"法"也代表一种意义上的形式化，故而和"礼"有一致之处。就是说，"礼"和"法"有共同的出发点。另外，"法"和"礼"一样，目的都是组织社会，给社会带来秩序。但是，由于"法"既不是主体间的一体化，也不是个人的一体化，它与"礼"的意义是不同的。在某些情况下，"法"的加强并不需要受"法"制约的人发挥"义"的能力。因此，"法"在为社会带来秩序方面，并不带有和"礼"同等程度的参

---

① 李约瑟：《中国的科学与文明》，第2卷，第519页。剑桥大学出版社，1954年版。

与性和偶然性。

对被告说来,诉讼的价值基本上是外在的和强迫性的。在用"法"来维持秩序的传统中,人们通过信任有文化的人的仲裁能力,一直在努力充分地感受各个案子的特殊性,以改善办案的能力。即使这样,也只不过是使仲裁者能在最适宜的场合下发挥个人的"义"。这是因为,用"法"来影响秩序,不需要那些最受"法"影响的人的参与;"法"对民众几乎没有转变或者教育的作用。相反,由于它本质上是带有约束性、强制性的,所以就造成了对大众的个人造就的真正障碍。

在中国传统中,"礼"和"法"是量的选择。"法"是用来表明,那些原来认为可以用"礼"来达到和谐的人没有得到成功。可以说,"法"来自"礼",但却没有相关人的有意义的加入,而只有相关人的加入,才能保证适宜。因此,孔子断言:"礼乐不兴,则刑罚不中。"(《论语·子路》)

在用"礼"来影响秩序时,"礼"和行"礼"的人是相互决定、相互帮助的。"礼"允许(事实上是鼓励)在参与中表现出的和谐,社会依靠"礼"发挥最大程度的和谐。而在"礼"行不通的地方,"法"就作为一种强制力出现,以防止社会陷入无序状态,并为更有效和更持久地运用"礼"作好准备。由此可见,由"礼"获得的秩序是目的本身,而由"法"建立的秩序只是达到更高目的的实用的、工具性的暂时手段。

三、中西传统中的"耻"和"罪"

还有两个概念可显示西方人服从法律和中国人追求美学和谐的差别。

除了强调作为达到社会—政治秩序手段的"礼"的重要性以外,孔子还努力培养人们的"耻"感。饶有意思的是,孔子关心的是"耻"而不是"罪"。"耻"和"罪"的区别正如"礼"和"法"的区别一样。"罪"和"法"有关,表示一个人认识到自己违反了已确立的行为规范;而"耻"是和"礼"联系在一起,表明一个人意识到别人怎样看他。"罪"是个人的,涉及与

"法"的关系;而"耻"是公共的,涉及个人与他人的关系。

"罪"的概念常常在《论语》中出现,通常是指对某些确立了的标准的违反:

> 子谓公冶长,"可妻也。虽在缧绁之中,非其罪也。"以其子妻之。(《论语·公冶长》)

相反,如果我们细察一下《论语》中所出现的"耻"就可以看到,它总是指失职,常常伴随着凌辱、疏远和羞辱:"恭近于礼,远耻辱也。"(《论语·学而》)

如果参阅一下布雷恩·麦克奈尔特(Brian McKnight)在其近著《不同的怜悯》中对赦免和宽恕的研究,就可对"耻"在中国传统中的重要性一目了然了。在中国,诉讼的作用是找出被告的"罪",找出他的"耻"。这就是说,法庭和监狱制度很可能出于经济的原因,而并不想把长期监禁作为惩罚罪犯的一种手段。一道又一道赦免令和宽恕令每隔二三年便打开监狱的大门,让犯人回家。在这种情况下,法庭必须对重犯毫不手软,而对轻犯,则依靠包含在讼诉过程中的"耻",使他们重新对社会负责。

要理解孔子的社会和政治理论,重要的是要知道,孔子一方面偏爱和追求美学的秩序,但另一方面也懂得某些已确立了的、规定了的理性秩序的价值。偏爱美学的和谐和懂得理性秩序的价值之间的冲突,可以通过《论语》中一段非常重要但屡屡被错误解释的话表现出来:

> 道之以政,齐之以刑,民免而无耻;道之以德,齐之以礼,有耻且格。(《论语·为政》)

在这里,建立在规则和法令基础上的强迫性秩序与通过仿效、参与和道德教育达到的政治和谐形成了对照。这段话也往往被解释为政府的两种不相容形式。但不应当忘记的是,按照孔子的看法,社会是一种创造出的成果。因此,已确立的政策和"刑"本身并不是取得社会和政治组织丰富性的充分条件。孔子相信,要取得真正有效和持久的和谐,就必须把本源意义上的,从人自身"汲取"的,有改造作用的"教育"放在第一位。根据这个信念,孔子在灌输和教育之间划了一道清楚的界线。形成一个自我维持、自我规范的社会,就能最大限度地增加人的直接参与。这是因为,专注于自我修养产生了德,而全面地仿效和有意义地实行"礼",就能构造和维持这样的社会。

依靠对德的仿效而不是运用强迫的政策、法令来产生社会和政治的和谐,这表明,具体特殊的丰富多样性是优于一切的。孔子偏好个人实行礼仪而不是运用本质上外在的刑罚。他没有将个人利益与公共利益、社会领域与政治领域、伦理学和政治学加以区别,由此亦可看出这一点。孔子关心培养人们的耻感,即其明证。而更进一步的证据在于,在民众看来,社会—政治秩序是由他们完成的,而不是由他们创造的。社会和国家展现了特殊个人的特点、差异以及参与性;社会和国家是由许许多多个人共同创造的;从由"权力"产生的秩序和由创造性活动产生的秩序之间的对照中,可以见出对美学秩序的偏爱。

第四节 君子

一、中西哲学中的人的榜样

孔子哲学中的内在原则,排斥并非建立在"礼"的基础上的政治的和社会的规范。这也是榜样之所以在孔子社会思想中如此重要的原因。从具体的个人和机构的榜样中抽象出来的规范和理想是有益的,但它仅仅是一种建立秩序的权宜之计,而对自我修养的教育计划则几无用处。

在实现社会稳定性这一点上,区分传统榜样和抽象原则非常重要。孔子认为,后者更能满足个人和社会的需要。从这里,我们可以找到解释孔子形而上学不可知论的钥匙。

　　在西方传统中,神、超越的形式、精神或理性的结构,往往被看做是主导性的价值观、规范和原则;而在具体的、历史的世界中存在的人或机构,则被看做是服从这类原则的。不过,这种服从是指道德方面,而不是指人或机构本身。这种概括很少有例外。人们马上会想到西方文化中的榜样:作为人的耶稣基督和苏格拉底。

　　耶稣基督在某种意义上并不是榜样,但要看这是从什么意义上而谓。因为基督是"肉身的逻各斯",他是超越的逻各斯的一种体现;而逻各斯是外部的、永恒的世界。苏格拉底是爱洛斯(Eros)神的化身。对完美性理解的欲望,一种冲动,使他最后选择了不公正的死亡,以服从他的原则而不是苟且偷生。正是求知的欲望和追求不朽的希望,造就了苏格拉底的道德。苏格拉底和耶稣都按照一个超越现实世界的规范、标准、理念或原则生活。在基督教中,人们可以在每一点上都模仿基督,他的纯粹的神性完全超越了人。所以,耶稣是中介,甚至于是榜样。他的救世作用最终是按照恩典和赎罪说而不是通过促使人们对他的仿效而得到表现的。

　　苏格拉底更接近孔子意义上的榜样。仿效苏格拉底,就是过以追求知识为人生目的的生活,就是过决不放弃价值观和理想的生活,而价值观和理想加在一起就是哲学精神。然而,作为历史人物的苏格拉底始终是被迷雾笼罩着的,后人往往引用柏拉图的话,把苏格拉底看做是柏拉图原则(爱洛斯神、辩证法、对善的形式的直觉)的体现,而不是作为实际模仿的对象。这与基督教一样,认为在现实世界之外的永恒不变的世界才是真正的"模仿"对象。也就是说,耶稣和苏格拉底都是中介,从而都是工具。而孔子是个圣人,他并不是中介;他本人就是模仿的对象。

　　人们可能会说,西方传统中某些具有神授个人魅力的人物(charismatic figures)事实上是德行的榜样。但对立的论据是:具有神授个人魅力的人,就像这个词所表达的那样,具有一种不是出自他自己的神赋的东西;他们常常是先知,也可以说是规范和原则的中介,发挥着传递信息的作用,而并不是真正意义上的榜样;有谁会认为,一定要去仿效以赛亚(Isaiah)或者耶利米(Jeremiah)呢? 因此,这些先知和具有神授个人魅力的人伟大得致使他们和普通人之间形成了一条鸿沟,从而显示出他们是"更纯粹的人"。这就大大破坏了他们的榜样作用。

那么,孔子所认为的榜样的作用是什么呢? 孔子认为,存在就是以一定的方式存在,所以,一个榜样就是指实现一个存在的模式,它不是先存"方式"的一个具体表现,而是作为一个新的"道"出现。因此,存在模式等于实现模式。从根本意义上说,榜样就是弘扬了"道"的新的存在模式,是有意义活动的特定的制度化。仁者通过实现"义"或创造"礼",为其他追求"仁"的人提供了榜样。一个人不能仅从形式上模仿榜样而达到仁者的创造性思想和行为。

如果榜样是供人模仿的,那么,人们模仿榜样的什么呢? 模仿和重新呈现的概念有联系,模仿就是重新呈现。亚里士多德和柏拉图曾指出,艺术就是对自然的模仿。但他们对自然的不同刻画产生了不同的模仿结果。柏拉图认为,模仿的对象是事物的形式和结构;亚里士多德认为,模仿的对象是有机的功能。亚氏的模仿概念同我们所说的模仿榜样较为接近。亚里士多德还把悲剧看做是最纯粹的模仿的艺术形式,把唤起和产生怜悯和恐惧看做是模仿的主要目的。模仿榜样包括模仿的功能、过程、行动和事件,因而具有激励作用。

这又使我们想到"礼"的作用。建立带有个人"义"的"礼"不仅是把抽象形式加以具体化的模仿;而且是重新呈现一个榜样,重新建立具体的"礼"。这样的模仿不仅仅是重复,它还要求在自身人格中实现榜样,从而成为仁者,成为有意义的存在。

在理解孔子所谓的榜样时,必须强调两点:首先,榜样不仅是跟过去的圣人保持连续性的手段,而且还是激发新意的手段。模仿榜样并不是复制,而是把新的意义引入一个人的社会环境。服从原则或者为原则提供例证,是实现我们所谓的逻辑或者理性的秩序;而仿效榜样则是实现美学的秩序。实现美学秩序要求出现新的意义,这种意义是由仿效者独特的个性提供的。人们考虑一下在获得"知"的过程中"学"和"思"的关系,就可以看到模范行为是如何导致表现连续性和具有新意的"知"的。更明显的例子是达到"仁"时"礼"和"义"的关系。实行"礼"时要有"义",要避免简单的模仿;而重现"礼",则既是获得意义,又是富有新意。

这导致了关于榜样作用的第二个重要观点:榜样既是人的形式,又是"礼"的形式。因此,孔子把周礼看成是人类行为的榜样。但是,这种榜样的"礼"只有在有人存在时才是有效的。譬如,周礼是通过周公个人"义"的适宜行为而实现了"礼"。就是说,榜样的基本意义在于他是具体体现"仁"的君子。这就是孔子的观点。

在孔子思想中,诉诸榜样而不是诉诸原则的最饶有趣味和惹人注目的结果是:榜样规定了"权威"的意义的方式,而和创造性经验相联系的自我实现的个人活动则是"权威"的基本意义。"权威"最终意味着成为自己的创造者,丝毫没有去创造别人或者被别人所创造的意思。

在创造自己的时候,人必须创造一种环境、一种秩序。人就是在这样的环境和秩序中生活和活动的。人自己解释世界,从而创造了一个自我实现的可能的宇宙。这样,就有了一个潜在的外在于他人的世界。在这种情况下,没人有权凌驾于他人之上。因此,在自我实现的过程中,世界的创造所引起的问题就是尽可能保证个人的创造活动不会产生破坏性的后果。按照这种观点,人应避免二元论的权力关系,发扬两极性的创造关系。自我和世界的创造是为他人的愉快提供自我和世界。① 在自我创造的创造性活动中,人强调"杰出",而为他人的愉快提供的自我和世界却要先考虑到对他人的"敬"。

"权威"这一概念的基本结果是,最好把统治社会活动的传统道德规范看做是反映社会交往中"杰出"和"敬"关系的基本美学成果,也就是

---

① 郝大维:《不定的凤凰》,第249—250页。纽约:福特汉姆大学出版社,1982年版。

说,实现"法"的权威的必要社会条件是需要有无数的、形形色色的、建立在主体经验上的"敬"的形式(deference patternings)。"敬"的形式要求在社会交往中"恭"。"恭"是指在给定的经验环境中恰如其分地做事,也就是一个人内在的"杰出"和在人际环境中行为适宜的意思。"恭"的主要条件是一个人的"杰出"以及对他人"杰出"表示"敬"。

重要的是,要认识到"杰出"和"敬"的基础是自我创造性。虽然自我牺牲也可以说是"敬",但"敬"不是自我牺牲。"敬"是对认识到的"杰出"的反应,是出于自愿,使人体验到他人的内心。从这个意义上说,"敬"是一种强烈的感受,一种激情。人为的、约定的或者不是出于真心的"敬"将产生异化,而异化是虚假的或强迫的激情的结果。要减少特定社会环境的异化现象,就要承认个人的自我创造性,把它作为社会交往的模式。

即使在最好的社会环境中,自称"杰出"或者履践恭敬,无疑都是错误的。人们一直错误地认为,我们自己或者他人的"杰出"一定是和某种环境相联系的。"仁"的行为会使我们丧失地位、便利、优裕的生活甚至生命,并不可避免地会导致价值的丧失。有些自由也会失去,有些功效也会得不到,某些美也会变成丑,某些真也会变得假,某些重要性会成为微不足道,某些罕有之物会遭毁灭。有限、无知、冷漠、反复无常对个人和社会的延续变得更重要。

显然,我们冒着失败的危险,以创造我们自己的存在。危险和痛苦是无法分开的。这种创造的结果将是蒙受苦难。我们可能会把孔子的思想推向极端,认为它要求冒险以及告诉人们应该学会怎样蒙受苦难。而这些正是孔子哲学的中心思想,即由"仁"的活动体现的。

最明显的危险是所谓的民众的桀骜不驯。因为,法律夺走了个人以及他人的权威,拒绝服从它是坚持用美学观点来看社会和政治秩序所带来的可以预料的结果。这种危险是多方面的:人们可能错误地估计法律的性质;或者当一个人不服从法律时,可能会影响其他人用暴力来反对法律。但孔子认为,民众的不服从是必不可少的,因为这是直接检验权威是否掌握在仁人手中的根本方法。

在中国,无论在古代和近代,民众的不服从都说明:人和社会政治环境之间基本上是一种共同扩张的关系。因此,在新王朝刚建立时,民众的反抗就是一种主要的现象。从商朝的伯夷、叔齐,到宋朝的文天祥、陆秀夫,再到明朝的史可法、王夫之,民众的反抗一直指向人民不能认同的政治力量。

对"法"阳奉阴违同样要冒险。自主的个人只是在最匹克威克的(Pickwickian)意义上"服从""法"。因为,如果仁者在听从"法"时不受任何约束,则他总是听从最适宜的"法",把它作为行动的指南,而这样做时就取消了其他的"法"。仁者就是随心所欲的人,他自己就是自己的权威。当然,人们很容易认为,"法"是适宜的,违犯它会带来很大的不便。但这样做就会冒潜在的异化的危险,最终破坏一个人的勇气;而有了这种勇气,一个人才能去冒与确定的法律结构相冲突的危险。按照孔子的观点,不断地让"义"渗透到"礼"和"法"的活动中,就能避免这种异化。

二、孔子心目中的人的榜样——"君子"

《说文》把"君"定义为"尊",意为"高位"。后来,又转换成"敬"的意思。有趣的是,"君"和"尊"都有意思为"多"的同源字("群"和"僔")。"尊"还有一个同音字"樽",意思是"节制、控制"。《说文》进一步对"君"的词素加以分析,认为它是一个会意词,从"尹"从"口","尹"是"治",而因为治者发布命令,所以有"口"字。日本学者西川太郎评论《说文》时说:

> "君"的意思是"约束、正",是最早的领袖的意思;他是全国民众真正的榜样,杆直影不歪;杆曲影歪。他的"口"是用来发布命令的……"君"是群众跟随的对象。

"君"的成分"尹"很重要,《说文》定义为"治",有"控制、指导、好的统治、秩序良好"以及"管事者"的意思。

　　总而言之,"君"有以下四个含义:(1) 尊贵的地位;(2) 表示尊敬的概念;(3) 秩序和修养的"榜样",榜样的个人特点吸引了地位较低者去仿效和分享;(4) 通过政治责任和交流把自己的"正"扩展到社会—政治中的"正"。在一个确定的社会政治参照框架中,"君"是秩序的本源。这种秩序不是先定的形式,不是由"君"把它具体化然后强加于他人之上的,而是得自"君"和社会—政治环境的相互作用。

　　人们常常认为,在孔子以前的文献中,"君子"是"君之子"的缩写。"君"是一个严格的政治概念,也就是说,"君子"特指出身高贵的人和大官,并不是作为表示个人成就的概念。[①] 后来孔子在此基础上重新定义了这个概念,使中国古代哲学的发展为之改观。在个人修养中,参与政治成为必要的成分;而对政务和政府官员来说,个人修养又是必要的品质。个人成就和政治责任之间的相互关系往往不十分贴切地用"手段"和"目的"来加以描绘,例如,萧公权说:

　　　　〔君子〕这个词原来是指占据高位的人应该培养自己的德行,而孔子则强调培养德行以得到高位。[②]

H. G. 克利尔完全否认"君子"有政治含义:"'君子'一直被在道德意义上用来指'绅士'(孔子尤其如此),或者里格(Legge)有名的术语'超人'。这个词没有别的含义。"[③]这样的讲法掩盖了个人修养和政治责任、教育和社会—政治秩序之间的两极关系。正如杜维明正确指出的,私人与公共的分离不存在,就不会有道德与社会—政治的区别:

　　　　统治者的道德完全不是他的私事,而被认为是他的领导特点。他必须认识到,他的私下活动不仅有象征的意义,而且和他的领导

---

①② 萧公权:《中国政治思想史》,第 118—119 页。普林斯顿大学出版社,1979 年版。
③ H. G. 克利尔:"Origins of Statecraft"第 5 章,第 1 节,芝加哥大学出版社,1970 年版。

能力有关……①

孔子并没有用新的道德意义上的"君子"来代替前面定义的政治意义上的"君子";而只是认为,政治责任和道德发展是相互关联的。一个人的人格修养必定包含积极参与家庭和社会秩序,不仅是为他人服务,而且是利用这些场合唤起同情和关心,从而使自己的人格成长、完善。换句话说,人格的充分成长和完善如果缺乏政治责任,那就是不可想象的。孔子明确表示过:

> 不仕无义。长幼之节,不可废也;君臣之义,如之何其废之?欲洁其身,而乱大伦。君子之仕也,行其义也。道之不行,已知之矣。
> (《论语·微子》)

由此看来,至少有两条理由反对孔子所讲的个人修养和政治责任相互关联。第一,孔子在几个场合讲过"道"若不行,"君子"不仕:"天下有道则见,无道则隐……"(《论语·微子》)但是,不在坏的政府供职并不意味着放弃对社会—政治秩序的责任。相反,"君子"正是为了服务于社会—政治秩序中最基本的层次——家庭,才"不仕"的:"(孝)是亦为政,奚其为为政?"(《论语·为政》)社会—政治秩序最终得之于最间接的层次,因而也必须从最间接的层次恢复,从较远的政治秩序向它的基础即家庭的和个人的秩序运动。

可能提出的第二个反对理由是,孔子本人的政治经验很有限。对政治地位和个人成就之间的关系来说,这是一个十分勉强的反对理由。历史上的孔子形象被后世的追随者反复涂抹,占据了越来越重要的政治地位,并在汉朝达到了顶峰,成为了"素王"。(见《淮南子》)可见,随着对孔子价值的日益增长的认同,其政治地位也日益提高。

在《论语》中,"君子"这个概念和其他一系列表示个人成就的概念交

---

① 杜维明:《一般和普遍》,第70—71页。夏威夷大学出版社,1976年版。

相辉映,如"圣人"、"仁者"、"善人"、"贤人"、"成人"和"大人"。要懂得什么是"君子",就必须借助于这些可以替代"君子"的概念。孔子指出这些概念之区别的基础是什么呢?刘殿爵说:

> 孔子认为,不存在单个的理想的形象,必须要有很多的形象。最高的是"圣人",这个理想太高以至很难实现……较低层次的是"善人"和"成人"……但是,没有疑问,孔子理想的道德形象是"君子"(绅士)……①

陈大齐分析了《论语》中关于个人成就的几个概念,指出它们表达了不同程度的个人成就,而这些成就可以按照具体的相对等级次序加以排列。②他认为,一般来讲,有三个最明显的区别,即"圣人"、"仁人"和"君子"。"圣人"高于"仁人"和"君子"。

> 圣人,吾不得而见之矣;得见君子者,斯可矣。(《论语·述而》)
> 子贡曰:"如有博施于民而能济众,何如?可谓仁乎?"子曰:"何事于仁?必也圣乎……"(《论语·雍也》)

根据陈大齐的看法,"仁人"排在第二位,"君子"列第三位。这一点是很明确的:"子曰:'君子而不仁者有矣夫,未有小人而仁者也。'"(《论语·宪问》)孔子不愿承认他是"圣人"或者"仁人"。(见《论语·述而》)但尽管他也明确否认他是"君子"(同上),可《论语》里却蕴含了他是"君子"的意思。同样,他最不愿称他的学生为"仁人"(见《论语·雍也》),但却叫他的几个并不太突出的学生为"君子"。(见《论语·公冶长》、《论语·宪问》)

把量上的不同转换成等级的不同,这在《论语》中似乎能找到一些根据。这和分析哲学家的观点也很容易一致。但是,这并没有什么高明,

---

① 刘殿爵:《孔子的〈论语〉》,附录 I,香港中文大学出版社,1983 年版。
② 陈大齐:《孔子的学说》,台北中山书局,1964 年版。

而且搞得不好，还会导致错误的方向。

首先，《论语》所认为的个人成就的几个范畴是内在关联的，不允许相互排斥：

> 君子之道，孰先傅焉？孰后倦焉？譬如草木，区以别矣。君子之道，焉可诬也？有始有卒者，其惟圣人乎！（《论语·子张》）

其次，除了"圣人"范畴是综合性的以外，上述排列似乎也是站不住脚的。例如，虽然"君子而不仁者有矣夫"（《论语·宪问》），但"仁人"仍被形容为"君子"之成为"君子"的条件：

> 君子去仁，恶乎成名？君子无终食之间违仁，造次必于是，颠沛必于是。（《论语·里仁》）

再次，和陈大齐的论断相反，"仁人"是否高于"君子"的范畴，这一点并不清楚。例如，在以下的段落里，"仁人"和"君子"在用法上可以互换：

> "仁者，虽告之曰，'井有仁焉。'其从之也？"子曰："何为其然也？君子可逝也，不可陷也；可欺也，不可罔也。"（《论语·雍也》）

这里，"仁人"和"君子"完全不是分离的范畴，而是一个包含了另一个："曾子曰：'君子以文会友，以友辅仁。'"（《论语·颜渊》）事实上，我们很容易找出许多段落，其中"仁人"和"君子"几乎完全是用相同的词来描述的。（见《论语》中《里仁》《雍也》《颜渊》《子路》《宪问》《卫灵公》《阳货》《子张》篇）

陈大齐的分析研究所存在的真正问题在于，他只提出了一个大胆的排列，而缺乏具体的内容，缺乏对划分这种取得成就者的标准的证明。另外，更糟糕的是，这种分析掩盖了个人修养与这些范畴的相关性，以致给人留下了这样的印象，即我们所分析的是不同的成就者。

对这些人的造就的范畴的另一种较好解释是：孔子用这些概念来表示个人成长的有机过程的不同方面，这个过程也就是追求"圣人"的过程。"圣人"的概念排在最上,因为它描绘了综合的全过程;而其他概念和"圣人"概念不同,是就它们所代表的这个过程某个方面和重点而言的。同时,这些概念又是相互联系的,它们都有助于达到"圣人"的成就,都以达到这种成就为鹄的。由于它们不仅是相互联系的,而且往往是共同扩充的,相互之间的区分并不分明,因而,我们就不能把它们视为分离的范畴。正如我们已经看到的,即使"君子"是带有重要的社会—政治意味的范畴,它也必定是具有强烈的"仁"之人际色彩的范畴。

"仁"和"君子"相互交叉,是"成圣"过程的两个方面。这既说明了"仁人"的特点,也说明了"君子"的特点。另外,就两者都是个人成长的不同方面而论,它们对学习和修身养性的热衷却是共同的。"圣人"的概念不仅和个人成长密切相关,而且和发挥政治作用有联系。"圣人"和"君子"的不同之处在于,"圣人"的成就是意义、价值和目的的源泉,其成就超群绝伦,唤起了人们的无限仰慕。他是一个神明般的人,具有无限的影响力。①

孔子认为,"君子"是个质的概念,是通过自我修养和社会—政治领导而不断地专注于自我成长的人。在"君子不器"(《论语·为政》)这句话里,讲到了一个人成为君子是因为他对人类秩序有所贡献,而不是因为他擅长于做什么具体的工作。孔子为了突出"君子"的质,一再对"君子"和"小人"进行对比。"君子""合"并且自我展现,"小人""分"并且自我封闭。"小人"完全不做什么质的贡献、与社会的和谐相背离;即使他的行为具有兼容性,也只是"同"而不是"和"。(《论语·八佾》)

在个人实现的整个过程中,正是"君子"的社会—政治参照框架,使"君子"的概念表现出来,并且使"君子"成为"君子"。因为,个人只有在社会实践和社会活动中才能实现。这样,"君子"的交流形式对于吸引同情和参与秩序,就是十分重要的了。因此,孔子认为,"言"促进行动的观

---

① 安乐哲:《古代儒家的宗教:比较研究》,载《东方文化季刊》12;2,1984年版。

点显示了对"君子"为他的言论负责的注意,言行一致是一个人完整性的基础,即人"成为完整的人"的基础,而个人完整性也是社会完整性的基础。

"君子"是建立社会—政治秩序的主要代表。他通过使自己成为修养的"榜样"而发挥这种作用。这种榜样的作用在孔子看来是如此重要,以至于我们不得不费点劲来说明它。

孔子是从美学的角度来形容作为社会—政治榜样的"君子"的作用的。成为榜样,是质的活动;而对榜样的反应则视一个人独特的能力、环境和兴趣而定。通观《论语》,我们可以看到许多卓越的人物如尧、舜、文、武、管仲、颜回。另外,孔子在挑选课程时,显然高度重视编年史和古代诗歌。这些历史和诗歌将中国文化发展中的许多事件戏剧化了。借助于历史人物以及用诗的语言来描述个人,这种做法表明孔子的社会—政治秩序是从理想行为的具体例子开始的。另外,即使孔子认为这些历史人物值得我们仿效,他也清楚地表明,仿效不是被动的对某些行为的重复。事实上,学生被要求对榜样的行为作出批判的估价,使这种行为适应他自己的条件。让我们重温一下原先所引的孔子的话:

> "不降其志,不辱其身,伯夷、叔齐与!"谓:"柳下惠、少连,降志辱身矣,言中伦、行中虑,其斯而已矣。"谓:"虞仲、夷逸,隐居放言,身中清,废中权。我则异于是,无可无不可。"(《论语·微子》)

《论语》中的这段话无疑讹误较多,但意思还是清楚的:必须对历史上榜样的行为加以仔细审视和估价,只遵从那些适宜于自己的行为。在《论语》中,一再出现了通过使榜样具体化来发展自身、并发挥批判的功能这一主题。不仅对历史上的榜样人物,而且对现时社会中的著名人物,也要发挥批判的功能:

> 子贡问曰:"乡人皆好之,何如?"子曰:"未可也。""乡人皆恶之,何如?"子曰:"未可也;不如乡人之善者好之,其不善者恶之。"(《论

语·子路》）

实际上，孔子认为，仿效的榜样不止于一人，而是所有他遇到的人：

> "三人行，必有我师焉；择其善者而从之，其不善者而改之。"
>
> （《论语·述而》）
>
> "见贤其思焉，见不贤而内自省也。"（《论语·里仁》）

孔子认为，作为"正身"延伸的"政"是通过人际的仿效而取得的。但是，作为美学秩序特点的人的个性也十分重要，它使榜样具体化，使人能根据自己的特点来选择仿效榜样的方式。

榜样之成为榜样并不在于他能做什么，而在于他怎样做。因此，孔子反对把个人的技术作为"君子"的基础。孔子努力把卑贱的技术区别于精神的洞察力。他认为，学习各种各样的技术，只不过是浪费了他的青春：

> 太宰问于子贡曰："夫子圣者与？ 何其多能也？"子贡曰："固天纵之将圣，又多能也。"子闻之，曰："太宰知我乎！ 吾少也贱，故多能鄙事。君子多乎哉？ 不多也。"（《论语·子罕》）

一个人是以他的成就而成为他人的榜样的。除了常常引用的"君子不器"这句话以外，还有一种设定，即一位有修养者因其修养而比专门的技工更会做事。这是因为，他懂得技术对全部人类经验的含义。中国传统对政府官员的教育正是在这种设定下进行的，特殊的技术一直被看做是次要的东西。另外，所有从孔子到共和国的人物的编年史都有一种倾向，无论一个人选择做什么样的人，从政治家到运动员，从美学家到哲学家，都只有成为"君子"，才能优于一切人。

"君子"是行"义"的人，是"礼"的具体体现，是个人和社会—政治秩序的榜样。他既是传统的连续性的保持者，又是传统的创造性的基础。他按照他已取得的秩序为社会的成员提供榜样，为他们的个人修养和自我创造提供机会。他在各方面作为表率,唤起他人参与社会并转变自身。他的存在是为了最充分地展现作为整个和谐秩序一部分的个体,从而既表现出自己的独特和新奇,又保证最充分地展现他人的独特和新奇。

"君子"既是"知"的榜样,又是"仁"的榜样。"君子"通过对传统事件和周围事件的独到的认识,进而传播其中优秀的因素,实现了榜样作用。正如我们在讨论"思"时讲到的,"知"并不是容纳其他各种选择,"知"不是建立在假设基础上的,不是从思想和行动的一系列可能性中选出最好的东西,而是通过找到可能性的领域的中心,从而不再"三心二意"。这一点,只有在读了第四章关于"天命"、"德"和"道"的关系的讨论之后,才会有较好的理解。

第四章 天道观之比较

第一节 从西方的观点看孔子的宇宙论

人类的哲学思维方式各不相同,但我们应去找到它们的共同基础。W. K. C. 格思里(W. K. C Guthrie)在引用 F. M. 康福特(F. M. Cornford)遗著时,强调了这样做的重要性:

> 在任何时代,对世界万物的共同解释总是受到某些成见的左右,这些成见被认为是理所当然、无可怀疑的;任何人都不是孤立的单元——无论他认为自己和他的同时代人的观点共同之处是多么少——而是有机地和周围环境连成一片的小池塘,受到时间、地点的限制。[①]

怀特海对现在科学文化发展的经典分析,使这个观点更有说服力。

> 当你批判一个时代的哲学时,不要把你的主要注意力放在提出

[①] F. M. 康福特:《修西狄底斯的神话与历史》,第 9 页。伦敦:路特莱奇和开根保尔出版社,1907 年版。

者感到有必要捍卫的观点上。不妨去注意一些基本的设定,这些设定在某个时代无意识地提出的各个体系中都有反映。①

为了揭示孔子思想中的一些基本的宇宙论设定,既要考虑和孔子同时代的各哲学流派的宇宙论,又要考虑孔子的主要学生们的宇宙论观点。同时,我们还须从现代西方哲学的某些重要讨论来论述孔子的哲学,这样,在讨论孔子思想所蕴含的宇宙论观点时,我们将碰到严重的"时代错位"问题,因为我们心中要用完全不同的现代观点对孔子思想进行发掘。虽然,孔子对宇宙论几乎没有兴趣,但由于本书的目的之一是证明现代问题与孔子思想的实质、倾向的相关性,所以,从现代西方的观点来对孔子的宇宙论加以发掘,是十分必要的。

西方的读者往往带着明确或不明确的设定来看孔子的思想,而许多设定与中国古代哲学思想的设定是严重对立的。除非我们揭示出孔子思想中同西方思想对应的设定,否则就会产生严重的误解。我们在讨论"预设"的绪论中,已对此作过一般的论述。这里,我们将详细地加以论证。

从孟子一直到新儒家,孔子的许多信徒对孔子的宇宙论都进行了发掘,并形成了许多学派。这样,后来的《论语》注释家们就有必要对所谓的孔子的宇宙论进行估价;对于我们来说,这样做更有必要,因为我们对孔子思想的解释与众不同。

揭示孔子思想中的宇宙论方面,对我们来说是个非常棘手的问题。这不像孔子哲学的个人的、社会的和政治的方面,即使仔细阅读手边所有的材料,对他的哲学的宇宙论层次仍会不甚了了。事实上,《论语》所描绘的孔子对宇宙论的看法,如果不是敬而远之的话,也是含糊其辞的,常使人大惑不解。

一方面,孔子避免讨论任何宇宙论的概念:

---

① 怀特海:《科学和现代世界》,第 71 页。纽约:新美国丛书,1926 年版。

> 夫子之言性与天道,不可得而闻也。(《论语·公冶长》)
>
> 子罕言利,与命与仁。(《论语·子张》)

虽然,孔子总是愿意接受新情况和新的可能性,但他不喜欢猜测和冥想:"子绝四:毋意,毋必,毋固,毋我。"(《论语·子罕》)对于不知道的鬼神领域,孔子总是敬而远之:"敬鬼神而远之。"(《论语·雍也》)

孔子总是把超出其经验领域的问题搁置一边,小心地把讨论的范围限制在直接经验的领域:

> 季路问事鬼神。子曰:"未能事人,焉能事鬼?"曰:"敢问死。"曰:"未知生,焉知死?"(《论语·先进》)
>
> 子不语怪力乱神。(《论语·述而》)

这些话反映出,孔子作为一个哲学家,只关心通过他个人的经验可以理解并能施加影响的生活方面的问题。孔子对于"天"的态度,则进一步给人以孔子对感兴趣的领域实行自我限制的印象。他对"天"的观点非常暧昧。实际上,解释者们可以作出完全不同的解释,用原著中出现的相互矛盾的话,或者把他说成是有神论者,或者把他说成是无神论者。

孔子在宇宙论问题上保持沉默,并非有意不讲出他的深刻见解。他明确宣布过他对他的学生将毫无保留:

> 二三子以我为隐乎?吾无隐乎尔。吾无行而不与二三子者,是丘也。(《论语·述而》)

与对宇宙论问题保持沉默不同,孔子坚持认为,知"命"是成为君子的必要条件:"不知命,无以为君子也。"(《论语·尧曰》)

当孔子说:"五十而知天命"时,矛盾就产生了:如果他"知命",并且总是愿意把自己的见解告诉别人,把"知命"看做是君子的根本条件,那么为什么他"罕言命"呢?

对这个问题的一个片面的回答是:如果孔子思想的重点是社会政治

问题,那么他在这个领域发挥了最富有创造性的见解。孔子哲学的基础是宇宙论,那是一个出发点,是得之于传统的;他仅仅是完整地把它吸收进来,在和学生讨论中简单一提而已。他的贡献不是说明新的宇宙论,而是把既存的一套前提应用于他所处的具体的社会、政治环境。这些前提大部分蕴含在信奉其哲学传统的人的哲学思考中。

如果这是正确的,那么陈大齐的解说也就是正确的了。陈大齐默默地接受了有关孔子兴趣范围的观点,即孔子只对那些和人相关的问题作出解释,包括个人、社会和政治的实现。陈大齐对孔子作了大量的研究且贡献颇大,但他对孔子思想的宇宙论方面未加分析,也不想说明。由于孔子本人拒绝谈宇宙论的问题,所以对孔子的可靠解释也必须避免这些冷僻、深奥的概念;对这些问题思考过多可能会减弱孔子对个人实现问题的强调。

另外,孔子似乎具备许多智者或者圣人的共同特点,即对形式的抽象的语言持保留态度。在这方面,他既像乔答摩那样避免明确地讨论抽象的形而上学问题,也像耶稣那样喜欢用寓言来表达思想,绕开抽象的神学学说的概括,而诉诸具体的直接经验,这些充满智慧的人在讲出他们的隽语时都表现了对文学语言的不信任,而偏好诗的形容手法。在孔子哲学中,"交流"起了最重要的作用,这一点,我们在本书的第五章将详细探讨。

孔子对那些他认为超出即时关心范围的问题持保留态度,这并不意味着他对人类经验连贯和一致的解释完全没有宇宙论的预先设定。说孔子不讨论思辨的问题,并不意味着他论述的哲学没有隐含的基础。同样,孔子的宇宙论观点在他的主要学生那里也是隐含着的。

由于大多数研究孔子思想的人持有完全不同的宇宙论,因而,我们只有在说明了孔子"思"与"学"的宇宙论环境后,才能评价我们自己的预定假设。我们所拥有的孔子的材料十分零碎,但至少在社会和政治哲学方面,可以看出孔子的哲学反思是一致的,足以产生秩序与和谐。他坚持认为自己的思想一以贯之，明确地说："参乎！吾道一以贯之。"(《论语·里仁》)前面我们谈到孔子社会和政治观点中关于"秩序"的思想，只是想勾勒这一以贯之的"道"的轮廓。这里，我们想进一步谈谈该问题最形式化和最抽象的方面。

在西方传统中，宇宙论有两个主要内容。第一，一般本体论，即讨论存在者的存在。第二，科学普遍性。[1] 前者以海德格尔为代表，其哲学建立在"为什么是有而不是无"这个问题上。后者以怀特海为代表，其思辨提出了这样的问题："存在什么东西？"哲学家按照上述模式描述决定事物特点的原则以及它们相互关系的原则。科学的主题是存在的原则，而一般本体论的主题是原则的存在——构成存在的最早的和起源的东西。

在传统哲学中，这两类哲学思辨从来没有像上面那样严格地区分过。大多数哲学家都同时提出两类问题，尽管在某一哲学体系中占优势的总是其中之一。重要的是要认识到，一般本体论和科学普遍性是神话——逻各斯辩证法的功能(下一章我们将对此作较详尽的论述)。因为二者都是依凭从无序到有序的过渡，以此作为发展理性秩序的基础。无论是从"无"的混沌到"存在"的有序，或者从"混乱"的无序到"秩序的原则"，西方宇宙论从根本上说，都是宇宙发生论。

然而，中国古代则相对缺乏宇宙发生论的传统，这妨碍了把理性看做是理性化，能赋予混乱以秩序。像神话——逻各斯那种对立事物的影响，在中国古代思想中是不易找到的。因此，西方对形而上学和宇宙论的看法，不大可能成为孔子宇宙论思想的模式或者解释。

那么，我们能否找到一个正确理解孔子宇宙论的本质的模式呢？

事实上，本书一开头就勾画了这个模式的轮廓。从讨论特殊的设定开始，通过讨论孔子社会理论时对理性秩序和美学秩序作出的区分，我

---

[1] 海德格尔：《科学普遍性的形而上学和一般本体论的形而上学》，载《关于怀特海》，第219—231页。纽约：麦克米伦出版社，1961年版。

们已经提出了一般美学观的大致轮廓。我们可以用这种操作主义的观点来勾画孔子的宇宙论以及他思维方式的主要成分。下面我们要说明的,就是这种情境主义观点。

孔子美学宇宙论的基础是"天""天命""德""道"。对这群概念加以仔细讨论,将有助于我们理解孔子思想的美学观点。

第二节　天和天命

一、中西"天"概念的历史发展

关于"天"字的词源,是许多研究工作的主题。高本汉(Bernhard Karlgren)的解释是有代表性的。他提出"天"字是拟人的神的表意字,是"人"字的大写。[①] 另有人认为,"天"是"大"字上加一横,"大"字代表成人,一横代表人头顶上的天空。《说文》用"天"的同音字"颠"来定义"天","颠"是至高无上的意思,然后又解释"天"字是由"一"和"大"合成,认为这是个会意词,会意词的每一成分对词的意义都有关系。《说文》把"天"说成是"一""大"的合并,这一点很重要。老子是这样形容"道"的:

> 吾不知其名,故强字之曰道。强之名曰大。大曰逝。(《老子·第二十五章》)

另外,在《老子》中,"道"常常指"一"。可见,老子的"道"和《论语》的"天"有一种遥相对应的关系。孔子说过:"唯天为大。"(《论语·泰伯》)在《论语》的另一段里,孔子显得不同寻常的思辨,使用了我们上面引用的《老子》形容"道"的语言来描述存在的韵律:"逝者如斯夫! 不舍昼夜。"(《论语·子罕》)

关于"天"的词源的几种看法实质上就是对"天"这个字的解释。

[①] 高本汉,*Grammata Serica Recensa*,斯德哥尔摩:远东古物博物馆,1950 版。

"天"既是拟人的神,又是对存在过程的一般的、非人格化的形容。这一情况有助于驳斥西方汉学家对这个字的理解。[1] 无论是把"天"看做拟人的神,还是看做非人格化的力量,都是错误的。正确的观点是要在"天"和西方的"神"的概念之间作出区别,这种区别在于超越而不在于拟人化。我们必须考虑和孔子紧密相关的文献中"天"字的产生和发展。根据对卷帙浩繁的历史材料的分析,在中国文明的发轫期,存在过几种不同的神的概念。卜骨和青铜器的考古材料表明,商朝人并不认为天是神。相反,他们的宗教崇拜(至少王室成员)都集中在帝或上帝身上。这是一个和祖先崇拜直接联系的概念。上帝是统治人和自然界的拟人的神,其统治方式和人间的统治者相似,能够用规则和决定来干涉人间事务。

死去的统治者也被授予帝的称号,也加入上帝的行列。这一事实加强了这样的观点,即神是已知世界的扩展,它和人间社会有同样的结构、条件,并以相同的方式行事。事实上,帝被解释为这个世界的活的、发挥作用的因素,为社会提供环境和意义的另一方面。

最早发展起来的祖先崇拜的基础是关心和依赖充满了人类祖先的世界,而宗教仪式是用来影响这个世界事务的,占卜是其重要的一方面,我们也许可以把它看做是大臣们在不僭越犯上的情况下谏诤君王的一种形式和手段。

在周朝,"天"似乎一直有某种宗教的意义。周于公元前 11 世纪征服了商,而在此以前它是军事的、半游牧的部落联盟。至今还没有文献能表明,天在什么程度上是人格化的神。"天"也可以解释为"天空"。这也许意味着,在史前时期,"天"在很大程度上被看做是非人格化的、统一的力量,和人类世界保持着一段距离。

以下事实加强了上面的猜想:在周朝的哲学文献中,"天"的概念逐

---

[1] 杜维明:《人和自我修养》,第 94、101 页。布克莱:东方人文出版社,1979 年版。

渐向非人格化方面发展,先是表现在天志和众志的一致上,接着逐渐地定义为在存在的展开过程中可以看到的规则形式。前一种观点在《尚书》中已有端倪。《孟子》又进一步发展了这一观点;后一种观点出现在道家的著作中,而在荀子的著作中达到了顶峰。卫德明(Hellmut Wilhelm)在研究《易经》时指出,在中国古代,"天"和帝的地位和性质是一样的:

> 在《易经》产生的时代,"天"字用得很多。但是,在那些非常具体地表述神的地方,则常常用"帝",例如讲到神在表示创造的战斗时。①

相信"天"是非人格化的力量的第二个理由是,在这个时期,发展出了下述观点:"天"、地、人的统一构成了存在的万事万物,三者各有自己的特点,而又相互联系。重要的是,在这种过程中,没有终始,只有同一的韵律、内在的秩序和循环的节奏。

随着周对商的取代,文化上比较落后的周朝统治者努力把他们本来的"天"的概念与文化上比较先进的商朝臣服者作为人格化的神的"天"同一起来。"天"和上帝在《尚书》和《诗经》中常常是交替使用的。而周人模仿了帝和商王室的关系,声称帝和"天"有相同的关系,此种关系具有人际关系的性质。所以,周朝的统治者把自己称为"天子",其权力是由"天"赋予的。没有理由认为,在"天"和帝的这种同一以前,"天"曾像帝一样被看做是祖宗的群集之处。无论周人的"天"的最初轮廓是什么样子,它显然是一种拟人化的、主赏罚的、以与人间统治者相似方式行事的东西。周人提高了祖宗神灵和上帝的地位,把它们看做是原初的宇宙力量。

中、西方传统宇宙论的不同倾向,决定了双方宇宙论范畴和结构的差异。

---

① 卫德明:《〈易经〉中的天、地、人》,第40页。西雅图:华盛顿大学出版社,1977年版。

二、孔子对"天"的理解

在倾向宇宙发生论的西方传统中,各种形式的超越原则一直被用来回答从生到死的基本变化问题。其中最有影响的当然要数犹太—基督教的上帝,上帝的作用是用来解释可以看到的存在之流中的连续性和秩序,上帝是创造之源,宇宙从它那里获得存在、意义、价值和目的。上帝又是非创造的、自我满足的存在,它独立于其创造物之外。根据秩序和价值的概念,上帝代表了一种尺度,和他的影子相对立,而影子可以根据这种尺度加以分析和估量,根据和上帝相近的程度,分出真、善、美。

在确立创造者和他的创造物的牢不可破的关系上,这样解释宇宙的生成和秩序的建立,一直是极有影响力的。如果创造者和创造物是两个不连续的存在秩序,各具有不可比较的特点,则完全不可能融为一体。这种隐含的二元论的解释虽然颇有理论的勇气,却是错误的。

把永恒的世界和非永恒的世界加以分离,这种思想是影响深远的。它产生了存在的"实质"或者"本质主义"的观点,认为在变化的现象背后有一个永恒的实在。这就必然导致二元论。二元论一直是西方人解释存在时的主要范畴,如实在和现象、形式和质料、一般和特殊,等等。这样,世界就成了本质上不连续的存在,存在之间的关系都是偶然的,都是由创造者决定的。

对一种永恒秩序的设定构成了宇宙,也为设定理性是获取知识的合法工具提供了基础。理性要求有一个必然的、一致的和绝对的秩序,它能描述和把握混乱的变化。

在"超越"概念是否适用于中国传统的问题上,评论家中存在着很大的混乱。例如,尽管杜维明在解释孔子时认为"天人合一"是一个主要特点,但他多次坚持"天"具有超越的色彩。[1] 牟宗三则用康德哲学来解释

---

[1] 杜维明:《一般和普遍》,第 104、116、127、129 页。夏威夷大学出版社,1976 年版。

中国哲学的主要特点,说:

> 天道高高在上表示它的超越。就天道在人身上体现并且在他心中作为天性而论,它是内在的。在此基础上,我们可以使用康德喜欢用的话说,在一种意义上,天道是超越的,而在另一种意义上,它又是内在的(内在和超越相对立)。当说天道既是超越的又是内在的时,就可以说,它既有宗教的又是道德的含义:宗教强调超越的含义,而道德强调内在的含义……①

杜和牟在分析"天"的内在性特点时,都强调了"天"、人的不可分割性("天人合一"),但就"超越"指独立不依而论,他们的观点似乎是不恰当的。

这是因为,把超越的特点赋予古代儒家,并不能充分表达西方超越的存在或者原则的独立性质。值得注意的是,中文对于"dualism"的译语——"二元论",倒很好地表现了超越的原则和世界的独立含义。

但是,牟宗三的观点并非仅仅是翻译问题。他说:

> 天命概念的超越方面内在地包含了一个不变的标准,它使我们感到在它的约束下,我们必须行为得当,不犯错误。一个人要有天命感,必须首先具有超越感,而只有承认超越的存在,才能有超越感。②

他接着又说:"这是一种和希腊哲学'正义'概念相对应的道德秩序。"③牟宗三显然想把西方人的超越性概念强加在早期中国传统之上,这正是我们想否定的。

孔子的"天"的概念在几个重要方面和西方先存的、超越的神的概念相对立。在《论语》中,"天"无疑是拟人的,但是,从"天"是西周的拟人的神"上帝"到东周的几位哲学家把"天"形容为自然规律和秩序,可以看

① 牟宗三:《中国哲学的性质》,第20页。香港人生出版社,1963年版。
②③ 同上书,第16页。

出,"天"是在向非人格化方向发展。孔子的重要贡献是强调了人要对自己和环境负责。他的"天"概念仍保留着拟人的特点,这在他讲到"天"有意识地干涉人间事务时表现了出来。孔子认为,他传播文化遗产乃出于"天命"。

> 子畏于匡,曰:"文王既没,文不在兹乎? 天之将丧斯文也,后死者不得与于斯文也;天之未丧斯文也,匡人其如予何?"(《论语·子罕》)

同时,他也将"天"描绘为圣人的造就者:"固天纵之将圣,又多能也。"(《论语·子罕》)"天"又被描绘为社会地位和财富的决定者:"死生由命,富贵在天。"(《论语·颜渊》)在他看来,"天"是一种有能力理解人类而不为人们所欺骗的力量,所以,人们最好"畏天命"(《论语·季氏》),"获罪于天,无所祷也"(《论语·八佾》)。除此之外,孔子还将"天"看做一切现象和自然变化过程的根源:"天何言哉? 四时行焉,百物生焉,天何言哉?"(《论语·阳货》)

由分析《论语》中有关段落而产生出来的"天"的形象,显然是个有意识、有目的、拟人的神。但并不能由此推出,"天"等同于西方的"神"。相反,当注意到二者之间深刻的差异时,它们之间的相同便黯然失色了。这些差异首先集中在西方的神的超越性和中国"天"的绝对内在性之间的对立上,其重要原因之一是,孔子的"拟人的"概念中的"人"和西方的"人"完全不同。

前面我们已经强调,西方传统注重宇宙起源论,认为作为创造者的神独立于它的创造物;而中国传统则相反,通常表现出用自然主义的概念解释存在的强烈兴趣,这就阻止了宇宙生成理论的发展。现象就是自然:"自然而然。"创世说和创世于无被更为热烈的转变理论所淹没。以上所引《论语》的"天何言哉? 四时行焉,百物生焉"这段话就是一例。在这里,"天"不是生出、哺育独立于自己的世界的先存的创造原则,而是自然发生的现象世界的一般表征。"天"是完全内在的,并不独立于构成自身的现象总和而存在。说现象创造"天"和说"天"创造现象,是同样合理的。所以,"天"和现象之间的关系是相互依赖的关系。"天"的意义和价值通过它的现象的意义和价值得到表现,"天"的秩序则表现在它的许多相关成分的和谐之中。

中国古代的封建结构在"天"上得到了反映,使"天"成了最高统治者。这一点和我们把"天"解释为宇宙的整体并不矛盾,而是一致的。"天"是"天子"的祖宗,和它的后代有一种内在的关系。父亲在儿子活着的时候是他的来源和榜样;在他死后是他的顾问和护卫者。子孙后代都是他们祖先的身心的体现和延续,他们是相互联系的。作为统治者的"天"和他的帝国有一种类似的关系,统治者是他的"帝国",而"帝国"就是统治者。

在探究"天"这个概念时,我们必须按照适合于这个传统的两极而不是二元的身心概念来检验它。这就是说,对孔子思想范围内的"天"的概念的解释,都要在讲到它的自然特点时明确地或者含蓄地涉及相关的心理方面。

杜维明强调了这样的相关性。他说:"探求自知可以解释为对应于探求知天。"①这也可看做是对孟子"知其性,则知天矣"(《孟子·尽心上》)的评论。

在中国古代的范式中,特殊现象不是由某些特殊必须努力仿效的先存的理念所预先决定的。由于特殊既决定整体又被整体所决定,其成长、成熟就是偶然的活动,它可以用以下的开放概念来形容:真诚的、集中的、正直的、适宜的、和谐的、强烈的。

三、天命

我们对"天"的研究首先是对这个概念进行语义学的分析,从字源上

---

① 杜维明:《一般和普遍》,第116页。

找到了它最初的意思,然后又检查了它在早期文献中的用法,力图为孔子思想找出历史的背景。尽管《论语》本身并没有对"天"作清楚的描述,但是,通过历史背景以及检查《论语》中的相关段落,我们重新解释了"天"的定义,以适合它的本初意义。另外,我们一直努力从孔子思想的其他方面推断出和这概念一致的宇宙论结构。在讨论了"天命"、"道"的概念以后,就可以对孔子的宇宙论观点作一般的描述了。

为了展现"命"的几方面意义,古代的辞书很有帮助。《说文》在字源上把"命"分析为"令"和"口"两部分,并定义它为"使"。早期文献中"令"和"使"通用的例子不胜枚举。显然,由"命"表现的基本意思是"令"、"使"。

在同语言和交流的联系上,命和构成孔子思想基础的其他几个核心概念具有一些共同点。在早期的其他几本辞书中找到"命"的另外几个定义表现出"口"的重要性,"口"赋予"命"以语词表达和发出命令的含义。《尔雅》的"命"是"告",《广雅》定义它为"呼"。最有意思的是,"命"不仅和"名"一样都有"命名"的意思,而且实际上这两个字不时可以通用。

"命"后来表示某种特定的决定存在的条件:寿夭、禄位、健康等不仅是一个人生活的"命运",而且是一个人"生活"的本身。至少在周征服商时,"天命"的概念是作为统治者的政治连续性的条件。在早期的文献中,"天命"的意思常常随具体的统治者而定,并是对统治者的活动作出的反应。

唐君毅在概述早期哲学文献时总结道:

> "命"这个字代表了天和人的相互关系……我们说,它既不仅外在地存在于天中,也不仅内在地存在于人中,而是存在于天和人的相互关系中,即在它们的相互影响和反应中,它们相互的给与取中。[1]

---

[1] 唐君毅:《中国先秦哲学中的天命》,载《东西方哲学》,1962 年 11 期。

唐的这个分析反映了《左传·成公十三年》对命的定义:"民受天地之中以生,所谓命也。"《孟子》说:"莫非命也。"《孟子》明确表示,"命"无处不在,并把它和"天"区分开来:"莫之为而为者,天也;莫之致而致者,命也。"(《孟子·万章上》)这里,"天"指称着自然与人间世界之自发产生的过程本身,而"命"代表着特殊现象的条件与可能性,那些特殊现象为其产生提供了根据。

"命"作为确定特定事件的因果条件,既是这个事件的可能性,又是它的限制。在起支配作用的环境的限制下,调和是出路之一。这样,"天"本身就能根据它的确定条件来加以描述。《中庸》引了《诗经》的话"维天之命,於穆不已",然后评论道:"盖曰天之所以为天也。"(第二十六章)

如果"天"确实表示人类对整个存在过程的看法,那么,唐君毅定义"命"为"天和人的相互关系"就是正确的。这就是说,"命"可以和"势"这样的概念相提并论,都是现存条件的(物理的、道德的、环境的)总和。

如果把"命"理解为人类对决定世界的条件和可能性的看法,那么,"命"就是一切特殊现象的根源。另外,"命"并不是意义和价值的超越性源泉,而只是对人们创造世界的条件和环境的限制。这样,"命"就是一个创造出来的世界。这就解释了"名"和"命"两者之间的关系:诉诸"命"就是去区别这个世界以及对它作出说明。罗宾·耶特斯(Robin Yates)在其论墨家的著作中,得出了相似的结论:

> 我认为,中国人也曾详细阐述过创世的神话,这些神话后来失传了。通过命名,对于种种界限和关系的划分,包括地理的、政治的、宗教的和社会的,仿佛都是历史事件,都是中国世界的创造物。

"命"也含有存在是一个过程的意思。对特殊作出区分既是对它"命名",又意味着认识到它出自某种环境。这种环境是指,"自我"和"他人"是随"命名"活动中取得的特殊聚结(particular focus)而定。当一个人基本上是被动地生活,并从周围物质的和文化的环境中取得他的秩序和意义时,他就是外在权威的产物;当一个人使他的秩序和意义充满整个世界,并支配着他的环境的物质和文化结构时,他自己就是有意义的因素。当然,这种"创造世界"是出自于"天"所代表的一系列可能性与个人认识、选择及影响某些可能性这两者之间的相互作用。

"命"和"礼"之间有重要的相似之处。"命"作为"偶然的条件"的本体论方面,似乎是从以统治者为中心的世界的"命令"的历史发展而来。在这一过程中,"礼"也随之发展了。早期它只限于统治者和神之间的关系,后来成了泛指整个社会结构的概念。就文化的一致性本身是最早的一系列偶然条件而论,"命"的概念包含了"礼"的概念。"命"包括所有的条件——生物的、社会的、经济的、地理的、历史的等等,其范围超出了"礼"的概念。

"命"和"礼"的另一个相似之处是:它们都是可以改变的。因为人是意义和价值的终极源泉,所以文化的一致性随时可以重新解释和重建。事实上,尽管"命"为将来设置了某些限制,但没有哪一种决定存在的条件是固定不变的,没有哪一种因素是不能加以讨论和推敲的。每一种因素,就它和人类世界有关而论,都有人的意义。因为人类随机定名,所以他可以通过改变"名"的意义而改变世界。从历史上看,基本相同的环境形成过一系列不同的文化结构,这一事实表明了受解释活动影响的条件的可变性。

在转到《论语》中讲述"命"的具体例子之前,我们先来看看许多评论孔子的人对"命"的共同看法。其中,刘殿爵在他的《论语》译序中提出的观点最为清楚和系统。刘说:

> 无论早期经典中"命"是否只是"天命"的缩写,毫无疑问,到了孔子时代,它发展成为具有不同的、独立意义的词。①

---

① 刘殿爵:《孔子的〈论语〉》,第 15 页。

刘继续说明这种区别,提出"命"是"命运":"不由人所引起的事物","人类无能为力的东西"。这样,"命"就成了我们最好置之一旁的神秘的东西。把命定论强加给孔子的做法,在历史上可以追溯到《墨子》,《墨子》对孔子进行了激烈的批判:

> 寿夭贫富,安危治乱,固有天命,不可损益。(《墨子·非命》)

刘认为,"天命"同"命"对比,前者是一种道德义务,是"关于人所必须做的"。这样,人应当理解和服从"天命"。这里,刘基本上认定孔子是位"温和的命定论者",他按照事实和价值来划分被决定者和决定者:

> 一个人能否得到财、禄、寿,都取决于命运。无论他作出多大努力,都不能使结果有分毫差异。因此,在命运的摆布下,"命"就是他的命运。①

刘认为,只有认识到人类存在是先定的因而是不可避免的,人们才能相信反对它们是徒劳无益的,才能"集中精力去追求道德"。当人不能控制他的存在时,他却控制住了自己,去服从而不是违背那些先定的道德必然性,这些必然性体现在作为"义"的"天命"中;"义"的"天命"就是正义的原则。

刘认为,《论语》中"天命"和"命"之间的悬殊区别"对于理解孔子的立场是决定性的"。这是站不住脚的。就像刘本人所承认的,在早期经典中,"命"常被用做"天命"的缩写。在《孟子》和后来的经典中,"命"也有这种用法。《论语》似乎不可能是这种情况的唯一例外。尽管在早期的文献中,有把"天命"作为王朝延续的政治合理性的传统,但到了孔子时代,这个因果概念就从君主和他的朝廷扩展到了运用于一般人。

在《论语》中,"天命"和"命"都在较一般的意义上使用。如果它们之间有什么区别,那就在于,"命"既在广义又在狭义上使用,而"天命"特指

---

① 刘殿爵:《孔子的〈论语〉》,第 15 页。

构成整个存在的因果条件;"命"既可以指整体的因果条件,也可以指特殊现象的因果条件。

其次,把"命"解释为"命运"或者"命定",以及把"天命"解释为道德必然性,都带上强烈的超越意味。动词"命定"的意思是"事先确定"、"前定"。"命运"也有神命的意思。把这些词名词化,就会把某些独立于人类的原则、力量或者象征看做是为人类的存在立法。而把"天命"看做外在的、客观存在的道德必然性,也就是对天人关系的完全否定。我们将论证,"命"构成了因果条件,这些条件既不是先定的,也不是不可改变的。这就是说,就人本身是世界的决定力量而言,现存的条件,特别是他自己的环境是可以通过他自己的参与加以改变的;可能性既在和人的社会活动的相互作用中决定自身,也是其他现象的产物;一个人能对这些可能性作出反应,他也就成熟了。

下面一段话可以作为把孔子解释为决定论者的最有力的根据:

> 伯牛有疾,子问之,自牖执其手,曰:"亡之,命矣夫! 斯人也而有斯疾也! 斯人也而有斯疾也!"(《论语·雍也》)

这一段话清楚地表明,人不能控制其环境,但并不是完全不能控制环境。实际上,《论语》描述过子贡如何同他的经济的、社会的条件抗争:

> 回也其庶乎,屡空。赐不受命,而货殖焉,亿则屡中。(《论语·先进》)

《论语》又将君子说成是能决定自己寿命的人:

> 今之成人者何必然? 见利思义,见危授命……(《论语·宪问》)

显然,如果子贡的"命"是先定的和不可改变的,那么他就既不能拒绝它,也不能改变它。君子的死期也不受他自己支配。另外,还有下面一段话:

> 司马牛忧曰:"人皆有兄弟,我独亡。"子夏曰:"商闻之矣:死生

有命,富贵在天。君子敬而无失,与人恭而有礼。四海之内,皆兄弟也。君子何患乎无兄弟也?"(《论语·颜渊》)

人们常引用这一段话来论证"命"就是命运。但事实上,这段话的意思正好相反。孔子的学生子夏复述了一句流行的成语,意思说有一些环境常被看做是不为人力所左右的,然后举出了一种人力无法改变的环境(没有兄弟)。可他又探究了另外一些情况不同的环境。

首先,历史上司马牛其实有一个兄弟——桓魋。他威胁过孔子的生命(参见《论语·述而》)。但司马牛和桓魋脱离了关系,拒绝用"真实情况"来解释"兄弟",改变了显然不可改变的东西。子夏然后证明,一个人可以重新定义(即改变"名"的意思和它所指的东西)什么叫有兄弟,以此来改变一个无兄弟的人没有兄弟的情况(即他的"命")。他断言,兄弟的标准可以是道德的而非生物的(出于同一母体)。这一段话完全不是证明命定论的,而是证明"命"的变动性,证明在描述一个人的因果环境——"命"时,事实和价值具有不可分割性。

关于"天命"和"命"的关系,可以表述如下:和君子或者圣人保持较高程度一致的个人,就与天保持一种特别的内在关系,使他能够理解或者影响天之"命"。一个人聚结程度越小,他把"命"作为决定性条件的感觉就越强烈;他的聚结程度越大,就越能明白他在决定那些条件中所扮演的角色。当世界承认他的优越性时,他就能为世界"说话",也就是说,他能为"天"说话。因此,区别就在于,环境向人提供意义和人把意义引入环境。

这样一种思辨的解释,部分地认可了刘殿爵的观点:尽管最好把"命"理解为比"天命"更难控制的环境条件,但控制力主要是由个人的自我实现程度所决定的,同时也是由一个人的努力程度所部分地决定的。从原则上说,仁人、君子或者圣人影响条件的能力是无限的。用西方哲学传统中常讲的一句话来说,就是"哲学是学习如何去死的"。人对最"命定的"环境作出有意义的反应,会使环境发生重大的改变。

孔子对"命"和"天命"的理解，比以往人们所相信的要革命得多。回想一下我们对人的造就活动中的"义"的讨论，就可以清楚看出，"礼"和"义"的相互关系，正像我们对"命"和"天命"的解释一样，因为，实行"礼"和"义"，就是用有意义的方式对给定的环境作出反应。

第三节　德

一、早期文献中"德"的表征

"德"的概念十分深奥难懂。孔子特别讲到："知德者鲜矣"（《论语·卫灵公》），认为只有很少的人才能懂得它，理解它。实际上，早期经典中"德"的概念确实使人大惑不解。许多学者也始终没有弄懂"德"是什么，结果往往把它一笔带过。例如，刘殿爵在他的《道德经》译本中，用很小一段话讲"德"，认为"在老子那里，这个概念并不十分重要，常常在习惯意义上使用这个词"[①]。

而我们则认为，正确理解"道"和"德"的关系，是理解道家形而上学及其支持的整个哲学大厦的关键。正是这个原因，《老子》这本经典才称做《道德经》。刘认为，《道德经》中的"德"使用的是习惯的意义，这当然是正确的。但他把习惯的意义解释为"物性"，引入"性"的概念，则是错误的。因为这种哲学否认本质主义的自我性和"物"性，肯定自然是"自然而然"。《道德经》和《庄子》在发挥它们的观点时，似乎都有意地避开了"性"。沿着其思路，我们会进展顺利些。

牟特（Mote）对萧公权的《中国政治思想史》的翻译，恰如其分地说明了多数先秦文献对"德"既强调又说得含糊不清的情况。他把"德"译成为"德性"、"精神力量"、"力量"、"道德优越"、"道德发生的力量"、"德行"（在事物内在和特性的意义上）、"道德力量"（威锐引）、"存在和事物的自

---

① 刘殿爵：《道德经》，第14页。香港中文大学出版社，1982年版。

然力量",有时就简单地音译为"Te"。除此以外,"德"还有向外的"恩惠"以及它所唤起的感激之情的意思。孔子和墨子一般把它释为"德行",而道家往往将它指为某种"力量"的秩序。

我们当然不会责怪牟特用词太泛。中国早期思想家往往使用一些相同的方式来表达完全不同的价值观。我们认为,"德"这个概念的意义具有很深的基础,而各种意义在此基础上相互联系着。

有一些学者一直强调孔子的"德"和老子的"德"的差异,以至把它们截然对立。① 他们对"德"的解释所强调的重心显然不同,而我们认为,他们引出的区别反映了意义层次的不同,而非概念内容的不同。道家讨论的是作为本体论范畴的"德",而在《论语》中,"德"似乎特别具有社会的含义。但是,当我们展开决定孔子社会理论的宇宙论预设时,或者当我们从道家经典中引出社会和政治的含义时,便可发现,他们对"德"的解释的距离显著缩小了。实际上,在表面上不一致的背后,却是人们谈得很少的共同性。孔子和道家在使用"德"时都有这种共同性。正因为"德"具有决定其他含义的核心地位,才使我们在解释"德"概念时能越出《论语》的范围。

在从概念上分析"德"以前,我们打算先从语义上进行分析。在《说文》中,"德"被定义为一种事件:"升"。尽管传统的评论家为使自己的解释更易为人们接受,把"德"解释为"得",但他们的论证却缺乏说服力。

"德"字由三个成分构成:"彳",意思是"行";"直",多数字源学家解释为代表"眼睛";和"心"。眼睛和心表示"德"的展开过程,具有方向性。它是转变的内容、存在的取向,即自我概念的"升起"。

还有另一种语义分析,认为"德"字由"惪"字(常常作为"直"字)②衍变而来。《说文》中"德"字的原初形式由"直"构成,人们常常解释为"笔

① 蒙罗:《早期中国人的概念》,第147页。斯坦福大学出版社,1967年版。
② 高本汉:*Grammata Serica Recensa*,第120页。

直",其实最好把它理解为"笔直地生长"。"直"的有机性由它的同源字"稙"和"植"表现出来。这个"悳"字的"心"的部分把"意志"的意思注入有机体的发生、成长之中。《说文》专门有"悳"字的条目,用了同音同源字"得"来定义之,"外得于人内得于己也"。最后,重要的语义学事实是:"德"和它的原初形式"悳"都来自"直"——"笔直地生长"。"德"和"悳"同音。

前面分析的资料尽管有局限性,但仍富于启发性,可以为我们所用。首先,它指出了"德"字的几种意义,有助于我们分析它在哲学上的应用。其次,它为我们发掘和重新解释这个概念的内容提供了结构和词汇。

在先秦文献中,"德"具有一种本体论的意义,其他的含义都是由本体论的意义发出。在道家文献中,"德"明确地被描述为存在的发展过程中潜在的中心。作为整体的场的动态过程叫做"道";这个场中的个别存在,它的各个凝聚点叫做"德"。例如《道德经》说道:"大道泛,其可左右。万物恃之以生而不辞……"(《老子·第三十四章》)

由此可见,"德"和"天"在本体论上并无差异。只是所强调的侧重点不同。"德"指的是整体的性质。在早期经典中,人们主要强调人类的条件,而"德"则常常用来讨论人。然而,即使在像《论语》和《道德经》这样的经典中,"德"也应用于大量的特殊现象,像百姓、马、王朝、邻居、家庭和帝国。它的最通常的用法是刻画某些整体的可变的凝聚。因为所有的凝集整体通过敬的形式相互关联,所以不同的解释只能够扩充或者缩小人们所关心的范围。

"德"是整体的一个方面,可以把它理解为个体的原则。正是这种个性的功能,使"德"和"性"经常相提并论。如《礼记》中说:"德为性之端。""性"这个概念常常被译为"性质",这造成了许多误解。令人遗憾的是,在碰到像"天命之谓性;率性之谓道……"(《中庸》第一章)这样一些话时,人们往往把这里的"性"译成"基本的性质"。其实,"性"既非一种有待展现和完成的天生的性质,也非先定的潜在性,而是一种过程。在这个过程中,"性"是必然的"环境中之性"。这就是说,在讨论"个性"时不能把"事物"和"环境"分割开来。"性"的概念断定:在存在的过程中,尽管每个特定聚结是独特的,但它能够在"同"的基础上与其他特定聚结组成一团,那些组成了一团的聚结之间表现各自独特性的"异"可以存而不论,可以用一个名字来表示它们的相同性。"异"常常指发展了的状态,"性"常常指未获发展的潜在性。当然,"性"的概念有一种功能的价值,但由于没有两个特殊是完全同一的,故这种功能的价值受到限制,连孔子也认为"性相近也,习相远也"(《论语·阳货》)。在整体被看做独特的特殊时,它被称为"德";而在整体被看做其各组成部分之相似时,它被称做"性"。可能是因为这样解释的"性"是抽象的,违反了一切事物都是独特性的道家观点,所以老子和庄子都不用"性"这个字。

"德"既是区分整体的中介,也是综合和统一的原则。在早期文献中,许多用来描述"德"的语言都是指量的方面:厚、广、孔、积、盛、普、丰、深,等等。"德"在大多数情况下用来指整体的某一方面,但它也是灵活而有弹性的,能克服一切整体和部分之间的界限。在这个意义上,"德"包括了存在的全部复杂性。例如,在《道德经》里,像"常德"、"恒德"、"玄德"和"上德"这些用语都表明了"道"和"德"的一致。《道德经》说:

> 知其雄,守其雌,为天下谿。为天下谿,常德不离,复归于婴儿。知其白,守其黑,为天下式。为天下式,常得不成,复归于无极。知其荣,守其辱,为天下谷。为天下谷,常得乃足。(《老子·二十八章》)

《易经·文言》用相同的词描绘了人的人格:

> 夫"大人"者与天地合其德,与日月合其明,与四时合其序,与鬼神合其吉凶……

当"德"修养和积累到部分同整体完全融合以及"道"和"德"之间的本体论的区别消失时,作为个体概念的"德"就转变成了一般概念的

"德"。《道德经》还说过："含德之厚，比于赤子。"(《老子·五十五章》)这些话的中心意思是：婴儿、朴、大人都是隐喻一种条件，在这样的条件下，个人不再把自己区别于环境，个人与整体之间不再有隔离。由于婴儿是一种基质，通过这样的基质，不分区别的存在的充分结果可以被带给聚结，并被人们经验到，所以婴儿也能隐喻"道"的"德"。在道家文献中，间接提到"德"和"道"的一致的地方，常常用朴、玄和水作比喻。通观早期文献，"德"湮没于"道"之中，常常被看做一种悖论：

> 上德不德，是以有德。下德不失德，是以无德。……故失道而后德，失德而后仁。……(《老子·三十八章》)

庄子也把"德"说成是统一性原则：

> 之人也，之德也，将磅礴万物以为一。自其异者视之，肝胆楚越也。自其同者视之，万物皆一也。夫若然者，且不知耳目之所宜，而游心于德之和。物视其所一，而不见其所丧。(《庄子·逍遥游》)

在存在过程中取得的一种秩序、一种规则、一种形式，从经验上看，显然为分离的观点带来统一，把"一"带给"多"，把"同"带给"异"。当把"德"看做是整体的特殊时，它就是个体的原则；当把"德"看做是整体的一个聚结，充满四周，包含万物时，它就是一个统一的原则。

二、对"德"的哲学新解释

孔子力图把自己的注意力放在当时突出的社会和政治问题上。这样，培养"德"就起到了统一的作用："德不孤，必有邻。"(《论语·里仁》)相反，心胸狭窄和自私就会导致孤立："事君数，斯辱矣；朋友数，斯疏矣。"(同上)孔子认为，产生与整体统一的人类事件的能动性叫做"仁"。这种能动性克服了统一与和谐中所遇到的分离和不连续，也就是说，可以用"仁"来形容"德"的伸缩。前面已经讲过，仁者在本质上是具有主体间性的，是按照他和人群共同体交往的情况来定义的。当仁者的人格扩充时,他的可能性以及他的人格的影响或力量会随之成比例地扩充,成为一个"大人",进入了一个超出任何本我—自我的领域。孔子认为,人类创造了世界,一个人的人格影响力越大,他在创造世界中的作用也越大。

孔子认为,君和民关系在政治上可以用"德"来描述。当君的扩展和民的自然扩展一致的时候,就是"得"或者"得民心";当君通过"敬"和民共同扩展时,就是"恩德"。当民德包含在君德之中时,君的潜在性就加强了,就成为压倒弱德的风(见《论语·颜渊》),成为众星拱卫的北斗星(见《论语·为政》),成为其他人所认同的文化创造者和传播者(见《论语·述而》)。由于君成就卓著,他就成了"敬"的对象。

在道家传统中,从关心人类世界到关心全部存在的活动,使"德"和"道"统一了起来。这种活动叫做"无为",或者"自然"。道家的经典像他们的对立面儒家一样,把否定本我—自我之间的区别看做是把自然活动和"德"的扩充相统一的先决条件:

> 曰:"回坐忘矣。"仲尼蹵然曰:"何为坐忘?"颜回曰:"堕肢体,黜聪明,离形去智,同于大通,此谓坐忘。"(《庄子·大宗师》)

在消弭"自我"和"他我"的界限时,颜回的"德"同被解释为"他我"的东西融合了。早期的经典讲到了"崇"德、"育"德、"积"德和"盈"德(见《论语·颜渊》)。孔子在讲到克服偏颇乖谬的判断并积极发展世界的意义和价值时,为"崇德"的过程下了定义:

> 子张问崇德辨惑。子曰:"主忠信,徙义,崇德也。爱之欲其生,恶之欲其死。既欲其生,又欲其死,是惑也。"(《论语·颜渊》)

如果我们把"德"字既看做"义"的原动力,又看做"义"所追求的目标,就会感到《论语》这段话中以及其他段落中的"崇德"和"解惑"之间的联系非常重要。"德"既包含意向,也包含影响意向所及的事物所必要的支持。指点方向的特殊把这种支持作为跟它自身的特殊一道扩充的东西。同时,特殊克服自己的特殊性,调整自然的方向和"他人"的意志,把它们汇入自己的解释范围。这样,特殊就和"其他人"共同扩展了。

这种共同扩展在政治上是指统治者通过拨正他所治理的民众的不良倾向,使他自己的文化和民众的文化和谐结合,以达到表现他的民众的目的。在这种"德"的概念中,在尽量扩大当时条件所能提供的和谐同表现自身的独特性和适宜感之间,总存在着一种紧张。通过整合,使得把"德"充溢天地间者能够洞察一切,且强有力。

当这样的人扩展他的"德"的时候,他所呈现的领域就更有影响,他的解释的能力就更加显著。他作为艺术家、政治领袖或教师,能够把他的自然环境组织起来,展现其和谐的可能性,并展现、解释、显示它的文化。

最有助于理解"德"的比喻是道家经典中的"契"。《道德经》说:

故有德司契,无德司徹。(《老子·七十九章》)

这段话的含义相当含糊。《庄子·德充符》使它明确起来。《德充符》由一系列残疾人的轶事组成。他们被排斥于正常的环境和习惯的价值占支配地位的社会团体之外。他们身体的残疾往往是因为受到截肢的刑罚,从而受到社会的排斥。但是,在克服了自我,并把他们的"德"整合到自然展现的社会环境之时,他们就"充符",不仅同各自的社会和谐融洽,而且进一步对社会发挥了巨大影响。他们的"德"的范围和质量如此举足轻重,以致他们成了确定价值的发展过程和确定美学的、道德的秩序的重要因素。这种新的秩序是由组成这种秩序的成分"德"所决定的,并反映了"德"的自然方向。

在道家传统中,"充德"的人叫做"真人"。"真"字的含义是"真实的",字根属于"七"类,意思是"化"。在《庄子》一书中,存在过程常常叫做"物化"。当"真人"扩展自己,使自己变得和他的环境的自然方向共同扩充时,他就成了影响越来越大的"物化者"。从有区别的特殊的观点来看,"真人"不是化自己,而是化他物;从"真人"的德行充溢周围的环境来看,他成为自化的较大的聚结;就"真人"的广泛的呈现为创造性和新奇性提供可能性而言,他确实提供了这种创造性和新奇性;就"真人"把整体的"德"包含于他的特殊之中而言,他也确实做到了这一点。"真人"和"他人"的相互作用是合乎"德"的。这种相互作用便利了也解释了他遇到的事物的自然表现:他的手表现黏土,黏土表现他的手。

"真人"是他的自然的以及人类的环境的"德"。例如,一个"充德"的人通过和牛的"德"一起扩展,就能表现和解释牛的自然原动力,从而成为能干的屠牛者(见《庄子·养生主》)。通过和黏土的"德"共同扩展,他就能表现和解释黏土的自然原动力,从而成为巧匠(见《庄子·达生》)。整合的自我使他对整个自然环境的"德"保持开放,故而环境对他作出了贡献,使他有力、多产。同时,他也为环境作出贡献,加强和解释环境的自然方向。他在世界中的存在同他全部环境的"德"是一致的,其存在扩充光大,最后把一切存在兼收并蓄于自身之中。

把这些语言学的和概念的资料穿插在一起,"德"似乎指出了特殊在其环境中的产生,特殊是聚结的展开,而聚结包含和决定特殊范围内的条件。"德"的特殊范围是可变的,依据解释它的方式而变。这就是说,无论从什么方位和程度,它都可以分别解释为"自我"或"他人"。这种情况并非任意的或无规律可循,相反,它是一种内在的原动力和内在的意识,通过它自身的方向性,这种内在的意识解释和实现了这个世界。特殊有一种冲动,这种冲动在追求协调它自身的目的和它周围的场的变动不居中表现了出来。作为创造性解释者产生的事件的力量,视其自我解释的范围和性质而定。特殊是开放的,它能够在自身的范围内充溢光大,以和其他的特殊共同扩展,并且融合日益宽广的新生的环境。这就是"德"的"得"或"占有"方面,此一方面随其本身优越性的展现而定。当特殊扩展其自身以包含更为宽广的环境时,它的条件的可能性以及它的自我解释的力量也就成比例地增加。

三、场和聚结——"天德"

虽然"天人合一"一词并未见诸早期的中国文献,但它仍是表现中国宗教根本特点的一个便利的术语。它强调的是聚结和场之间的相互依赖,而不是独特的特殊之间的和谐关系。"天人合一"描绘了充分整合了的特殊,这种特殊要求以整体的条件作为自己的解释。

与创世主和人类二元论的观点不同,中国人认为,创造者和人是一个连续的统一体:人努力实现自己,使自己成为神。在《孟子》中,我们可以读到:

> 可欲之谓善,有诸己之谓信,充实之谓美,充实而有光辉之谓大,大而化之之谓圣,圣而不可知之之谓神。(《孟子·尽心下》)

杜维明在研究《中庸》时发展了这个观点:

> 天人间的关系并不是二律背反的相互联合,而是不可分割的单个整体。在这个意义上,作为人类最高形象的圣人并不与天共存;他是和天一致的……尽管天和人在概念上可能分离,而在它们内部的最深层,形成了一条不可割断的有机连续体。①

在先秦的经典中,我们可以找到这样的话:"天命之谓性"(《中庸》第一章),"天生德于予"(《论语·述而》)。为了不至于把这些话看做蕴含着超越的神的学说,我们最好仔细地注意其他经典中清楚反对"天人相分"的话。例如,《庄子》就一再把人的实现描绘成"配天"(见《庄子·大宗师》)。这倒不限于道家的学说。《孟子》在声称"万物皆备于我"(《孟子·尽心上》)和"知其性,则知天矣"(同上)时,也同样断定了"天人合一"。《中庸》从说"高明配天"(第二十六章),发展到更明确地描绘孔子为:

----

① 杜维明:《一般和普遍》,第129页。

肫肫其仁！渊渊其渊！浩浩其天！（第三十二章）

杜维明在谈到这段话的含义时是小心翼翼的："当然，这里的'配'丝毫没有孔子是神的意思。"①

但事实上，孔子是被神化了，或者说孔子神化了自己。一切传统"宗教"的共同基本含义是"通连"（to bind）——每个人寻求整合以及寻求在整体中的适当地位。在犹太—基督教传统中，神代表了秩序、价值和存在的意义，宗教采取个人和上帝通接或者交往的形式。在孔子内在的宇宙论中，一个人通过消解部分和整体，通过在存在事物的场中造就特殊的意义和价值之聚结，来同世界融为一体，以达到这种"通连"。

从孔子对人的实现的定义可以看出这种整合："克己复礼为仁。"（《论语·颜渊》）一个人在克服自我与他人之间的区别时，通过形式化的行动参与存在的规范过程，从而成为真正的人，并在对它的整体的意义和目的作出贡献和规定中成为"神"。

这里用的语言"部分"和"整体"，当然是有限制的。作为"整体"的"天"并不是存在本身或者一切存在的总和，而是现象事件或过程的合成。另外，事件间的关系是两极性的这一事实表明，不仅我们宇宙论的语言必须是功能性的，而且这种语言一定要能刻画两极性所包含的相互依赖性。两极性要求一种相关的语言，一种场的语言。通过概念模式，我们能够理解这种语言是怎样的。

在我们的概念库里，有几种部分与整体的关系模式，从部分是整体的组成要素看，部分只是整体的一小块，或在功能上构成一个有机体的相关因素。在前一种情况下，部分是外在地相关；而在后一种情况下，部分是内在地相关，以与有机体的目的或功能保持一致。第三种模式是：整体是普遍概念或原型，部分是特殊概念或例证。在这种情况下，特殊是在示例普遍的一类事物。和我们讨论最有关的是另一种模式，那就

---

① 杜维明：《一般和普遍》，第125页。

是：部分反映或者包含它的整体，这种模式是全息图（hologram）的模式。

按照全息图的观点，部分和整体的关系是聚结和场的关系。特殊是一个聚结，它由环境——场所定义，也定义这个场。场是全息的，即每个不同的部分包含着它所要勾画的整体。归根到底，当场最大程度地聚结起来的时候，部分和整体就同一了。在以下讨论中，"德"代表高度的特殊的聚结，在这种聚结中，不同的"部分"，例如一个单个的人，等于"整体"的部分的社会环境。因此，我们把"德"解释为"特殊的聚结"。

特殊的聚结是强调一个观念，即每个聚结都是一个整体，这种整体构成了它的不同环境。聚结就是整体。根据这个模式，既没有贯穿一切的整体，也没有包含一切聚结的单个环境。各个聚结之间的关系是由每个聚结为整体提供的不同方面来定义的。抽象出的特定的整体的性质，仅仅是由各个聚结所确定的所有秩序的累计总和。

我们已经指出，"天"的功能等于"道"（整体的象征）。在道家和孔子的传统中，存在着明确地或含蓄地被认为是不断发展的过程，它由互补力量的相互作用推动。这种过程是循环往复的：上升和下降、盈和亏、聚和散、集中和分离。一切存在都是连续统一体，它的每一方面都是转换的过程，它自身的原动力以及决定这种原动力的条件的总和决定着这种转换。因此，不能按照分离的、本质主义的自我本性来理解特殊的聚结（德），而应把它理解为存在过程中的聚结。当展现出特殊的聚结的独特性和差别性时，它就是特殊；当特殊聚结是它的决定条件的结果和充分完成的概念时，它就是存在事物的"场"。

当然，并不是只有"聚结"和"场"这一类技术概念才能说明"天"和"德"之间的关系。我们还可以借用中国佛教中的模式，只需对它略作必要的修改。下面来看一看法藏的"镜屋"。

唐朝时，在武宗的要求下，佛家的圣人法藏为《华严经》作了解释。在一间上下左右都是镜子的房间中央，法藏放了一尊佛像。法藏手里拿了一块能反射的水晶体。他说，从镜子中反射过来的每一个佛像都包含在水晶体中并反照回各面镜子中去。可见,一切事物的如此方式的相互交融是《华严经》解释传统佛教之"共同依赖而生"观念的基础。

我们并不是说孔子是个原始佛教徒。我们认为,法藏的镜屋所解释的"相互交融"这句话具有中国古代语言的特点。对此,我们将在后面详加讨论。孔子对社会关系的理解是同特殊的中国语言的功能特点一致的。尽管我们同意孔子几乎没有兴趣对自己思想的宇宙论含义加以解释,但我们还是要说,如果他这样做了,他的观点将和道家或华严宗没有根本的不同。

我们当然不应该过分强调宇宙论设定上的这种共同性。孔子不愿意使他的话思辨性很强,这本身就具有重要的社会学含义。形而上学是一种需要花费时间和精力的活动。孔子强调了自我实现过程中具体的人际环境和社会环境,而不是通过讨论来提供"得救"的途径。无益的思辨不仅是空洞的,而且是有害的,因为它不能使人专注于把自己造就为圣人。

《论语》主要关心的是社会和政治问题,而并未为我们提供关于部分和整体、聚结和场之间关系充分的清晰的说明。但是,从《论语》中我们可以看到,孔子对此也作出不少的论述。例如,尧被描写为类天之人,无论是作为君还是民:"大哉尧之为君也!巍巍乎!唯天为大,唯尧则之。"(《论语·泰伯》)孔子本人也是用宇宙论的概念被描述的:"仲尼,日月也,无得而踰焉。人虽欲自绝,其何伤于日月乎?"(《论语·子张》)当一个人变得"类天"时,他在这个世界上就日益为人所知:"君子之过也,如日月之食焉:过也,人皆见之;更也,人皆仰之。"(同上)

但《中庸》对孔子的描绘最清楚地表达了天和完满的人格之间的关系。

> 仲尼祖述尧舜,宪章文武;上律天时,下袭水土。辟如天地之无不持载,无不覆帱。辟如四时之错行,如日月之代明……(第三十章)

圣人是"天"的补充。他和世界的整合扩展开来培养和加强了所有现象的整合:"大哉圣人之道!洋洋乎!发育万物,峻极于天。"(《中庸》

第二十七章）

和其他概念的情况一样,我们这里对孔子的解释在西方存在主义的传统中也能得到某种反响。我们承认这种相同性。但要注意,孔子的"存在主义"在讲到个人与社会的关系时,用的是聚结/场的模式,这和存在主义有很大不同。意义最一般的代表是"天命",它由存在事物的场中所有相关的聚结所构成。"天"的"命"似乎是指任何个别的聚结。但孔子认为,只有具备"德"的人才能知"天命","德"能使一个人合乎"仁",从而成为意义和价值的聚结;而要做到这一点,就要了解传统。每一个人都是意义的首要继承者,当传统把责任放在一个人的肩上时,就不能推卸责任,因为个人对周围环境作出反应的目的不是自治,而是为了社会的整合。

第四节 宗教

一、西方人的宗教观

"宗教"在最根本的意义上指的是人类对充分聚结的理解的追求,以及人类对存在事物的整个场的意义和价值的领会。怀特海对宗教的直觉作过一个生动的解释:

> 就拿原始森林中孤立的林间空地中一朵花的精妙的美来说,没有一种动物具有一种微妙的经验来欣赏花朵的美,而这种美是宇宙间的铁的事实。当我们观察自然时,当我们想到动物对自然界奇迹的领略是多么一略而过和肤浅时,当我们认识到欣赏花朵的美,就不能把花朵的细胞和它的脉动分割开来时,我们就会开始意识到,我们对整体中细节的了解是多么有价值。这是神圣的直觉,这是宗教的直觉,这种直觉是一切宗教的基础。[1]

---

[1] 怀特海:《思想的样式》,第120页。纽约:自由出版社1968年版。

这种宗教直觉最有代表性的形式也许要算反思。当一个人意识到了他在整体中的意义是多么微不足道时，反思意识就产生了。

西方和中国的传统是用对立的方式来看待部分和整体、聚结和场的关系的。在犹太—基督教的传统中，上帝是超越的本源，是一切意义和价值的标准；宗教是一种崇拜。施莱尔·马赫在把宗教定义为"绝对依赖的感觉"时，就持有这样的观点。服从神被列在十诫的首位，因为真、善、美归属于上帝。人的经验要有意义就必须通过认识神律（Divine Law），使它在道德概念中得到表达，并使人的行动符合这些概念。[①] 人们相信，倘无上帝，自己的存在不仅是无意义的，而且是不可能的，所以人是卑微的。另一方面，只有通过服从上帝的意志，相信只有人才能和上帝保持一种特殊的关系，并用这种关系证明自己存在的价值，人才能得到升华。

相信道德产生于和神律的一致，就在符合先定规则的意义上，使道德成了宗教。当一个人主动接近上帝时，宗教就把一个人引到了上帝的身边，引向了整体的意义。即使是人间的爱，也要通过爱上帝才能达到。道德是一种形式崇拜，在这种形式中，道德遵从和赞美神的秩序。由于道德像圣餐、祈祷和忏悔之类的礼仪一样，包含着遵从，所以它也具有展现一个人信奉圣明的秩序的品质的作用。

二、孔子的宗教观

孔子的宗教观念是完全不同的。他并没有提出服从一种绝对标准的要求，相反要求人成为一个君子。这就是说，意义、价值和目的并不是作为给定的上帝的标准而存在，而是在人和环境、人和"天"的相互作用中产生出来的东西。

孔子认为，不仅"天"、而且人所展现的意义都是敬畏的对象："君子

---

① 康德的宗教是指"把一切责任看做为神的命令"。

有三畏：畏天命，畏大人，畏圣人之言……"（《论语·季氏》）在天、人的相互作用中，人遵从和体现存在的意义，从而成为"仁"。除此以外，在人创造性地安排存在的意义以及创造新的意义时，仁人还成了"创造者"。在孔子的传统中，宗教并不要求尊重文化传统的机构和结构中保留和继承下来的意义和价值，这在理解和确立"礼"的重要性中是很明显的。但宗教要求更多的东西，例如在应用个人的道德判断（"义"）时积极地估价、适应和扩展继承下来的意义。"礼"依赖于具体环境中人发挥自己的道德判断（"义"），把"义"作为"礼"的最终源泉，作为"礼"延续下去的工具，以及作为新奇性的源泉。人并非通过简单的尊重以及模仿先存的秩序来取得整体的整合。以真正合乎"礼"的方式行事，就使人有可能获得成就。但正如孔子所说的那样："人而不仁，如礼何？人而不仁，如乐何？"（《论语·八佾》）人应具有积极的、参与的方面。他不只是追随听从规定的律法，在律法的创制上也有责任；他不只是简单地沿着大道走，而是有责任去打扫它。

在孔子的观念中，意义和价值产生于作为仁人表率的圣人。这与按照超越的神或原则规定的传统完全不同。超越的神或原则是强制性的标准，它决定人类存在的意义；而圣人则是鼓舞激扬人心的表率，它的成就吸引他人去极力仿效。前者使人成为被动的，服从的，把创造性下降到一种形式的模仿；后者则要求一个人在同他的自然和文化环境的切磋中创造他自己。如果宗教机构事实上是为了整体而理解自己的意义，那么，就孔子所认为的个人和世界是相互依赖、相互决定的而言，便已经有了深切的宗教经验的可能性。

由于这个结构要求人的创造性加入，宗教就不仅是认知的，而且是经验的、表达的；不仅是被知道的某种东西，而且是被感受到的、可以施加影响的东西。这种传统的目标就不可能采取临终发现（a deathbed discovery）的形式和超越真理的感恩的形式，而必须获取以及知晓人的意义，而人的意义则要通过终身热诚的努力培养。在培养的过程中，手段本身就是目的。

通过揭示《论语》中的孔子的宗教的特点,我们便可以说明犹太—基督教强调崇拜和古代孔子强调取得"仁"之间的不同了。如果我们想通过西方的范畴来说明孔子的宗教,要求他同样程度地关心崇拜,那就一定会得出结论:孔子的宗教仅仅在有限的意义上才是宗教。由于孔子不承认任何绝对真理的超越原则的存在,他对宗教的遵从的程度必定大为减少。他确实坚持奉行礼仪,但与这种遵从相抵消的是深深地根植于中国文化中的诸如祖宗、各种代表传统组织机构的神祇之类的意义源泉。即使如此,这些遵从也仅仅是人类宗教的一个侧面而已。真正的宗教是指,一个人通过遵从宗教而获得的意义还必须由他本人创造性的参与及其优越的奉献来实现:"务民之义,敬鬼神而远之,可谓知矣。"孔子认为,礼仪崇拜并未穷尽宗教的含义;宗教更为重要的成分是一个人选择怎样的生活:

> 子疾病,子路请祷。子曰:"有诸?"子路对曰:"有之。《诔》曰:
> '祷尔于上下神祇。'"子曰:"丘之祷久矣。"(《论语·述而》)

这里孔子强调的是,只有通过一生的自我修养才能保持人和神之间的适当关系,这种自我修养包括奉行礼仪以及多作个人贡献。随着人类造就意义以及由此而来的"配天"能力的具备,他就不仅为了一些客观的和前定的整体去认识和占有意义,而且发挥积极的作用去创造意义。在孔子那里,不仅"天"是人格化的,人也是神化了的。

第五节 道

一、孔子的道

在《论语》中,"道"这个字出现了大约 100 次,它在孔子思想中占有非常重要的地位。

　　"道"字由两部分构成,一是"辵",另一是"首",这两部分都提供了"道"字的意义。"道"基本上是一个动词。首先,几乎所有带"辵"部分的字都是动词。其次,在《说文》中,"道"字多次用来指开河"导"流,防止泛滥。"首"这个构词成分,有"导"或者"指引"的意思。如果把"道"的动词意思看做是基本的,那么,它的其他几个派生的意思就很容易理解了,如"引向";"路"、"径";"方式"、"方法"、"艺术"、"教导";"解释"、"告诉"等。

　　"道"的最根本的意思是"筑路",派生出去是指已经筑成从而能够交通的路。

　　评论孔子《论语》的人常常把"道"名词化,把它解释为人们必须同它一致的"先存的理念"。尽管《论语》确实提到过这种"道",但却是用一种贬低的方式:"民可使由之,不可使知之。"(《论语·泰伯》)也就是说,简单地被引导着在现成的道路上走,不同于"行道"这种更为困难的工作。我们将论证,实现"道"是经验、解释和影响这个世界,以加强由文化先驱们建立的生活方式,这种生活方式为后代提供了一张地图和方位。因此,孔子的"道"从根本上说是人道。

　　孔子常常把"道"说成是禀承前代的传说:

　　　　文武之道,未坠于地,在人。贤者识其大者,不贤者识其小者。莫不有文武之道焉。夫子焉不学? 而亦何常师之有?(《论语·子张》)

"道"在人中,并由人传递下去。而每个人都以独特的方式吸取"道"和体现"道"。从文化传统中继承下来的"道"往往同历史上的代表人物联系在一起,如"先王"、"文武"。它也常常同某些历史时期联系在一起,如"三代"、"上古"。由于这种人物和时期实际上是人类经验的象征,在历史贡献和与"道"相联系的抽象的君子之间、善人和圣人之间,就没有什么本质的不同。虽然孔子不时把"道"同遥远的历史人物和伟大的人类业绩相提并论,但他同样坚信"道"就在眼前,就在当代人身上,就在他的老师身上,甚至在他的家庭成员身上。"道"还常常同孔子联系起来,如说"吾道"、"师道"。(见《论语·里仁》、《论语·雍也》)

在理解孔子的"道"的概念时,重要的是要考虑到,人不仅继承"道"、传递"道",而且事实上也创造"道"。因此,我们将论证,"道"出自人类的经验,就像"路"的比喻所表明的,"道"最终是出自人。

作为"道"之本原的人的"义"扮演着重要角色。君子在产生意义和价值的活动中传播和扩充了体现在文化传统中的"道":"隐居以求其态,行义以达其道。"(《论语·季氏》)事实上,在"道"之不行的国家里,君子还不如隐居,通过自己行义以达其"道":

> 不仕无义。长幼之节,不可废也;君臣之义,如之何其废之? 欲洁其身而乱大伦。君子之仕也,行其义也。道之不行,已知之矣。
> (《论语·微子》)

《论语》中的"道"展现了它的双重含义,一是继承,二是增添。继承的"道"被看做是一条门径,它为人提供了方向:"谁能出不由户,何莫由斯道也?"(《论语·雍也》)"道"就是门,是由一个人的文化环境所决定的;通过它,人形成自己的行事方式。"道"又是一个出发点、一个指路标,而不是最后的目的地。

世界就像艺术家的作坊。一个人在这里学到过去的技艺和经验,并以此为基础,进而为其时代和区域创造性地获取"道":"百工居肆以成其事,君子学以致其道。"(《论语·子张》)"道"的产生和培养是依靠贤人的努力,最终也依靠人们的活动而成为现实:

> 君子务本,本立而道生。孝弟也者,其为仁之本与!(《论语·学而》)

在讲要成为一个人就不能仅仅跟着别人走时,创造性地发展"道"的问题就突出了。人类在延续、扩展"道"上是主动的、创造性的。"道"是由多

方面所组成的和累积的,人根据不同情况展现它不同的方面:"人能弘道,非道弘人。"(《论语·卫灵公》)

在作为人之造就的"仁"和作为世界之造就的"道"之间的关系,很有助于说明"道"的有条件性。在整部《论语》中,"道"和"仁"一再地相提并论:

> 士不可不弘毅,任重而道远。仁以为己任,不亦重乎? 死而后已,不亦远乎?(《论语·泰伯》)

每个人的"造就"的随机性是显而易见的:"为仁由己,而由人乎哉?"(《论语·颜渊》)这是因为,一个人在他和周围具体环境的相互作用中,既自己规定自己,又被这种相互作用所规定,以致倡导的"仁"始终朦朦胧胧。"道"是生和死之间的通衢,它由不断出现的人类和变化着的世界之间的相互作用所决定。

"道"的最终源泉是个人在造就自己时所作的努力,它包含了全部历史所组织和构造的人的经验。它也是一个造就世界的过程,是一个将人类文化的各个领域所取得的成就中的基本一致性统一起来的过程。

孔子最得意的弟子颜回说,一个人要达到难以捉摸的"道",就需作出努力。他指出了孔子是如何尽力引导他去不断探索"道"的:

> 仰之弥高,钻之弥坚,瞻之在前,忽焉在后。夫子循循然善诱人,博我以文,约我以礼,欲罢不能。既竭吾才,如有所立卓尔,虽欲从之,末由也已。(《论语·子罕》)

《孟子》中谈到的颜回的"道"也与此相同,认为他的"道"就是古代圣人禹和后稷的"道"。(见《孟子·离娄下》)道路是由文化先驱铺设的,它始终对后来追求"道"的人保持开放,人们可以终身追求它。但环境在变化,朝代在更替,于是,"道"就被掩盖了:"道之将行也与,命也;道之将废也与,命也。……"(《论语·宪问》)

孔子本人就生活在这样的时代。当时,古代的"道"已失去了。这样,就需要某个人来清扫道路,为将来的行路人提供方便:"天下之无道也久矣,天将以夫子为木铎。"(《论语·八佾》)找出"道",清扫它,使后人有"道"可循,作出自己的贡献,这是《论语》一再提到的。当一个人在从政中不能光大"道"的时候,他可以退而在私人存在的范围内继续进行弘"道"的工作:

> 直哉史鱼!邦有道如矢,邦无道如矢。君子哉蘧伯玉!邦有道则仕,邦无道则可卷而怀之。(《论语·卫灵公》)

"道"是人类文明的不断进步,是由绵延的世世代代概括和完成的经验。尽管"道"的体现总是特殊的、具体的,但历史上的个人以及不同时期在共同扩展"道"上却是一致的。现在既是依靠过去的所有事件,同时又是所有将来可能性的基础。这一事实表明了"道"的一致。不仅过去铸造了现在和将来,而且过去本身也不断地根据现在的成就被改变和重新铸造着。因此,孔子既规定了现在的中国文明的文化成果,同时其本身也由绵延的人类经验以及对不断变化的侧重点的强调而被重新塑造。

"道"必须用质的概念加以描述。我们使用"聚结—场"的模式,可以把"道"描述为一组文化矢量,这组矢量通向各个面,收束于一个概念性的聚结。由于"道"具有重要性不同的许多领域以及程度不同的成就,所以"道"的较低层次可以是十分琐碎的东西,而其最高层次是对人们生活的关心。"善人"和"君子"之道都不算是"圣"(见《论语·先进》、《论语·子张》)。这就明确表示,我们面对的仍是同一个"道",只不过从质的观点看,要用不同程度的聚结和包含力来加以评价:

> 君子之道,孰先传焉?孰后倦焉?譬诸草木,区以别矣。君子之道,焉可诬也?有始有卒者,其惟圣人乎!(《论语·子张》)

"道"是我们感兴趣的各个文化领域里的一切价值。它是以多种面目出现的,有音乐之道,射箭之道,统治之道,宇宙之道。如果孔子特别关心社会政治问题,那么,正确的统治之道在《论语》中就会占据一个中心位置。在各个历史时期,每一个重要的文化人物不仅以一种同他的环境相适应的独特方式体现"道",而且由于他的创造性贡献,他能够以新的方式建立"道"。

我们可以强调个人化的"道"的独特性,或者作为潜在性本原的"道"的连续性。当强调往往被疏忽的"道"的多元性和创造性时,我们并不希望忽略它的连续性。我们的观点是:在重视"道"的连续性时,也要领会"道"的新颖性和创造性。

二、中西方不同的道和超越

我们已经费力地勾画和论证了在孔子"道"的概念中特殊的人所起的中心的、创造性的作用,并把他的"道"解释为聚结世界(focusing the world)的特殊人类方式。我们的看法是同公认的解释孔子的观点(即指"道"为某种超越原则)分庭抗礼的。我们可以举出许多和我们的观点相反的著名代表人物。

亚瑟·魏莱(Authur Waley)在其《论语》译本的导言中,把"道"说成是"一个屡试不爽的统治方法"。

> 因此,"天下有道"的意思是世界上好的政府占支配地位;或者说"好的方法盛行",孔子的"信古"就是他相信古代的某些统治者实践了一个屡试不爽的统治方法,政治家的任务在于重新发现这个方法。

魏莱感觉到,这样狭窄的定义不能说明《论语》中所有的"道"字:"可能还有其他的'道';因为孔子讲到'此道'和'吾道'。"

> 但是,总的说来,《论语》中的"道"字只有一个意思——古人的方法。可以用周朝的奠基者和前于周朝的半人半神的故事来解释这个概念。①

---

① 亚瑟·魏莱:《孔子的〈论语〉》,第 30—31 页。

刘殿爵不愿意把"道"仅仅限于政治领域,而解释为"关于宇宙和人的真理的总和"。

> 可以从孔子的话"朝闻道,夕死可矣"中看出他对"道"的重视,"道"在这个意义上似乎是关于宇宙和人的真理的总和。不仅个人,而且国家也同样,或者有"道",或者无"道"。①

刘和魏莱一样,也表示"道"还有随机的、个人的用法。

> 这个概念还有稍稍不同的用法。"道"是某个人的"道",例如,"先王之道"、"文武之道"或者"师之道"。这样专门的"道"自然只能是被提及者自己所遵循的"道"。②

另外,刘还把"道"同西方思想中著名的超越概念联系起来:

> 因此,"道"是十分带感情的概念,同西方哲学和宗教著作中"真"的概念非常接近。③

对"道"最充分、最精详、最站得住脚的解释要算希尔伯特·芬格莱特的解释了。他把"道"定义为"没有支路的路",意思是:"道"是"单个的、确定的秩序":

> 孔子把走正道以外的任何走法都看做走歪道、迷路或者有道不走。就是说,对一个秩序的任何其他选择都是无序和混乱。从这一事实我们可以看到,孔子显然信奉单一的、确定的秩序。④

芬格莱特的"道"是必然的、绝对的、不依赖形成自身的随机的特殊而客观存在的。在这个意义上,它是超越的道德原则。

> "道"说,任何在我位置上的人都应该如此这般行动,所以——我的专门的名字不应放进"道"或"理"中。在"道"的一切方面都有

①②③ 刘殿爵:《孔子的〈论语〉》,第9页。
④ 赫伯特·芬格莱特:《孔子:即凡而圣》,第20、135页。

内在的普遍性,基本上不涉及独特的个人。我个人的存在是偶然的,而"道"并非如此。"道"不仅在理智上独立于我,而且它的道德上的权威肯定也独立于我这个独特的存在物。①

许多把"道"看做超越概念的评论家都回避芬格莱特解释的某些结果。芬格莱特系统地展现了把超越性归属于孔子所造成的后果。我们认为,这种归属最严重的后果是使孔子有关人的概念变得贫乏了。

芬格莱特认为,把这种客观存在的正确和错误的标准具体化,就是"识"(recognition)。

> 一个人可能会想,并没有其他合理的概念,只存在一种正确的做法。这实际上就造成了这样的问题,"这到底怎么样? 它是否正确? 它就是道吗?"用普通的话说,事情不是选择而是去刻画某种对象或者活动的问题,把它们看做正确的或者错误的……事情不是选择或者抉择,而是区别或者辨别(辨)出不一致……简言之,是知识而不是选择的问题。②

这无疑是说,要按照某种客观的标准来规范和指导人:

> 《论语》中人的基本概念是:人带着能被造就为真正的人的潜在性降生到这个世界、特别是社会中来……如果某个人不能按照理想来塑造,那么,由于这种缺陷,他就是离开了"道"。③

这样的"道"限制了人的概念,限制了个人的自主性;而对个人来说,要使自己选择的生活有意义,这种自主性却是必要的:

> 人在终极的意义上说不是自主的,他没有涵藏于心灵深处的内在的和决定的力量,这种力量是从各种选择中作出抉择,从而为他

---

① 赫伯特·芬格莱特:《孔子:即凡而圣》,第20、135页。
②③ 同上书,第21、22页。

自己规定一种生活方式。①

芬格莱特认为,人类"沿着道走",就要求驱除个人的特殊意愿,牺牲"自我",以实现"道"的尊严。

> 这种结果……明确和坚定了一个人的"目的"或者方向,使他不偏不倚地沿着正道走:他是一个文明化了的人。沿着正道走,就赋予他极大的精神尊严以及蕴含在"道"之中的力量。②

芬格莱特解释的"道",为人类提供了一条出路或者中介,通过它,蕴含在"道"之中的精神光辉得以显现。这种客观的"道"是意义和价值的最终源泉。人类的成就越大,人就越失去他的特殊性,"道"就越成为非个人的:

> 君子的愿望被理想化为中介,根据并通过这样的中介,就能得"道",就能行"道","道"就能被实现。作为纯粹个人的君子的"我"一直是明显的……因为它是一种表达方式,这种表达方式不含蓄,但很精确,它体现了"并非我愿却不得不行"这句谚语的精神。③

实际上,任何重要意义上的特殊的个人概念都丧失了。或者是一个人偏离了"道",从而不成其为人,或者一个人牺牲他的特殊于更高理想的东西,从而成为人:

> 要理解君子的意愿,就要理解"道",而不是理解作为特殊个人的君子。自我体现在自我主义者的意愿之中,"道"体现在君子的意愿之中……不存在强加的个人意愿,不管这种强加是身体上的、心理上的、法律上的,还是政治手段上的。相反,一切事物都在由"道"

---

① 赫伯特·芬格莱特:《孔子:即凡而圣》,第34页。
② 同上书,第35页。
③ 同上书,第136页。

支配的相互尊重的和谐气氛中自愿地合作。①

我们认为,这种对"道"的解释未能充分表现孔子有关人的概念的价值。它把人的实现降低到满足某些外在的先验图式,而取消了作为人类意义和价值之最终创造者的人的作用。这实际上是提出了一种实践的纲领,这个纲领基本上是一种逻辑命题,人们必须根据必要的条件以贯彻实现一个先定的计划。自我决定成了服从和模仿,新奇成了缺点。人的实现要比艺术探索更勤勉,比创造更需要一再的探索。芬格莱特对"人的造就"的解释与孔子的意思有抵触,其"人的造就"是指一种没有终极的活动。真正的质的增长是依靠文化的积累以及不断增添新的价值与意义。

使用芬格莱特自己的比喻,人的交响乐已经谱成,乐队也已配好,只要演奏这支曲子,在演奏中"创造性地显现原作的精神"②,就能造就人。芬格莱特认为,演奏者无需"创造性地、艺术性地、能动地"解释乐谱。他还区分了他的创造性的意义和后罗马时期西方所赞扬的"高度创造性的作曲家"的创造性意义,"后者不仅以旧的形式创造出新作品,而且也创造了新形式"③。

如果芬格莱特的分析很好地表现了孔子的思想,即人类是演奏者而不是作曲家的话,那么,人们就有理由期望孔子提出稍稍不同的"乐谱",人们就会期望某种关于"道"的起源的解释,期待对"道"的内容作更清晰的说明,以及对合乎"道"的人的更加直截了当的刻画;人们就会期望有一种行动法典,这种法典反映了真理,一旦被人们发现,就可放之四海而皆准,人们就会期望一条"没有支路的路"被清楚地勾勒出来,并显现出这条路将通往何处。

---

① 赫伯特·芬格莱特:《孔子:即凡而圣》,第135页。
② 同上书,第346页。
③ 同上书,第345页。

同芬格莱特对"道"的理解相反,孔子根据他的不同对象,指出不同的合乎"义"的行为。孔子思想的特点是兼容性和灵活性。同样,"道"也是非常不确定的,它的复杂多样性在它与不同的历史人物、不同层次的人类成就以及各种文化趣味的联系中表现得十分清楚。另外,"道"的内部结构——礼仪的类型也是多种多样的。"礼"的终极根源是人类展现意义的能力,而它的改造以及适当的应用则在于个人的独特性。最后,执行者和行动的两极性关系以及知和行的不可分割性,要求"道"是某种被完善的东西,而不是简单地被服从的东西。这一切都表明,芬格莱特的"按照先定的乐谱演奏"的演奏员是对"道"的不适当的类比。①

第六节　情境主义

对"天命"、"德"和"道"的讨论使我们引出了这些概念的新含义。但是,如果我们打算得到一幅孔子的一致的宇宙论的图画的话,那么,就一定要突出这些概念之间的明确关系。

对我们这样做的批评之一是:我们提出的是一种人为的概念的一致,而并不是孔子及其门徒的思想。在引出孔子思想的宇宙论含义时,我们大胆为孔子道出了他本人想说的话。我们讨论了概念之间的"系统的"关系,对此孔子当然没有系统地表述过,所以这样做就更大胆了。但我们可以回忆一下本书第一章中讨论的"通过……思索"的含义。"学"和"思"为"知"奠定基础。我们用说明主要概念及其关系的方法来表现孔子的宇宙观,目的就在于"知"。

我们已经用聚结和场的模式说明过"德"和"天"或"天命"之间的关系。"德"集中体现了"天"。对君子或圣人说来,体现"天"的活动就是整合和参与的活动,因为特殊的聚结越是强烈,它在整体中留下的印记就

---

① 赫伯特·芬格莱特:《孔子:即凡而圣》,第345页。

越深。"道"与"天"和"德"的关系比较难理解。就"道"是人类活动的结果而论,它是自然发生的;它是人之为人的模型,是文化传统的积淀。"道"与"天"和"德"直接相关。作为传统中精华的孔子或颜回的"德"勾画了"道",于是有了"道德"。同样,"道"也可用于万事万物的整体——"天",因而跟社会环境——国家或者政府联系起来。如果孔子像道家一样,除了论述已经得到的人类经验的模式以外,更关心宇宙论问题,那么也会讲到自然环境的节奏以及规律性和和谐性。但由于孔子热诚地关心人类,因而,他讲的"天"所代表的领域基本上就成了人类的世界。一切都是人的社会。为此,可以说孔子的天道就是人道,就是人的文化传统。

通过思索孔子哲学的某些宇宙论含义,我们进一步证明了我们对《论语》中某些观点的看法。对这些观点一直颇有争议。我们始终一贯地强调孔子哲学以及中国古代思想的美学方面。孔子思想中的宇宙论看法同我们的强调并不矛盾。孔子的"天"、"德"和"道"的概念是建筑在美学而非理性的秩序基础之上的。如果人们不了解这一事实,对孔子的这些概念加以理性的解释并企图通过先在的决定性原则来理解它们,就会严重损害孔子思想的完整性。

孔子并没有为"一般的存在理论"或者"普遍的原则科学"提供基础。他的看法是美学的,是情境主义。按照他的看法,部分和整体——聚结和场——的相关性使一切事物都相互依赖。"天"是意义的源泉,但这不是在纯粹可能性的永恒循环往复的意义上说的,而是说,"天"包括了传统的过去,把传统作为人类活动累积起来的产物;"德"是个人在其环境中的特别的优越性,它不是给定的,而是实现了的对事物的看法。它始终集中于个人,并且注重他的环境。有的人达到了自我实现,并能成为意义和价值的特殊的中心;"道"就产生于这些人的活动之中,这样的人对"天命"有决定性的影响。

孔子的天道观可被看做是与思维活动以及人的造就活动相联系的

最基本过程的泛化。"天命"、"德"与"道"的关系就像"学"、"思"与"知"的关系一样,都是占有现存的传统、反思以及认知。或者说,它与"礼"、"义"和"仁"的关系相同。"礼"是确立礼仪,"义"是衍生意义和赋予意义,最后达到"仁"。孔子的宇宙论是"社会学"的泛化,是一种方式。人类以这种方式从建立在传统之上的社会环境中产生出来,同时对发展保持开放,只要这种发展是由当前环境之"命"所要求的。

当然,人们同样有理由说,孔子对思维和人的造就的理解是以上勾勒的一般宇宙论观点的特殊化。但是,要正确地理解孔子的思想,就应充分认识到孔子对思辨的保留态度,以纠正我们自己喜欢凡事从思辨出发的习惯。前面的讨论可能会造成一种假象:我们似乎接受这种不同的看法。实际情况并非如此。我们对孔子思想的宇宙论含义的重新解释不仅与当代西方哲学家的解释不同,而且与中国现代新儒家的解释也毫无共同之处。

假如孔子本来是个思辨哲学家的话,我们到此就可以结束对他的思想的讨论了。一些固执的西方读者也许会想,决定性的问题至此已经提出了。这显然是大错特错的。孔子是中国第一位教育家,第一位传播学家。孔子思想中最高的范畴是圣人的概念,对圣人的研究将使我们涉及语言的意义和交流活动的讨论,因为它们同成为圣人的过程有关。孔子认为,交流是一种协调的活动,是在交流和交流者之间实现和谐。我们将会看到,这种协调活动预设了我们前面所讨论了的概念。所以,对交流活动中语言功能的讨论将引出孔子最根本的思想。

第五章 概念论之比较

本章要讨论的主要概念是:"圣人""正名""乐""恕"和"敬"。在分析过程中,我们将深入到孔子思想中最丰富、最复杂和最微妙的一层,即语言概念的意义和交流活动的意义。

第一节 概念与交流

一、中国古汉语的书面形式和口头形式

围绕着语言和交流而展开的一个重要问题是古汉语的口头形式和书面形式的差别。这个问题与我们的孔子研究有关。因为,我们是把孔子当做一位教育家,一位很看重口头语这个媒介的人。亨利·罗斯蒙特已经总结了我们在这方面必须考虑的主要问题。①

按照罗斯蒙特的看法,口头形式的汉语和书面形式的汉语的历史发展,以及对这两种语言形式的比较,已十分清楚地表明了这两种形式之间有巨大的差异。因此,书面语言的论证所具有的逻辑力量换成口头语

① 亨利·罗斯蒙特:《古汉语中出现的抽象概念》,载《东西方哲学》,1974 年第 24 期。

言就不一定存在了，反之亦然。所以，从对书面语言的分析得出的关于汉语的特点的结论，就不一定能应用于汉语的口头语言。罗斯蒙特的论证会产生这样的结果：萨丕尔-沃尔夫假说（Sapir-Whorf hypothesis），即主张语言的结构支配这一语言的自然使用者的思维方式，很难适用于古汉语。交流的口头形式能为理解中国早期的思维结构提供最好的参考，但口头语言的资料恰恰是我们无法掌握的。

罗斯蒙特在一篇极有洞见的文章中提出了这样的论点：中国字中的音素和义素之间的区别对于决定书面语言的性质以及它和口头语言的关系可能完全没有作用，由于标音符号的多样性使人们能够选择字母结构中指示意义的标音符号，故表音符的功能就不限于表示字母的声音。这种合理主张支持了这样的观点：古汉语的书面形式不只是口头语言的机械记录。

这些论据尽管在某种程度上确证了我们的语义学分析，但和我们关于古汉语口头语的性质的论点无关。我们用最广义的文化观来看中国古代思想的发展，已论证了一些中国古代文化的基本观点，这将有助于我们对孔子言论进行分析。前面讲到，孔子的思想中很少有超越性的概念，宇宙起源论的思辨处于相对次要的地位，缺少神话逻各斯的信仰，等等。这些是对我们关于交流活动的性质的观点的直接支持。因此，下面当我们论证孔子未曾使用严格意义上的参考语言并因此缺少启发语言时，我们将不限于从分析书面语言或者口头语言的特点及其相互关系中引出这些结论，而从本书一开始就勾画了的关于"预设"的讨论着手。

在我们讨论语言的特点时，重要的是把孔子的交流活动解释为不仅是口头和书面的表达，而且是"礼"和"乐"的活动。当交流模式被定义得如此之宽泛以至于包括了歌唱和舞蹈时，语言的口头形式和书面形式之间的区别就不太重要了。实际上，如果设定孔子的语言具有实用的、操作的性质，那么就可以毫不夸大地说，正是音乐——即音乐的演奏——被看做是语言和交流的范式。

听、说、唱、舞、行礼都是交流的形式，这一点对于理解孔子是很关键的。正是每一种交流活动所要求的"协和"，阐明了最具综合性的思维形式向成为"圣人"迈进的思维形式。

古汉语和现代汉语都是由大量的汉字组成的。有一种观点认为，要彻底懂得汉语，就要尽可能多地认识汉字。然而，比认识汉字更重要的是人们把这些字看做"字象"（word-image）的程度，即看做是想象和联想的贮藏所的程度。这些想象和联想就隐含在一个字以及字与字之间的关系之中。读者在协调作者的表达与自己的想象时，就产生了"字象"。举例来说，《论语》只使用了 1400 个汉字，然而由于后人对这本经典进行了长期的研究，就造成了对这些字的不同解释，从而产生了越来越多的争议。这些争议既展现了越来越清晰的内在的语言学洞见，又不断地激发出"新"的儒家学派。为了显示某个汉字内含的意义，语言学分析应该对传统的资料多下工夫。

二、中西概念之差异

人们一致认为，中国古汉语和西方语言之间有很大的差别。但这些差别究竟在哪里？它们造成了什么样的后果？大家的看法并不一致。

陈汉生（Chad Hansen）在其近著《中国古代的语言和逻辑》中，对中国古代语言作了一番研究，把我们对汉语同印欧语言和文化的对比结果的理解推进了一步。① 陈汉生力图避免用唯心主义的实在论或者心灵主义的观点来分析古汉语的理论倾向。他的工作是建立在一种思辨模式上的。这个模式使用"集合名词"的概念，把集体名词作为古汉语之最显著特点的原因和结果，描绘了古汉语表达中名词的功能。简单地讲，"集合名词"（和"可数名词"相对）不能被复数化，不能用定冠词来限定，不能按照部分—整体的模式来理解。可数名词建立在一多关系之上，所以能

---

① 陈汉生：《中国语言，中国哲学和真理》，载《东方研究杂志》，1985 年第 19 期。

够复数化,能够用定冠词来修饰。"船"、"帆"、"封蜡"、"白菜"和"国王"都是可数名词(当然指在英语中);"地球"、"空气"、"水"和"火"(在它"元素"的意义上)都是集合名词。

集合名词的中心地位设定了与西方思想迥然不同的语义学理论。汉森认为,在古代中国人的心中,"世界是一堆相互渗透的材料或者物质,一个名词……指……某种物质。'心'不仅被看做是内在的描述机制,呈现了世界上的各个物体,而且是一种力量,它用名词来划分材料和物质"①。

陈汉生把关于世界和语言关系的概念的理论称做"行为的唯名论":

> 我使用"行为的"这个词是因为,中国人不是把"心"看做描绘个体和属性的内部精神,他们认为,"心"是原动力,是区分"材料"的能力,从而也是评价和行动的能力。我用"唯名论"这个词是因为,中国哲学家除了名词和对象以外不谈其他,在中国哲学中,没有西方哲学中的意义、概念或者理念的地位。②

因此,中国人的本体论观点的基础是部分—整体的模式,它关心的是命名,以命名来认识和确立界限。"同一系列对象的不同成员就是同一相同材料的时—空上不同的部分。在学习名词时,我们学着去区别或者划分现实,使现实成为命名名字的材料。"③

这里最有意思的是,陈汉生所理解的古汉语的模式产生了这样的结果,即古汉语中没有抽象名词。当我们认为中国古代没有严格的超越性概念时,也有这样的意思。完全内在的观点只能用具体的语言来加以表达。

我们赞同陈汉生力戒把古代中国人看做是唯心主义者或者心灵主义者,也赞同对古汉语的恰当解释依赖于对古汉语的名词功能的认识。

---

①②③ 陈汉生:《中国语言,中国哲学和真理》,载《东方研究杂志》,1985 年第 19 期,第 30—31 页。

我们还和陈汉生一样希望特别指出,中国人相对更强调实用而不是严格的语义,也就是说,中国人更关心行为词的语言效果,而不是研究命题真假基础的意义问题。

但我们与汉森的观点不同的是:就"集合名词"包含一种"材料"或"物质"本体论而言,它会遭人误解。我们已经提出一些理由,说明过程本体论同孔子的观点以及大多数中国古代思想家的观点比较接近。事件本体论不可能使用部分—整体的模式来分析名词的功能。另外,我们也已经提出一些理由,说明为什么我们要用"聚结"和"场"的模式来研究"部分"和"整体"的关系。中国的本体论观点更接近于"全息的"而不是"部分整体论"。这意味着命名活动是"聚"或者"协调"的活动;在命名中,不同的元素把整体引进自身的特殊之中,并使整体渗透于自身的特殊之中。

同样,陈汉生使用"行为的唯名论"一语,也是不恰当的。唯名论传统上是唯心论的实在论的辩证反应,故很少有建设性的阐述。对特殊和个体的维护往往使人想到一个外在相关的世界,在这个世界中,各事物的关系就像抽象的一般概念之间的关系那样的不实在。

最后,我们与陈汉生的观点的最重要的差别是,陈汉生的"集合名词假设"包含了一种语言的参照理论。陈汉生想不用他的实体观(substance view)的"基质"(substratum)的观点,但那种语言参照了一个时空,"质料"的世界。而我们想证明,那种语言(至少对孔子来说)就其最重要的功能而言,是"非参照的",即语言并不参照"物体"或"材料"的对象世界。

孔子对过程和交流活动中语言的实用功能的注重,以及用聚结—场模式来对命名的解释,都使我们不能把孔子的语言理解为参照的语言。孔子倾向于我们所讲的情境主义,这表明,应该在语言系统的范围内理解语词,而语言系统本身既是孔子所生活和教授学生于其中的社会或团体的原因,又是它的结果。

语言是自我参照的,词的意义取决于它在一个特定社团中被使用的情况,命题的"真"要视它对传递信息者所产生的效果而定。孔子认为,只有体现行动和包含实际结果的语言才是重要的。[1] 从语言的主动使用和被动使用中抽象出来的命题的意义是毫不相关的。当我们讨论"正名"说时,我们可以看到名词的参照功能或作用,它们本身就是其他的名词。孔子似乎并不关心名词/事物的相关性,"正名"并不是从世界中找到适当的参照体,而是调整语言,其实际的结果则是增加和谐。

与我们的讨论有关的古汉语的一个重要特点是,在古汉语中,"假言"句式相对说来并不重要,所以"如果……那么某情况将发生"这类话在古代中国哲学中是找不到的。汉语当然能够表达"如果你表现好,你就会得到嘉奖"这种形式的语句,但在孔子的话中,像"如果尧不以天为则……"这样的条件句却惊人地少见。我们认为,这对了解孔子思想来说,是一条重要的线索。

古代中国人认为,相对缺少启发语言和虚拟表达的事实表明,它们不足以反映独特的科学和伦理概念。条件句和抽象名词都是某种理论思维的基础,这种理论思维使人们的思想和态度能够同人们在世界上的实际行动方式相分离。理论思维预先设定,一个人在考虑理解和行动的不同模式时能够客观和冷静;科学的和伦理的思维活动都要求考虑各种不同的可能性,在这个意义上,它们是紧密联系的,"或……或"这种结构决定了伦理的科学的思维。

在研讨中国古代文化的发展时,对于中国人不强调假设—演绎和条件式的科学思维方式这一点,已讲得够多了。引起较多争议的、当然也是同我们的研究关系更密切的是,古代中国人(包括孔子)并不依靠我们通常所认为的伦理推理。近来一些论述孔子和中国古代思想的著作都以不同的方式提出了这种观点。

芬格莱特提出了这个问题。但正如本书第四章所指出的,他的结论极

---

[1] 奥斯丁:《请求宽恕》,载《哲学论文》。牛津:克莱兰登出版社,1961 年版。

不恰当。我们认为,孔子提出"没有支路的道",是由于他使用的语言的特点。如果这个特点本身视选择的类型而定,而这种类型又是由规定那种语言发展的经验世界的原初模式所决定的话,那么,孔子显然并没有排除选择的可能性;他只是排除了抽象的推理形式以及西方传统的理论思维形式。我们认为,孔子的观点显然是和美学活动有联系的。

"义"的概念是从选择和考虑的伦理模式向美学模式转变的关键。我们已经指出过,正是美学的"义"为孔子的"义"的概念提供了基本含义。作为美学和谐的"义"是由和谐的创造者或鉴赏者作出的具体的、直接的、先于认识的选择。芬格莱特从缺少伦理的考虑和选择这一情况中并没有得出结论说个人自治是存在的。在给定的环境中,个人对于最后的选择可以作出自己的创造性判断,各种选择可能性是真实的,"义"必须从中选出一种可能性。伦理的个人在各种相互矛盾的行为模式前面痛苦彷徨,每种模式都有自身的(部分)决定性的后果。艺术家同样感到痛苦,但却在涉及那些旨在最大限制地实现和谐的泾渭分明的审美抉择时,往往较少意识到这种痛苦的性质。艺术选择和美学选择的痛苦表明,虽则都是选择,但后者却是内在呈现的,而非从具体环境中抽象出来的。

除此以外,还有一种颇有影响的观点认为,中国思想缺少道德理论。罗斯蒙特认为,由于缺少像有意识、义务、职责等等概念,因而中国古代文化没有"伦理学"。罗斯蒙特的观点与芬格莱特都从康德的模式中借用了伦理学和道德自律的概念。康德认为,道德上的正确与直接利益无关,道德责任通过对判断和行动的可能选择的反思而被认识。如果始终要用反思、有意识以及对各种可能的有意识的判断来定义伦理学,那么当然可以认为,中国古代哲学缺少这种伦理学。

关于对科学和道德的不同兴趣,中国古代和西方所依据的是相反的思维模式。中国古代思维模式的特点是思维的具体性和内在性,它不用抽象名词或虚拟条件句作为其基本表达形式。西方的抽象名词是命名理念的手段,而理念是通过判断得到例示的原则,虚拟条件句则是描述供选择的行动类型之结果的,两者都是伦理以及科学教育和实践所必需的。伦理和科学的推理和实践都依赖于与孔子哲学的基础完全不同的认识论。

我们主要关心的是孔子思维的意义。在本书一开头,我们就讨论了"思"、"学"、"知"。我们认为,不应该从意识到不同的可能性,或者把思考的对象分析成冲突的理念或原则的复合体,来解释孔子的"思"。"思"是美学的联想,它不是把小前提归入一般原则,使小前提与有意识的判断一致,而是直接地、不通过思辨地把握一定环境下的"义"。"知"包括预言,但不是严格意义上的有意识预言。如果要领会"思"和"知"的含义,那就一定要领会相对缺乏条件句以及启发语言的含义。

我们的论证可以概括如下:古汉语的某些特点本身是广义的文化传统的产物,它为我们解释孔子这位交流大师的活动提供了重要线索。首先,很少使用抽象名词和条件句乃是因为中国古代传统中缺乏超越概念。这就要求,有意义的交流既不能使命题同断定命题真假的判断活动相分离,又不能根据意识上的先决条件来指导判断和活动;第二,如果"知"不能同判断分离,"知"无须对各种选择有所意识就能进行,那么,理解的概念就是建立在美学活动的而不是理性—认识活动的模式之上的;第三,基于(后康德主义的)最一般的对"道德"的理解,可以说,中国古代思想中根本没有道德理论。伦理活动既不是得自道德理论的东西,也不能用道德理论来加以解释。最后,如果以上观点是正确的,那么,孔子的教育显然就完全不同于西方旨在传授重要观念和原则的教育,后者是把观念和原则作为有意识的"思"以及责任判断的骨架和支柱。

第二节　孔子若干概念之比较分析

一、圣人

我们首先分析孔子的"圣"的概念。

《论语》中使用了几个不同的范畴来表示人的成熟（"仁者"指人际关系上的成熟，"君子"指社会—政治关系上的成熟，等等）。一旦对这些范畴加以综合，就可以大大便于对"圣人"这个综合概念的理解，也就是说，"圣人"概念之外的其他自我实现的范畴代表了达到"圣人"过程的独特的聚结。① 此外，《论语》提到了几个模范的"圣王"（即尧、舜、文、武、周公等等），他们的行为也是定义"圣人"的一个依据。

要理解《论语》中的"圣人"，最重要的是看历史上的孔子本人是怎样被形容的。孔子谦逊地否认自己是"圣人"："若圣与仁，则吾岂敢？"（《论语·述而》）这种谦逊同孔子宣称自己是周文化的体现者，是文王的继承者（见《论语·子罕》）形成了对照。在另一个场合，当一位大官称孔子为"圣人"时，孔子也引为知言（同上）。不管孔子是否相信他本人已达到"圣人"的地位，但《论语》力图把他形容为"圣人"，这是没有什么疑问的。

在《论语》中，孔子几位得意门生在评论孔子时，也有像"仲尼，日月也，无得而踰焉"（《论语·子张》）这样的话。由于孟子反复称孔子是有史以来最伟大的"圣人"，于是，"圣人"这个概念逐渐和孔子联系到了一起，以至通贯传统，成了特指孔子的概念。

在前面关于人的造就的讨论中，我们已经指出，人是"自我的聚结"。我们可以把孔子解释为一个"工程"（project），它跨越了孔子死后的许多世纪，直到如今。马伯乐（Henri Maspero）曾描述了 2000 年来孔子地位的变化：

> 和所有官方宗教的神一样，孔子死后一步一步爬完了等级制度的阶梯。公元 1 年他是公，公元 739 年他是王，公元 1075 年他暂时下降为公，公元 1106 年他是帝。当明朝的开国皇帝废除赋予山河城门神明及前朝官方崇拜的王公大人的各种头衔时，孔子却是一个例外，皇帝仍旧保留了他的地位和称号。但不久，1530 年 12 月 4

---

① 安乐哲：《古代儒家和道家自我修养的共同基础》，载台湾《清华学报》1985 年。

日,神宗皇帝剥夺了他的地位,只给了他"至圣先师"的称号。孔子到现在一直保留着这个称号。[1]

我们不妨查一下《说文解字》对"圣"字的定义:

"聖,通也,从耳,呈聲。"

无疑,"聖"通过"耳"的成分同耳的同源字,"聰"联系了起来,"耳"还把"聖"同"聰"(听力敏锐)联系了起来。这是从词源分析衍变的必然结果。正如 K. 德沃斯金(DeWoskin)所讲的,传统总是把"圣人"画成大耳朵,这证明了"圣人"和"听"之间的关系。[2] 另外,在古代经典中,"圣人"也总是被描述成音乐家,即能够欣赏音乐并从音乐中辨出最初含义及其所代表之时代和文化的人(参见《左传·襄公二十九年》)。《论语》确实把孔子描述为在"成圣"过程中不断发展"听"的敏感性的人。刘殿爵在他的《论语》译本的《导论》中讲到,"听"在孔子的自我修养计划中占据了中心地位。[3] 这就是评论家往往引用孔子的"六十而耳顺"(《论语·为政》)这段话的缘故。

另一方面,人们往往忽视"圣人"也是注重表达的人,是"一个表明和展现的人"("呈")。"聖"常常由它的同音字"聲"来定义,就表明了这一点。例如,《白虎通》指出:

圣者通也、道也、声也。道无所不通,明无所不照。闻声知情。与天地合德、日月合明、四时合序、鬼神合吉凶。(《白虎通·圣人》)

这段话把"圣人"描述成积极活动的人,他和日月的光辉、四季的运行类似,表现了一种秩序,并广泛地传播这种秩序。对"圣人"的表达也在《尔雅》中有所体现。《尔雅》是东周时的辞书,专用来解释经典中出现的语

---

① 马伯乐:《道家和中国宗教》,第 136 页。马萨诸塞大学出版社,1981 年版。
② K. 德沃斯金:《为一二人所作的歌》,第 32 页以后。密执安大学出版社,1982 年版。
③ 刘殿爵:《孔子的〈论语〉》,第 40 页。

词。它定义"圣"为"献,圣也"。人们往往在语义上把"聖"只解释为同"耳"相联系。威廉·G.布尔茨(William G. Boltz)最近在对马王堆老子帛书的研究中对此提出责难,说这个字的"呈"的部分也有语义的作用。这一看法是有道理的。

在《论语》中,"圣人"是用自己的话来改变世界的人:"君子有三畏:畏天命,畏大人,畏圣人之言。"(《论语·季氏》)作为"圣人",作为"社会—政治"中的君子的成长,是同语言的操作力量相联系的。也就是说,语言有促使行动的作用。孔子是一个十分注意自己的言论并注意用某种方式表达自己思想的人。

他带着适当的谦逊,反对任何人自称为"圣":"若圣与仁,则吾岂敢?抑为之不厌,诲人不倦,则可谓云尔已矣。"(《论语·述而》)但在《孟子》一书中,孔子的同一句话被修改了。他的"学"和"教"的精神使他成为"自生民以来未曾有之"的"圣人":"子贡曰:'学不厌,智也;教不倦,仁也。'仁且智,夫子既圣矣。"(《孟子·公孙丑上》)

除了语言学的资料以外,还有其他的材料能表明"圣人"的创造性方面。在经典中,"圣人"的概念常常同"道"联系在一起。根据《易经》的说法,"圣人作而万物睹"(《易经·文言》)。《礼记》则说:"作者之谓圣,述者之谓明,明圣者述作之谓也。"《白虎通·圣人篇》在引了几段经典的话后说:"文俱言作,明皆圣人也。"孔子说过很著名的一句话:"述而不作。"(《论语·述而》)孔子以此形容自己,这是最谦虚不过的了。他反对把自己称为"圣人",这也同样反映了创造能力与达到"圣"之间的联系。

可见,"圣"字最重要的意思是指交流,"圣人"就是交流的大师。在《说文》中,"耳"被看做是"圣"字的义素,即强调在交流中"听"的作用。而若对"圣"字作全面的解释,就必须既突出交流的"听"的方面,又突出它的表达方面。

"圣人"就是一个通过"听"即"兼听",来知道某人或某事的"性质和条件"的人。在"兼听"以后说话,就能产生交流所要达到的和谐。

前面在讨论到作为最小社会关系单元（irreducibly communal）的个人时，我们曾提到，个人的价值取决于他的人格同他人整合的程度。这里，我们想进一步指出，价值和个人的扩展（整合）之间的关系，为"圣"和"神"的联系提供了基础。

《白虎通·圣人》说："圣人所以能独见前睹，与神通精者。""神"这个字的字源表明，"神"有伸展、整合以及丰富的意思。伸展、整合和丰富正是"圣人"建立的同其他聚结的自我（aggregate selves）的关系。"神"字由"示"和"申"组成，"申"和古音的"引"可通用。如果我们懂得了"圣人"的扩展和整合是世界意义的源泉，就不难理解"圣"既有人的精神的意思，又有神的意思，并且常常和"天"字联系在一起。也就是说，当一个人使自己成为意义的源泉时，他就是在走向"神"。另外，这种扩展和整合也把圣人同整体联合在一起，消除了聚结和场的差异，使天与人合一。马斯波罗在他对孔子的讨论中，对从人的精神到"神"的升迁作了一番评论：

> 一个人难道必须像某些欧化的现代中国人那样，认为他〔孔子〕其实不是一个神吗？在中文中，没有表示高于人的存在的一般的词。这样的问题甚至提不出来，因为人们讲不出用什么概念……如果我们把我们"神"的概念用于中国神话传说中的人物，那么显然孔子一直是——至少到最近——神（不是个人的神，而是国家的神），人们向他祈祷，希望他降"福"。①

二、正名

在孔子的内在宇宙论中，观念和行动、理性和经验、理论和实践是相互联系的。另外，孔子哲学从人际关系开始，认为在这种关系中，自我、

---

① 马伯乐：《道家和中国宗教》，第136—137页。

社会和国家通过交流而互相关联。这样,孔子的命名就不单是恰如其分地把标签贴在已存的现实上。语言的操作力量产生了如下的结果:通过语言去解释世界,就使世界朝着一定的方向发展,使人们以某种方式去认识世界。一个人对世界的影响程度也视一个人所展现的自己的意义、价值和目的以及在他人中唤起的敬意的程度而定。这就不难理解,为什么孔子的许多概念具有人际交流的成分了。"知"和"信"都表示开口说话,"君子"、"善人"、"命"、"和"和"名"的词根都是"口",都表示口头表述。

在分析孔子的"正名"说时,我们打算先指出孔子对恰当使用语言的强调。在一段有名的话里,他叙述了"正名"比"政"更加重要:

> 子路曰:"卫君待子而为政,子将奚先?"子曰:"必也正名乎!"子路曰:"有是哉,子之迂也! 奚其正?"(《论语·子路》)

子路的惊讶显示出他对孔子的哲学观念完全缺乏理解,以致孔子感到特别不耐烦。他回答道:

> 野哉,由也! 君子于其所不知,盖阙如也。名不正,则言不顺;言不顺,则事不成;事不成,则礼乐不兴;礼乐不兴,则刑罚不中;刑罚不中,则民无所措手足。故君子名之必可言也,言之必可行也,君子于其言,无所苟而已矣。(《论语·子路》)

可见,孔子认为,"正名"是"政"的出发点。但是,以往人们常把"正名"解释为"修正名",往往把"名"看做是从传统中沿袭下来的理论框架,认为"名"可以实体化,可以加以修改,以满足理论框架的需要。这种解释过于简单地理解了《论语》中的"正名",而忽视了"名"的操作力量。

> 子曰:"觚不觚,觚哉! 觚哉!"(《论语·雍也》)

> 齐景公问政于孔子。孔子对曰:"君君、臣臣、父父、子子。"(《论语·颜渊》)

对"正名"一词的通常解释是:"瓻"和"君"都有一个已确定的定义,因而特点和功能、理论定义和实际操作之间的任何不一致,都会产生混乱。萧公权是这种观点的著名代表:

> 孔子政治思想的出发点是"从周"。他的具体办法是"正名"。用现代的概念解释,他所谓的"正名"就是重新调整君和臣、上和下的权力和责任,使它合乎周朝鼎盛时期的制度……"正名"要求有一个具体的标准。孔子"正名"的标准是周朝鼎盛时期的制度"。[1]

萧公权正确地批判了 H. G. 克里尔(H. G. Creel)。克里尔否认"正名"是孔子的概念,并把这个概念归之于后人,尤其是法家。克里尔的论证是受亚瑟·魏莱的影响,魏莱认为,"正名"是个时代错误,同"孔子的学说并不相容"。这种观点并不能证明克里尔的论证是正确的。[2] 但是,克里尔的观点亦有它的合理之处,即指出了"正名"说与法家有联系,不过,克里尔应该质问的是同孔子的基本观点不一致的对"正名"的解释,而不是孔子的"正名"概念的合法性。

萧公权的解释用的是逻辑范式。在这种范式中,定义先于认识:君在施政时必须按照已经确立的规范行事,满足一系列既定的规章。这种解释一直很有影响,孔子因此被看做是极端保守分子。萧公权指出,孔子的"正名"说"清楚地表明,其政治态度是周朝的顺民,他的政治观点是保守的"[3]。而我们则认为,对"正名"的这种流行解释部分是正确的,但它在强调孔子对传统连续性的注重的同时,却忽略了孔子对文化变异、文化创新和发展的关心。人们常认为,孔子是这样评价自己的:

> 愚而好自用,贱而好自专,生乎今之世,反古之道。如此者,灾及其身也。(《中庸》第二十八章)

---

[1] 萧公权:《中国政治思想史》,第519页。
[2] 亚瑟·魏莱:《孔子的〈论语〉》,第22页。
[3] 萧公权:《中国政治思想史》,第98页。

无疑,孔子确实敬仰过去的制度,但这种敬仰完全不是简单地重建西周的制度和文化,而是主张对文化进行选择和创造性的综合:

> 颜渊问为邦。子曰:"行夏之时,乘殷之辂,服周之冕,乐则《韶》《舞》,放郑声……"(《论语·卫灵公》)

另外,孔子实际上认为,必须不断改进所继承的智慧和制度,使之与不断变化的环境相协调(参见《论语·为政》、《论语·子路》)。孔子相信,人类文化是逐渐积累、不断进步的;当人们对过去加以赞扬时,对将来的期望却往往注意不够;说明世界并传播自己的认识,就是去实现这个世界,"命名"就是把世界"现实化"。

"名"有两层意思。一是指"意为",二是指"命名"。"命名"是提供意义,"意为"是解释"名"。在《论语》中,我们发现,传统的意义的创造者尧不能由他的民来"命名",而尧本人却能规定文化,使其同他所提供的意义相一致:

> 大哉!尧之为君也。巍巍乎!唯天为大,唯尧则之。荡荡乎!民无能名焉。巍巍乎!其有成功也,焕乎!其有文章。(《论语·泰伯》)

同样,在导致周王朝建立的一系列事件中起决定性作用的泰伯的行为,也展现了一种无私的道德,后来这种道德成了公认的行为标准。泰伯和尧一样,其行为提供了新的意义,人民难以用语言形容他:"泰伯,其可谓至德也矣。三以天下让,民无得而称焉。"(《论语·泰伯》)

当然,最直接而又明显地体现一个人意义的,是他自己的"名声"。因此,孔子十分关心个人的名声:"君子疾没世而名不称焉。"(《论语·卫灵公》)

命名的操作意义以及它和意义的关系,可以从"名"常常由"命"来定义这一点清楚地看到。在早期的典籍中,这两个词实际上常常互用,例如,《说文》把"名"定义为"自命"。

为了充分地解说孔子的"正名"说,除了要揭示他对语言传播前人之认识的赞许以外,还应说明人们怎样创造性地实现新世界。我们认为,孔子的"名"这一概念和"礼"一样,具有"操作的"作用(即形式的创作)。"名"和"礼"的这种联系实际上是孔子建立的,它记录在《左传》中:

> 既,卫人赏之以邑,辞,请曲县,繁缨以朝。许之。
>
> 仲尼闻之曰:"惜也,不如多与之邑。唯器与名,不可以假人,君子所司也。名以出信,信以守器,器以藏礼,礼以行义,义以生利,利以平民,政之大节也。以假人,与人政也。政亡,则国家从之,弗可止也。"(《左传·成公二年》)

"名"和"礼"都可以看做是用来保存和传达"义"的形式结构的。要有意义地用"名"或者执"礼",就要从过去和现在的环境中引出某种相似之处,以显现其中的"义"。"名"和"礼"都是随具体情境而定的。这就意味着,发生学的分析能说明它们本身是什么,却不能穷尽它们的意义,因此意义并非仅仅得自"名"或"礼",还要由情境来赋予。一个完全的说明必须诉诸形态学的解释,揭示它们在永恒变化的特定情境中的意义以及同这种情境的关系。

对"名"或"礼"虽然可以作抽象的描述,但它们却只在作为"义"和个人的具体展现时才会有意义。人们通常把"礼"译成"占有",就说明了这一点。"占有""礼"和"适当地"使用语言二者都要求人格化,使"礼"和语言适合人们自己的具体条件。所以,在强调像"瓠"和"君"这类从历史上继承下来的抽象名词的意义时,必须使它们在展现意义这一点上保持开放,以适应特殊的环境。正如"礼"只有体现、包含现时的特殊条件才能存在一样,"名"和"正名"只有当人们懂得了它们的和谐时,只有在一定的环境中,只有在需要不断地调整它们时,才是有意义的。

"名"的操作力量支持了"名"的流动性和规范性的观点,而反对了纯逻辑的、参照的"正名"说。"礼"不仅由人们执行,而且由于它实际上唤起了人们的某种反应,因而从某种意义上进一步"支配"了人们。同样,"名"不仅有描述的作用,还指导人们做某件事。命名一个"觚"的替代物为"觚",这个替代物就有了新的意义,就转变成了"觚"。"名"不仅用来命名秩序,也用来影响被命名的秩序。用任何其他的字来称玫瑰花,它就不是玫瑰花了。管子曾讲到了"名"的这种功能:"名者,圣人之所以纪万物也。"(《管子·心术》)

总之,我们不同意把孔子的"名"仅仅看做组织人类经验,以使其符合先定的确定意义、价值和生活目的的形式。我们也不同意把孔子的"正名"仅仅看做是形式结构优先的活动。我们认为,孔子把具体环境中的特殊个人视做意义的来源,这就强调了其在美学秩序中的优先地位。在此前提下,他把由"名"之网络织成的解释型式看成既是连续一致的,又是富于韧性、能容纳新颖独特思想的东西。

三、乐

孔子认为,语言、礼仪和音乐都是形式的中介,个人通过这些中介而成长;这些中介不仅是组织、传递意义的结构,也是意义的源泉。音乐的显著特点是:它是最不依赖参照物(reference)的形式中介。苏珊·朗格(Susanne Langer)说道:

> 音乐……即使在古代的作品中、在它最高的成就中,也显然是非描述性的。它展现出纯形式,但不是作为装饰,而是把形式作为自己的本质;我们可以在它盛开时撷取它的花朵……在我们面前实际上看不到其他,只有音调的结构:没有场景,没有对象,没有事实。①

---

① 苏珊·朗格:《哲学新解》,第209页。哈佛大学出版社,1951年版。

就意义既体现在音乐特殊的音调之中又体现在它们的结构之中而论,音乐是最高层次的交流;它并不描绘,而只是呈现。就音乐独立于参照物而论,它把特殊吸收进自身,同时又表达特殊。语言要参照事物的类型,但本体论的特殊不能被参照,而只能被暗示,并通过比喻被人了解。音乐就具有这种暗示的、比喻的力量,因为它是不以逻辑为根据的。

严格地讲,孔子既不热衷说明"名词—事物"的关系,也不想构造描述"事态"的命题,而是像其他许多中国古代哲学家一样,主要兴趣在于"正名"。他希望去"调整"语言,使人们把内藏在心中的和谐行动的禀性发扬出来。孔子不强调命题的语义内容,所以他得以把音乐作为基本的交流模式。孔子对音乐的看法,有助于我们较好地理解语言和交流活动的特点。

孔子指的"乐"包括器乐、诗歌和舞蹈。他认为,"乐"的活动为展现个人的作风、精神和重要性提供了可能性。在"乐"的活动中,特别是在即兴演奏中,是以一种对观众来说有意义的方式展现个人。"乐"的表达方式依靠具体发挥,这与描述和传达的抽象符号不同。《乐经》的失传,便在某种程度上说明了这一点。

孔子认为,"乐"的作用超出了仅仅把意义限于代代相传的范围;适当地运用"乐",可以带来和谐与有意义的关系。这种对"乐"的观点,似乎受了他的光辉卓著的前人舜的影响。《尚书》中有一段说明:

> 诗言志,歌永言。声依永,律和声。八音克谐,无相夺伦,神人以和。

这就是说,用词表达性,用诗赋论争,用乐器加强诗的效果,这一过程也就是增强表达的精练和微妙性。

孔子深知滥用语言的危险。他指出,一些能言善辩的伪君子往往用语言来制造混乱,而不是增添和谐:

　　　巧言令色,鲜矣仁!(《论语・学而》)

　　　恶紫之夺朱也,恶郑声之乱雅乐也,恶利口之覆邦家者。(《论语・阳货》)

当然,即使不讲话也可能有很多的和谐与意义存在:

　　　子曰:"予欲无言。"子贡曰:"子如不言,则小子何述焉?"子曰:"天何言哉? 四时行焉,百物生焉,天何言焉?"(《论语・阳货》)

　　尽管有这些限制和保留,经典中还是反复强调要向音乐的高度迈进:"仲尼曰:'志有之:言以足志,文以足言。'不言,谁知其志? 言之无文,行而不远。"(《左传・襄公二十五年》)《易经・系辞上》也引了孔子的话说:"书不尽言,言不尽意。"

　　从以上几段话中可以看到,孔子把语言和"乐"看做交流的中介,"乐"更是最根本的中介。借此,人们表达自己并从中取得乐趣。有趣的是,"说"这个字在古代文献中有"说话"和"说服"的意思,而它当发"悦"的音时,则可以解释为"愉快"。同样,"樂"字也既有"奏乐"的意思,又有"愉快"的意思。[1] "说"和"樂"都有"愉快"的意思,它们分别与"说话"和"音乐"相联系。在《论语》第一段里,这两个字都出现了:

　　　学而时习之,不亦悦乎? 有朋自远方来,不亦乐乎? ……(《论语・学而》)

因此,说话和音乐都是产生愉快的交流模式。孔子认为,圣人不仅是"礼仪大师",而且是一个把各个不同的部分捏合在一起的人,一个调解纠纷的人,一个解决争端的仲裁者。也就是说,圣人是通过各种交流的中介来促进和培养"和"的人。这种"和"是"和而不同",既显示了连续性,又保留了差异性。在这种交响乐中,圣人就是一个指挥,它产生出一个保持特殊个性的和谐体。

---

[1] K. 德沃斯金:《为一二人所作的歌》,第58—59页。

在《论语》中,"乐"常常和"礼"结伴而行。只要我们在读到"礼"的时候联想起"乐",就能得到一个完整的印象。"乐"和"礼"一样,都有个人参与的性质,都突出了差异性和特殊性。德沃斯金在评论《左传》中一段描写《诗经》关于奏乐的话时,强调了差异的重要性。他认为,考古学家的新发现已使音乐理论家对中国古代音乐调式的复杂性作出了新的估价。[1] 显然,在东周和汉代的正统乐理确立以前,各地区之间在音阶和其他乐理上有很大的不同,都显示了自己的独特性。

《论语》中一段有趣的轶事,谈到了孔子运用音乐的个性来有意怠慢一个将要来访的客人:

> 孺悲欲见孔子,孔子辞以疾。将命者出户,取瑟而歌,使之闻之。(《论语·阳货》)

孔子认为,"乐"像"礼"一样,最终出自环境中个人贡献的意义。音乐保存所继承的价值的程度以及保存传播者个人意义的程度,要视同音乐发生关系的具体的人而定:"人而不仁,如礼何? 人而不仁,如乐何?"(《论语·八佾》)没有特殊个人的诚心实意和献身精神,"礼"和"乐"都将是贫乏而无价值的:"礼云礼云,玉帛云乎哉? 乐云乐云,钟鼓云乎哉?"(《论语·阳货》)实际上,正如刘殿爵在《论语》导论中所说的,孔子认为,空洞的形式不仅是无价值的,而且是有害的:

> 应该注意到,孔子厌恶的事物都同好的事物表面上相似,正因为这种表面的相似性,假才能乱真。孔子憎恶的正是这种假冒,郑声和佞人连在一起,如果我们放松警惕,郑声就会为佞人开辟道路。[2]

孔子喜爱韶乐,它带有舜的文化烙印;舜由于自己的成就被人们视为尧

---

① K. 德沃斯金:《为一二人所作的歌》,第21页。
② 刘殿爵:《孔子的〈论语〉》,第36页。

的继承人。

> 子在齐闻"韶",三月不知肉味,曰:"不图为乐之至于斯也。"
> (《论语·述而》)

孔子之所以对韶乐抱有如此强烈的感情,是因为它积淀着舜的创造:"子谓《韶》:'尽美矣,又尽善也。'谓《武》:'尽美矣,未尽善也。'"(《论语·八佾》)武乐是由周的奠定者武王创造的,带有武王军人的勇气,但不能说它达到了尽善的地步。

"乐"和"礼"一样,是一个贮藏所。人们既通过"乐"来传达意义,又从"乐"中汲取意义。但是,"乐"又是一种有弹性的容器,能够展现人们自身的创造性贡献。《论语》讲到了"乐"的个人创造性,孔子在"乐"上的修养丝毫不比鲁的音乐大师差:

> 子语鲁大师乐,曰:"乐其可知也:始作,翕如也;从之,纯如也,皦如也,绎如也,以成。"(《论语·八佾》)

这种对"乐"的描述,反映了在充分表达美学秩序时对连续性和创新性两者的需求。在《论语》中,"乐"和"成"一再地一起出现:"兴于《诗》,立于礼,成于乐。"(《论语·泰伯》)孔子认为,音乐是人们在自己所处的群体中所能获取的美学秩序的表达中介,是毕生修养的和谐的结果,是人格的充分表现,是人对世界应付裕如的表征:"……五十而知天命,六十而耳顺,七十而从心所欲,不逾矩。"(《论语·为政》)

要理解孔子哲学中"乐"的地位,很重要的一点是要懂得,美学的和谐在人们的生活中是无处不在的。德沃斯金说:

> ……到了六朝,艺术被看做是特殊的事业,一切与和谐的生活有关的学科都被看做是美学的。任何工作,无论它是多么平凡——宰牛、斫轮、同绝症斗争——如果做得恰如其分,就是美学的,就同现行的秩序保持了和谐。在平凡的工作和艺术创造之间并没有一

条"沟壑"。在古代中国的经典中和谐的典范是协调得很好的音乐和调味甚佳的汤。这两者之间也没有根本的不同。[①]

在古希腊文化中,"音乐"是缪斯的艺术,缪斯就是音乐的创造者。在柏拉图《理想国》里表达得很详尽的教育理论中,学习音乐是获得真知的准备阶段,是在一个人的灵魂中重新创造韵律、和谐以及有序的宇宙运动;音乐产生的是"和谐与平衡,而非知识"[②]。它的最初的对象不是形式本身,而是体现了形式的现象间的关系。[③]音乐又是一种工具,它为人提供对世界的秩序的感受;而世界的秩序只是存在的世界中原初秩序的反映。虽然音乐教育是获取纯粹知识道路上的必要一步,但其微不足道的性质却构成了严重的局限性。

孔子认为,"弦乐器演奏"的音乐不是严格意义上的模仿,而是力图协调独特的聚结和建立整个场的和谐。在建立和谐的过程中,特殊具有决定性的作用,它具有光大发扬这种和谐的责任。音乐教育的目的不是纯粹的知识。在融合聚结和场中实现一种和谐的共同呈现(compresent)、"共同影响"(con-static)的经验,便是这种成果带来的愉悦。"知之者不如好之者,好之者不如乐之者。""……知者乐……"(《论语·雍也》)仁者不仅"知"这个世界,而且从不忧患:"……仁者不忧……"(《论语·子罕》)孔子用了相同的语言描绘了自己:"……乐以忘忧……"(《论语·述而》)忧是反整合(disintegrative)的,仁者是通过追求和谐以及取得和谐的程度而被衡量的。"乐"和"悦"同音不是偶然的,它表示所获取的和谐和由此产生的快感之间的联系。《孟子》用"乐"和"悦"表达和谐秩序,描述了"乐"和"政"的关系:

> 他日,见于王曰:"王尝语庄子以好乐,有诸?"
>
> 王变乎色,曰:"寡人非能好先王之乐也,直好世俗之乐耳。"

---

① K. 德沃斯金,《为一二人所作的歌》,第 178 页。
②③ 柏拉图:《理想国》,第 552 页、398—403 页。

曰:"王之好乐甚,则齐国其庶几乎! 今之乐犹古之乐也。"

曰:"可得闻欤?"

曰:"独乐乐,与人乐乐,孰乐?"

曰:"不若与人。"

曰:"与少乐乐,与众乐乐,孰乐?"

曰:"不若与众。"

"臣请为王言乐。今王鼓乐于此,百姓闻王钟鼓之声,管籥之音,举疾首蹙頞而相告曰:'吾王之好鼓乐,夫向使我至于此极也? 父子不相见,兄弟妻子离散。'……此无他,不与民同乐也。"

"今王鼓乐于此,百姓闻钟鼓之声,管籥之音,举欣欣然有喜色而相告曰:'吾王庶几无疾病欤,何以能鼓乐也?'……此无他,与民同乐也。今王与百姓同乐,则王矣。"(《孟子·梁惠王下》)

《孟子》的这段话可以说是对孔子"近者悦,远者来"(《论语·子路》)这句话的详细说明。《论语》的另一段话也讲到了吸引远方的人来丰富社会政治的和谐的思想:

盖均无贫,和无寡,安无倾。夫如是,故远人不服,则修文德以来之。既来之,则安之。(《论语·先进》)

"乐"的"和"与"政"的"和"产生"悦",参加因素的丰富多彩决定了"悦"的程度。

音乐既是传统的,又是个人的。它要求人与人之间的相互交往。它既可以是特意的精心安排,也可以是即兴的演奏。"乐"带来的愉悦程度视它本身的和谐程度以及丰富程度而定。孔子本人对"乐"的看法反映在他自己的实践中:"子与人歌而善,必使反之,而后和之。"(《论语·述而》)

如上所述,孔子把音乐作为一种自我展现以及交流的模式。他认为,一个人先要从和他人一起演奏开始,然后才自己即席发挥。(见《论语·八佾》)这使人想起圣人的"正名"。他必须先听,然后再讲,如同先和他人一起演奏或歌唱,然后再自己发挥一样。当一个人先听,置身于潜在的和谐整体之中,然后为和谐奉献自己的能力以达到"成"时,和谐就产生了。这种先同既定的环境交融贯通,然后致力于建立秩序来实现和谐的方法,也就是"恕"的方法。

四、恕

前面我们曾经提到,以预先设定超越性为基础的哲学与孔子的内在宇宙论有着重要的区别。在超越的范型中,"知"是认识规定宇宙结构的客观秩序的结果,而理解则是理解特殊之间的关系;哲学的主要任务是形而上学和认识论。孔子的哲学正与此相反:它把宇宙和社会秩序看做是自然发生的,认为哲学应该积极地参与实现世界;一个人对世界之看法的现实化程度,取决于他在多大程度上使其他人把和谐一致看做是根本的价值。

对一个人所属社团至关重要的和谐结合,需要的是自我与他人的"和"而不是"同",是创造性的丰富而不只是量的扩大。

为了实现人际的和社会的和谐,就要把握由礼仪、语言、音乐所构成的美学秩序,这些交流的中介为圣人成为交流大师提供了基本的工具。礼仪、语言和音乐的功能在于促进美学的秩序。

我们还可以从孔子"恕"的概念中找到理解他如何取得交流大师地位的线索。事实上,"恕"是孔子思想的主线。

> 子曰:"赐也,女以予为多学而识之者欤?"对曰:"然,非欤?"曰:
> "非也,予一以贯之。"(《论语·卫灵公》)

孔子在几个场合都提到过为他的哲学反思提供一致性和意义的方法论。《论语》中有段话,谈到了孔子最亲近的学生之一曾子给这种方法论所下的定义:

> 子曰:"参乎! 吾道一以贯之。"曾子曰:"唯。"子出,门人问曰:
> "何谓也?"曾子曰:"夫子之道,忠恕而已矣。"(《论语·里仁》)

"忠"和"恕"是指什么呢?

对"忠"字的流行解释是"忠诚"。刘殿爵纠正了这种看法,认为"忠"字最初的意思是"尽力而为":

> 翻译者在处理早期经典时也把"忠"译成"忠诚"。他们犯了一个错误,就是没有认识到随着时间的推移,这个词的意思改变了……"忠"是尽一个人的能力做好一件事,一个人通过"忠"而实践由他用"恕"的方法找出的东西。①

刘的这种解释是根据《说文》。《说文》将"忠"解释为"敬"。以后,《说文》的解释者又进一步说明了这个字:"尽己曰忠,忠为有诚。""忠"就是"尽力而为"的意思。把刘的解释再推进一步,"忠"的定义中的"己",就是指一个人独有的特殊性。这样,"忠"就是指"把尽力而为作为真正的自我"。

而要理解"恕"的含义就比较困难了。这个字的译法很多,各种译法的意思相差也很远。如说它是"利他"(陈荣捷),"互惠"(杜维明),"体谅"(魏莱),"己所不欲,勿施于人"(芬格莱特),"以己度人"(刘殿爵)。但有一点是共同的,即认为孔子把"恕"看做是他的"方法论"和他的思想"主线"。

实际上,孔子也是以上面的概念来定义"恕"的:"子贡问曰:'有一言可以终身行之者乎?'子曰:'其恕乎! 己所不欲,勿施于人。'"(《论语·卫灵公》)"己所不欲,勿施于人"这句话曾在《论语》中反复出现(参见《论语·公冶长》、《论语·颜渊》),《中庸》和《大学》也以不同的形式有所表达,尤其是《中庸》把"恕"的方法描述为在自我和他人之间引出相类似的

---

① 刘殿爵:《孔子的〈论语〉》,第8—9页。

东西,这就很好地表述了孔子"恕"的概念:

> 子曰:"道不远人。人之为道而远人,不可以为道。《诗》云:'伐
> 柯伐柯,其则不远。'执柯以伐柯,睨而视之,犹以为远。故君子以人
> 治人,改而止。忠恕违道不远,施诸己而不愿,亦勿施于人。(《中
> 庸》第十三章)

这话道出了孔子哲学中几个中心的观念。开头说的是人之道:人的秩序
或模式出自不远处,即出自特殊的、具体的人。《诗经》里一段话和《中
庸》对它的评解讲的是相同的道理。虽然形式是固定的,但在形式和由
以生产的产品之间总有显著的差异。新的斧柄(柯)和旧的斧柄的形式
不同,但旧的斧柄实际上也积极参与了规定新斧柄之形式的活动。同
样,在人类世界中,人常常把秩序带给其他人。上面这段话里最说明问
题的一句话是"改而止",就是说,正如做出的新斧柄总是和旧斧柄相似
但亦有明显的差异一样,人在改造他人时,目的在于"和",而不是"同"。
把已存的形式和新造的物品这个比拟用于对人的改造,正用得上"忠"和
"恕"这两个概念。

更重要的是,《中庸》的这段话揭示了一个人在和其他人交往中的适
当关系。在古代经典中,"仁"常常用来定义"恕",《说文》就是一个例证。
在第二章中,我们已指出过,"仁"字由"人"、"二"两部分组成。这表明,
取得"仁"的人是关系中的人。"仁"和"恕"之间的关系有助于我们理解
这种关系的性质。"仁"非指两个完全相同者之间的关系,而是指不同的
人之间的和谐关系。这种关系既允许"同",又允许"异";既是清晰的并
又是模糊的;既有超群卓绝的一方,又有顶礼膜拜的一方。"恕"要求施
与的一方卓绝超群,受惠的一方敬仰顺从,要求或者表现出自己的杰出
(从而受到尊敬),或者敬重他人。另外,"恕"总是反求于自身的,包含了
"忠"的成分,即"把尽力而为作为真正的自我"。

当孔子在《论语》中定义"仁"时,就使"恕"的从个人出发的性质以及

人际关系性质一清二楚了：

> 夫仁者，己欲立而立人，己欲达而达人。能近取譬，可谓仁之方
> 也已。（《论语·雍也》）

赫伯特·芬格莱特在对这段话加以研讨时，不同意康德主义者对"恕"的
解释。他认为，问题不在于"相关的同样环境"，而在于很难找到一个普
遍的准则；也就是说，在运用必然性的范畴时，道德立法者必须建立能概
括一切情况的准则。他提出了和我们相似的解释，认为"恕"和孔子讲的
"譬"的作用是一样的：

> 这里关键的一个字是"譬"，《论语》中经常用到这个字，虽然在
> 英语词典里这个字常解释为"比喻"。我在这里必须提请大家注意
> 它在《论语》中的特殊用法：第一，《论语》中的"譬"字总是带有"比
> 喻"的意思；第二，比喻不是对抽象的特征进行比喻，而总是对形象、
> 人、情况或者活动进行比喻。因此，《论语》中的"譬"是典型的比
> 喻……取"譬"是孔子教学方法的特点……它和抽象的分析，理论构
> 筑、概括的方法形成鲜明的对照。这样，"恕"是特种的"譬"。从自
> 己和他人之间找出类似的东西，根据这种类似的东西，想象自己想
> 怎样被别人对待，就也这样来对待别人，这就是"恕"。[1]

对"恕"的字源学研究，支持了芬格莱特用"譬"来定义恕的做法。
"恕"由"如"和"心"组成，"如"是"象"的意思，但还有两个问题需要解决。
第一，如果"恕"是传统的《论语》评论者所认为的"推己及物"、"以己度
人"，那么，一个人自己的判断就好像是（正如芬格莱特所认为的那样）
"恕"的出发点。如果确乎如此，"恕"就成为单向的了，一个人就会把自
己的成就以及自己的超常之处作为待人的标准。在这种情况下，就很难
理解"敬"是怎样产生的，"恕"怎样被理解为"敬"。第二个问题是：为什

---

[1] 赫伯特·芬格莱特：《随着〈论语〉的"一贯之道"》，载《美国宗教学院杂志》，1979 年。

么"恕"的"己所不欲,勿施于人"的定义不是用肯定语而是用否定语?

通过研究《孟子》中唯一出现"恕"的地方,我们可以对上述第一个问题作出回答:

> 孟子曰:"万物皆备于我矣。反身而诚,乐莫大焉。强恕而行,求仁莫近焉。"(《孟子·尽心上》)

这段话有几点值得注意。第一,自我是由一个人和万物的关系来决定的,为此,"万物皆备于我。"在实践"恕"的时候,一个人必须由他人返回到自我,才能说明自我。说"反身而诚,乐莫大焉",就是说一个人必须自知,然后才能"诚"。"义"是从"诚"开始的,在"诚"的基础上再建立起与环境的和谐。这是"乐"之根源,因为"乐"就是协调各特殊的构成成分。

一个人只有在从他人返回到自我并说明了自我以后,才能向相反的方向运动,推己及人,决定什么是适当的。孔子的"克己复礼为仁"(《论语·颜渊》)这句话也说明了这一点。"克己"是向内的运动,是根据他人来说明自我,而"复礼"则是自我向外推及到他人。这样,由于"恕"是双向的,它就可以被定义为相互的,可以被描述为出类拔萃和敬从。它不是简单地把自己作为供人学习的模式,而首先是以他人来说明自我,然后在同他人的交往中展现自己的卓越性或者敬从他人的卓越性。"恕"既是"敬",又是对"敬"的要求。"恕"的这种意思就为具体的"譬"的概念奠定了基础。

为什么人们总是用否定的方式表达"恕"呢?这是因为,作为"譬"的"恕"既是连续的,又是新创的;"恕"像"礼"那样注意连续性。就一个人可以对该做什么作出积极的选择而言,他必须"施礼"。但"礼"不能包含一切有意义的活动。由于施礼必然是个人的,所以它必然在某种程度上要创新。又由于一个人不可能完全知道其他人做什么,所以"恕"要容纳创新,就只能否定地加以表达。

对创新的唯一限制是个人本身活动的限制,即个人发现了和他自己不一致的东西。

例如,声乐教师对一位歌手的责任是什么呢?就是使歌手的歌喉合乎规范,同时也要为他留下创新的余地。声乐教师对歌手的创新有什么限制呢?他只有在检查了自己的经验,并用这些经验分析歌手的独特风格之后,才能知道向什么方向发展是无益的。于是,他就应用"否定的"概念来训练歌手,从而为创新留有余地。

当我们用"敬"和受人"敬"的概念来理解"恕"时,实际上已作了一个影响深远的断言。因为,如果孔子确实认为"恕"是一贯之道,是他的思想主线,如果可以用"敬"的关系来理解"恕",那么,"敬"的概念就一定可以按照不同的方式作为解释孔子哲学的中介。我们讨论作为"敬"的"恕"的一个最重要的意义就是:一定要用"恕"的概念理解思想活动本身。

五、敬

在西方传统中,混沌(chaotic)支配着宇宙起源论的神话和思辨;而从宗教到哲学再到科学的转变,则是用神话到逻各斯的转变来解释的。由于科学思维在此前四五个世纪中占了统治地位,人们已忘记了,在神话的逻各斯存在以前,必定有某种混沌的神话(a mythos of chaos);而在科学思维能够将神话理性化以前,神话必须给混沌以解释。按照这样的观点,在历史开始的原始混沌中,理性必定两次离开了个人和社会的经验。当原则从它们的神话基础上分离出来,并作为理性和实践的基础时,人们就发现了神话的逻各斯。由此,理性所把握的就不是原始的混沌或组织这种混沌的神话,而是从这些神话中抽取出来的原则;人们用反思、思辨和理性构造代替了神话和宗教仪式。

古代中国人相对缺乏对宇宙起源的沉思。这产生了一个后果:神话—诗歌语言无法作为描述语言的范型。不过,中国的诗歌和民俗等并不是没有意象的。中国的意象主要不是解释神话,倒与它的文化背景有密切的联系。这也意味着,西方传统中从神话到逻各斯的运动在中国并没有发生。中国的意象所起的是激发的作用,而不是解释的功能,所以,它没有通过从神话到科学理性的转变而被理性化。结果是,中国文化中意象和概念思维的相互作用成了科学发展的障碍。另一方面,这一相互作用又有助于其美学传统的丰富。

《论语》中的意象和比喻是和较为推理性的概念因素一起出现的。这样的语言实际上就是古代中国人的表述方式,而不单是这种表述方式的基础或富于意象性的典范。比喻和概念相互交织,并没有一种等级秩序的关系。在这种交互作用中,比喻产生了意义。由神话到逻各斯的某种必然转变曾经作为前提而限定了哲学话语,而与之形成对照的是,必须把神话—诗歌语言既视为哲学话语的基础,又视作其目的。就是说,描述语言或者产生于由神话向逻各斯的转化中,或者产生于逻各斯以外的神话之影响。

就语言交流而言,西方的思辨传统以两种不同的方式使用语言。第一,理性化的语言,某些解构主义者特别是雅克·德里达将其称为"呈现的语言"①;第二,存在于逻各斯以外的神话的或神学诗歌意义的语言,我们可以把它称做"缺场的语言"(language of absence)。普遍性的科学传统使用前一种语言,而一般的本体论使用后一种语言。就像我们在讨论孔子的宇宙论时所提出的那样,同逻各斯—神话关系相关的语言习惯背景与孔子思想的特点无干,同呈现语言有关的理性—文字语言以及同缺场语言有关的神话—口头语言都不能说明孔子所用的语言,孔子的语言是一种"差异的语言"(a language of difference)。

我们所说的"差异的语言"也就是费迪南·索绪尔(Ferdinand Saussure)著作中所论述的那种语言。② 索绪尔的主要论点是:语言是一

---

① 雅克·德里达:《写作与差异》,第4章,芝加哥大学出版社,1978年版。
② 费迪南·索绪尔:《一般语言学教程》,伦敦:彼得·欧文出版社,1960年版。

种符号系统;符号的声音有它的起源;符号是人指定的,它通过语言学系统中符号之间的差异而起作用;符号是随意的,约定的。

这些论点产生了一些有趣的结果。与我们的研究关系较大的是:首先,意义不是参照的功能,而是由于指出一个系统中符号的差异而产生的。第二,符号并不是确定不移的,它仅仅由于这些差异而存在。第三,从以上两点引出,语言并不描述对象或观念,而只是通过含蓄地体现语言学系统中的差异来构造意义。与我们对孔子语言的讨论最有关系的是:不能把参照看做是语言之最重要的功能。

如果我们对德里达的观点加以引申,就可以更容易地证明这种语言和孔子思想的关系。[①] 这就要讨论德里达的"差异"(diff'erance)概念,"diff'erance"("ance"代替了"ence"——"差异"的词尾)是说明接受作为差异之演示的语言(language as a play of differences)所产生的结果。"diff'erance"表明差异有主动和被动两方面的意思。作为许可言语(permitting speech)的语言学系统,符号之间的差异是"被动的",因而只具有即时构成系统的功能。而作为由言语行为(speech acts)构成的语言系统以及具体的言语行为本身,差异则是主动的。存在于第一层语言含义和第二层语言含义之间的那种类乎鸡与蛋的关系,构成了"差异"的最初始意义。不过,在结构和行为或事件间的那种悬而未决的抉择,却意味着意义永远被延宕下去。在被延宕之中,意义既不呈现在结构的语言(当结构是中心的时候)中,也不呈现在事件的语言(当言语行为是中心的时候)中。

我们想补充说明一点:前边译为"差异"的"diff'erance"既有"延宕"的意思,也有作为其同音异义词(defer)的"退让"、"敬从"(defer)的意思。我们用它们可以解释孔子是如何使用语言的。

古汉语是一个差异的系统。差异既有突出、卓著的意思,也与"延

---

① 雅克·德里达:《哲学的边缘》,芝加哥大学出版社 1983 年版。

宕"的概念有关,还有"敬从"的含义。这样,一个给定的符号的意义就要由其主动的及被动的差异来决定,而且意义从不全部呈现,而是"姗姗来迟"。这是因为,意义不是通过参照而是通过"退让"来确立的。正像差异既有主动的又有被动的意思一样,退让是一个人"敬从"意义的表现,它既有"延宕"的意思,又有"依从"的意思。

正是退让意义上的"敬从"概念,使人们把语言,特别是与孔子思想有关的语言解释为一种差异之演示(a play of difference)。要理解孔子关于使用语言的非常复杂的分析,就必须使用一种思辨模式。这种模式在我们讨论孔子思想的宇宙论特点时已经勾勒过了。我们已经说过,儒学既不是一般的本体论,也不是普遍性的科学,而是情境主义。它使用的是一种特殊的、具体的语言,与基于参照对象的抽象概括的语言截然不同。

呈现的语言和缺场的语言都是参照的;前一种语言通过命名而呈现想知道的对象,一般应用抽象名词把已知的事物如"壶""菊花""哨子"等表达出来。特别的参指就要用代名词了,如"这个壶""这朵菊花""他的哨子"。专有名词,如"亨利四世""莫里斯""特蕾莎"等是表示特殊的。但是,在多数参指的情境中,这些词实际上都是描述的,或者需要进一步描述。进一步的描述就需要使用与类词和类概念相联系的抽象概括语言。

古汉语中类名词和专有名词的关系是:专有名词既是直指的,也是描述的,但只有后一种方式才跟哲学有关。命名的参指作用并不像描述作用那样重要,故而本体论的参指并不用来规范命名的活动,也就是说,不存在严格意义上的对象语言(object language)。在这种意义上的语言是非参指的,因为如果我们懂得严格语言学意义上的"参指"的意思是"指称"或"代表",那么一个概念所代表的就是一类特殊事物。由于古汉语相对缺少抽象名词,这就妨碍了语言的指称或参指功能(表面看来是这样),以致要用类名词来表示单个对象。例如,"勇"这个概念指的是古往今来一切勇敢的活动,这个字的严格内涵是其定义所包含的一切特点。语言学表达的参指性似乎依赖形式上可定义的概念的存在,这种概念把一个物体当做这类物体中的一员。在一种并非严格依赖抽象名词的语言中,既不存在内涵的定义,也不存在指称的定义。

"呈现的语言"的目的,在于呈现或者再现否则便会不在场的主体,而缺场的语言则通过间接的方式,讲出不可呈现之主体的缺席。在两种情况下,除了参指活动本身以外,都有一种参指的东西——真实的或者假定存在的东西。与之形成对照的是,差异的语言则是反身的(reflexive),即自我参指的。我们一直认为,孔子的语言是"敬的语言",这种语言的意义产生于具体交流活动中相互的反应,并通过这种反应而展现出来。语言是传统的载体,传统又是一切语言行为的背景。使用语言的人依靠现在的习惯以及在过去传统中体现出的意义,而在他本人、他的交流对象以及公认的模范之间,建立起一种相互敬重的关系。

把语言理解为既是"敬"的,又是自我参指的,这会导致反对别人的批评。专制的政治体系常常堵塞言路。在独裁政权中,单义的概念被降低为意象和口号,语言被功能化了。在这种情况下,名字成了由规定政治结构的政府系统事先确定的工具。各种语言都有抽象名词和概念,它们在意义上均超出了各自处于其间的命题。而另一方面,操作主义则把名词的意义跟它们的表达以及(或者)由容纳这些名词的语句所描述出来的活动或功能视为同一种东西。

这里可以非常清楚地看到传统对孔子的重要性。要避免语言的缺乏超越意味的独断而专制的含义,就一定要有一种意义库,它能够容纳超出陈述中的概念或意向载体之外的含义。在孔子思想中,只要以往传统的意义和模范的"义"未由集权的政治或政府力量随心所欲地"圈定",对传统的意义和模范的"义"的敬从就始终能维持下来。

"敬"的语言也就是"恕"的语言,"敬"和被人"敬"包括比较和比喻。承认传统中的或人际关系中的精华,就使人们依从这种精华。通过恰当的交流,这种精华就可以成为他人依从的典范。这种依从从"听"开始。孔子首先"听"传统的精华并"听"现存的习惯。通过这种"敬"的活动,他协调自己,遂使自己成为他人敬从的对象。在使自己和传统一致的过程中,他引导传统,改造传统,成为传统的中心,达到"成"。孔子就是以这种方式成为圣人的。

"敬"的语言既依靠传统的连续性,又以新的方式占有过去,使过去同现在的特殊环境相联系。作为"敬"的"恕"必须在个人、活动或环境中找到一种"同"(相同性),并依靠这种"同"产生个人的、人际的和社会的"和"。但是,这种相同性总是把新奇和差异作为自己的成分。正如我们讨论音乐这种交流模式时所讲的,"和"就是把相同性作为即席演奏的基础。社会和谐和音乐和谐一样,是"同"与"异"的平衡的复合体。

由此可见,"恕"的语言是比喻的。但是,如果不明确地指出这种比喻——"譬"是什么意思,就会导致混乱。对"恕"、"敬"和"譬"之间的关系详加说明,将有助于我们对圣人活动的意义的了解。

第三节　孔子——交流的大师

一、隐喻的交流

我们已经论述过作为交流大师的圣人,以及作为艺术鉴赏家的圣人。圣人的这两个特点表现出交流在孔子的修养和人格发展中的地位。

当我们讨论几种交流的表现样式——"礼"、语言和"乐"的时候,一直想详细说明怎样使用比喻。比喻常常用于尊重以往个人的和文化的成就,以及现在的创新。它既揭示过去和现在之间的"同"和连续性,也揭示出它们的"异"和间断性。当前环境下的"礼"以同样的可比方式形成比喻,把过去的传统带进现时,同时也建立了一种形式的框架,以记录个人的独特性。这样的比喻是随处可见的。人们不断地引用历史人物和历史事件,把它们作为具体的、合理的、合乎道德的行为的例证,作为说明现时经验的根据。从广义上说，不诉诸绝对原则和客观原则的实在的超越性观点，就必定要用具体的模范而不是规范来唤起人们适宜的行为。在任何情况下，有意义的关系的确立和修养都是通过比喻来达到的。

孔子认为，各种层次的修养都是以多种交流中介来达到的。因此，譬喻的交流乃是孔子教育的主要方法。圣人关心的不只是继承传达过去的文化成就，而是如何使现时更合乎"教化"。他们选择过去最佳的文化因素，并把它们传播开来，通过譬喻来创造更美好的现时。作为"敬"的"恕"，正是一种特殊的譬喻活动。

交流有两个根本目的。第一，说出某事物是什么或不是什么。第二，建议、比喻、暗示或者提及。第一种是表达的活动，第二种则是暗指。① 参指的语言具有文字的基础，可以表达呈现或者缺场。在参指的语言中，概念优于意象，无法精确地说出某物是什么或不是什么，这被认为是这种语言的不足之处。暗指的语言由于不使用传统意义上的参指，因而就没有文字的基础。这种语言的功能主要是激发。比喻和意象是交流的主要工具，但并不是从代替文字概念的意义上说的。

以上两种语言的对立就是逻辑秩序和美学秩序的对立。逻辑秩序只能用一种语言，这种语言命名描述对象、概念、词，以及它们的类型和关系；被看做真实的或者约定的一般概念是这种语言的基础。而以美学秩序为特点的语言并不是建立在一般类型或表达为名词的逻辑形式之上的。

暗指的语言是隐喻的，但暗指的隐喻同文字的表达并不矛盾；它们构成了语词表达的独立中介。文字表达的隐喻是"表达的"隐喻，而暗指的隐喻是用语言"暗示"、"提醒"或者"提示"各种特殊。暗指语言的"提醒"是为交流服务的，它唤起交流者的特定情感，这种情感构成了此种语

---

① 郝大维：《错误和妒嫉》，第 180—182 页，纽约州立大学出版社，1982 年版。

言的"参指对象"。

暗指语言是间接的。这是因为,表达语言允许通过与抽象名词相联系的概括这个中介来传达意思,而暗指却"参指"特殊对象,对这种对象难以概括或分类。在暗指语言中,一般陈述不能为真,其概括不能用于特殊。一般的关系陈述式的自然律、普遍的道德原则等都是表达语言的功能,表达语言是支持"呈现语言"和"缺场语言"的。暗指语言实际上是寓言的语言、讲故事的语言,其"参指"的不是世间的事物,而是由事物所引发的感情。它的"真"是在交流者中实现的。"让有耳朵的人自己去听。"正是唤起作用和内心领会保障了"真",或更恰当地说,保障了陈述的效用。

二、和谐的思维

古汉语不像大多数西方语言那样建立在命题上,名词功能的支配地位排除了那些具有主谓句式的有限制的意义陈述。中国古代哲学家之所以都关心"正名",原因正在于此。

令人惊异的是,古汉语不靠句子和命题来表达语义,因为所有的汉字都是名词、复合名词,而短语和句子也都是一连串名词。[1] 这种情况使人们能理解早期中国人缺少对"真"、"假"这类问题的兴趣。名词可以是适当的或不适当的,而只有命题才能在严格的意义上说是真的还是假的。只要明了古汉语是一种"实用的"语言,就能知道这种情况对我们眼下讨论的重要性:

> 在那些由西方的精神哲学去处理输入、运算和储存内容(资料、信息)的地方,中国的哲学家们却把"心"描绘成这样一种东西:它在指导行动时构成了体现差别的种种意向态度。[2]

---

[1][2] 陈汉生:《中国语言、中国哲学和"真理"》。

古汉语中的一个字就是一个名词。如果认为某个名词是贴切的，就要去实践它。语言是意向的，"正名"就是正意向。客观的或逻辑的参指并不能决定命题的语义。语言的思维活动是意向活动；它包含作出区别的意向，以便产生适当的"名"，并根据这些"名"的意向行事。

古汉语是实用的。这一点，就连西方传统中最严格意义上的实用主义者也会表示赞同。正如陈汉生所指出的，西方的实用主义一直不得不逆流而上，以反对有关命题是语义之主要载体的传统观点：

> 西方哲学……具有某种把信仰看做是"行动之习惯"的现代实用主义传统。批评实用主义的人认为，实用主义未能精确地作出分析，因为它不能获得信仰的"内容"，那信仰的成分主要出现在推理中——特别是条件推理中。①

中国古代哲学家并不依赖推理或类推理的陈述，因为他们不强调命题。因而，中国的实用主义理论不会由于被认为不能表达"内容"而受到威胁。耐人寻味的是，中国人更有力地捍卫了美国实用主义的口号："知就是行。"

不待言，西方思想的传统认为，"知"和"行"不仅是分离的，而且两者是区别于"感觉"的。"心"必须具有综合"知"、"行"和"感觉"的功能。因此讲出一个"观念"（有内容的名词），也就是讲出一个"意向于行的名"。

那么，名词命名什么呢？从一种重要的意义上讲，它们并不命名对象，甚至不命名事件或行动，并不把对象、事件或行动看做是原因或结果。它们命名"意向"，但并不能由此得出结论，认为名词参指意向，从而认为参指物是独立于名词的。"名"的最精确的意思是"意向行动"；具有内容的"名"，就是意向。

孔子自称"六十而耳顺"，其意思是他能够通过语言和音乐把握意

---

① 陈汉生：《中国语言、中国哲学和"真理"》。

向。传说孔子对音乐中的意义十分敏感：

> 故曰乐听其音，则知其俗。见其俗，则知其化。孔子学鼓琴于师襄，而喻文王之志，见微以知明矣。（《淮南子·主术训》）

圣人首先"听"，然后说或者和着唱。对一个缺乏"听的耳朵"的人来说，"听"几乎没有价值。只有掌握了交流的模式——语音、礼仪和音乐，才能"耳顺"。

用"顺"这个词表示语言和音乐的类似，是很恰当的。人们长期以来一直对汉语的"音乐"性交口称赞。汉语音调的此种特点，使音乐和话语之间的相互作用比非音调语言中的类似作用更直接、更丰富。

在汉语中名词占了支配地位，而在中国音乐中，音调则是最重要的。在通常认为是孔子写的《诗经》的"大序"中有一段话：

> 诗者，志之所之也。在心为志，发言为诗。情动于中，而形于言。言之不足，故嗟叹之。嗟叹之不足，故永歌之。永歌之不足，不知手之舞之足之蹈之也。情发于声，声成文谓之音。①

这种对词汇和音调之起源的说明显示，语言和音乐的句法并没有得到人们想象中的强调；而"名词"和音调的支配地位则表明，交流的基础是交流活动中交流个体的特殊性。"和"产生于名词和音调的特殊性，以及它们之间相互的"敬"的关系的特殊性。

无疑，本书讨论的美学秩序的概念必然导致强调名词和音调的特殊性。另外，如果汉语和音乐是类似的，如果汉语具有非命题性，那么，人们可以推知，在作曲和演奏中，中国音乐的句法就不像西方音乐的句法那样重要，因为西方音乐一直强调逻辑地和理性地理解秩序，高度地重视旋律。例如，中国音乐中铃和鼓这类打击乐器占有重要的地位，而在西方音乐中，打击乐器只是作为加强别的乐器效果的手段而已。

---

① 里格：《中国经典》，第34—35页。香港：伦敦传教协会编（1861—1873年）。

特定的交流活动要求"正名"和正音,而"正名"和正音又要求一个人耳"顺"。孔子在《论语》中讲的这种形式的交流包括了既是原因又是结果的协调活动。孔子既是一位交流的大师,也是一位最优秀的思想家。思想和交流不是分离的活动,因为交流的模式——语言、礼仪和音乐——事实上就是思维本身的模式。这种模式的可操作性保证了思维和交流活动是相互包含的。

交流和思想的暗指的、"敬"的特点,在孔子作为一名教师而出现时得到了最好的解释。孔子作为教师的关键是他应用了特殊的类比方法,这种方法主要是暗指的比喻。

暗指比喻的目的是,在模范关系中的两极间建立共鸣。模范唤起活动,而这种活动又受模范的环境所制约。两把音叉相互共鸣的理想状态,不能算是模范活动的基本范例。仿效的目的在于"和",而并非仅仅得到共鸣。仿效活动并非严格地吻合自然,因为后者只是一种理性的解释。一个人应努力根据模范来调整自己的行为,以便同模范一致。模范的教育功能不是通过仿效而是通过启发来实现的。

仿效和启发之间的区别导源于英语中"教育"这个词的意义。"教育"这个词的拉丁语词根是"educere"和"educare"。前一个词的意思是"引向前"、"引出",后一个词的意思是培养、培育适宜的习惯和价值。西方对教育的理解主要取后一种意思,这实际上与理性的秩序有关。而前一种意思则同美学的秩序有联系,还包括在教学关系中展现新的和谐。

启发的教育不仅仅是从各个个体中引出已经存在于教师身上的相同的情感和观念,而且意味着从受教育的个人身上引发出新的反应。人们可能记得,苏格拉底的方法无论从强的意义上说还是从弱的意义上说,使用的都是启发的方法。从较弱的意义的启发就是指激发学生明白老师已授的知识。在《美诺篇》中,苏格拉底把自己的数学知识教给一个奴隶的孩子,他是用提问和回答的方法使奴隶的孩子"回想起来"。而当苏格拉底和美诺提出两个人都没有回答"德行可以教授吗"这个问题时,就形成了一个共同研究的状况。这就是较强意义上的启发,它是操作性的。对话能使双方相互启发,以增进对复杂问题的了解。

但是,即使较强意义上的启发也不适合用于孔子。在一些和教授"礼"有关的基本问题上,孔子使用了类似第一种意义上的启发。但是,当孔子使用第二种意义上的启发时,程度要比苏格拉底的方法强烈得多。柏拉图的哲学设立了先存的真理,人们通过辩证的方法可以找到它。而孔子并不这样认为。圣王的"义"不是根据先存的标准行事,"义"本身是创造性活动,它为适宜的活动建立了模式。孔子既要求他的学生尊重传统,又要求他们发挥独创性。孔子强调的也是一种共同的行动,但并无特定的超越性观念或理念,没有把它当做探究的对象。

让我们对孔子的教学方法作进一步的研究。在《论语》中,孔子的大部分话都是讲给别人听的。他既强调听众的独创性,又往往强调对传统和习惯的尊重,如对"义"及表现"义"的"乐"和"诗"的尊重,等等。

没有理由认为,孔子心中有他希望教授的东西。无论孔子是多么尊重传统,他总是要求学生在对待传统方面必须发挥自己的独创性,而对传统的继承则依靠对周围新环境的认识。孔子的目的不像柏拉图哲学那样,是在教学中发现往后可以应用于各种不同情况的原则,而是对包含了"义"的传统加以丰富。这两种形式的教育的根本差异,在于呈现还是空缺理性方面的考虑。

孔子认为,交流活动多少有点是更为直接的和即时的,这至少关系到了榜样之传播和原则之交流之间的对比。原则的交流需要用分析的或者辩证的方法来下定义。一旦定义了,单个概念或者一组概念就能组成命题,就可以把命题作为思想和行动的指导。例如,"说谎是不对的",这个原则不仅要求对"对或不对"的意思作合理而明确的说明,而且要求对"说谎"下定义,以便使人们懂得这个命题的适用范围。在任何情况下,一个人都必须问自己"如果……的话,我是否应该说谎呢"这样的问题,以考虑自己的行动是对还是错。同样,如果一个人碰到必须说谎的情况,那么,他就肯定会在一系列可能选择的谎话中挑选一条谎言,这条谎言包括较少的道德错误。

同以上的方法比较,孔子的交流形式较为直接。像耶稣和佛陀一样,孔子也使用了"有耳朵听的人让他听"的交流模式。他通过指出在和现在的相似的环境下传统人物怎样行事,建立了类同的模式。定义概念和构造或发现原则的想法完全是不存在的,只存在着通过暗指的参指找出相似性的努力。

孔子教育的基本方法同那种较高意义上的启发方式有关。他对传统的尊敬所产生的结果是:在交流活动中,他力图通过"敬"来重现某些过去或现在的优秀的东西。这种主观不求助于教条式的学说,而是依靠经验的原初的来源,即行动和表达感情的音调。

语言、"礼"和音乐之间的联系正是通过各种交流形式所具有的启发特点来实现的。交流模式并不是疏导感情的形式,而是通过协调直接产生感情以及各种感情间关系的操作活动。思维是通过这些交流模式来实现的。去思维就是去交流,去交流就是去思维。

结语 从孔子看中西文化的融合

第一节 孔子在中国文化中的命运

在本书中，我们从孔子 15 岁登上文化舞台、立志于学习传统开始，一直谈到孔子 70 岁时完善了自己的人格、从心所欲不逾矩。我们从抽象的作为中国文化之经络的具有美学秩序特点的"特殊设定"开始，一直到对孔子作出全面的评价。这里，孔子已经不是一个遥远的偶像，而是一个有血有肉的、具体的圣人。他的和谐的人格是中国文化的象征。

孔子是一个历史人物。由于他所取得的成就，而成为绵延数千年的中国传统中的普遍人格。孔子最初是一位杂家。他通过编纂文化典籍，创造性地建立被赋予意义的"礼"，确立了中国传统的"主体"。从此，先是他的少量学生将其精神发扬光大，以后在漫长的岁月里，不计其数的注经家又补充了他的具有普遍性的人格。在孔子身上，我们可以看到，圣人怎样从单个的历史人物成为了真正代表文化的普遍人格。

尽管孔子自称"述而不作"（《论语·述而》），但在他的"述"里，包含着个人的创造性。孔子在教育活动以及生活中，致力于为其文化环境确立秩序及和谐。这是他的最实际的抱负。孔子曾为自己仕途的失败而感到沮丧。他抱怨道："吾岂匏瓜也哉？焉能系而不食。"（《论语·阳货》）为了把和平带给相互残杀的世界，他在老耄之年花了 13 年时间周游列国。和他对音乐的爱好一致，孔子自比木铎，预言他的声音将使天下归于道。（见《论语·八佾》）

在前面的讨论中，我们一直把孔子的哲学看做是一种观念的精致复合体。一旦按照孔子的历史本来面目加以说明，就有助于丰富我们的传统。我们相信，本书展现的孔子，已经不是大部分西方人迄今认为的迂腐的道德家，而是一个缔造传统的人。他的思想对于一种一直关切道德问题的传统来说，提供了可供选择的哲学模式。在努力揭示孔子思想的精髓时，我们在哲学上举出了认真对待它的理由。正因为我们渴望从孔子哲学中找出某些可用来为解决现代西方所关心的问题提供启发的东西，我们就必须同时指出孔子的局限，以给他一幅鲜明的图像。

简单地讲，孔子哲学在历史上的失败是"自食其果"。这也是对其哲学价值的一种严厉批评。所谓"自食其果"，就是说，实践孔子哲学的人无视理论的内在性要求，从而使之失去了根基。

鉴此，我们必须对中国传统文化进行批判的检验，它深深地打上了孔子思想的烙印。

孔子哲学的严重的失败是由于人们把他的思想凝固化了，从而不可避免地产生了地方主义和地方观念。从孔子对传统的推崇中，我们找到了"唐人街现象"的主要原因。"唐人街现象"是一种地方观念的产物，它源于孔子的思想结构，阻碍了不同文化之间的交流。这种地方观念的起因在于，人类秩序的一切方面都是从个人所参与特殊环境中产生的。它的含义是多方面的：有等级的爱和责任、强烈的家族观念、即使移民后的几代仍然保持对家乡的认同观念、从"华侨"这个概念体现出来的对自己作为"中国人"的文化认同，等等。在这些条件下，正统的对于自己所处社会环境中最直接事物的关心，与非正统的对于个人利益的追求之间的冲突就产生了。中国传统文化一直为某些观念的滥用所困扰，例如难以把"平天下"从"齐家"开始与裙带关系、把"忠"与特权、把"敬"与高人一等、适当的受礼与贪污区分开来。

长城是这种"唐人街现象"的表征。长城是由战国时期无数的小长城合成的建筑,是为了统一的秦王朝的巩固,至今它仍是统一联合的纪念碑。多少世纪以来,它不断地重建,这同交流的扩大与缩小相对应。它围起来的那个社会中的差异是如此之大,正像欧洲包含各国一样。即使如此,在历史上,长城一直用来划定由不同成分组成的中国社会。

到了近代,由于西方的入侵、军事征服和传教士活动,才打破了中国多少世纪以来闭关锁国的状况。

当然,要正确地理解孔子的观点,就应使现行的文化规范对新环境保持开放。这些规范应该是可变的、能作出反应的。至少在理论上,这些规范的作用会由于差异程度的增加而递增。然而,这正是孔子传统的又一失败之处。历史上的儒家逐渐地僵化为一种意识形态,使对传统的适度尊敬与文化教条主义之间的界线变得模糊不清。儒家不仅要人承认传统的权威,而且要人对传统表示绝对的敬从。

我们已描述了孔子所代表的文化和社会,这种文化和社会是不同的敬从类型的相互融合体。但是,当我们看到了这种美学秩序的引人之处时,还必须充分认识它固有的不足。孔子十分厌恶伪善的人,即言行不一致的人。这是十分正确的。当"义"和价值的最终仲裁者是优秀的人而不是抽象的原则时,最基本的问题就不是判断是否符合现存的标准或者是否同一套确定的标准相一致,而是使自己成为出类拔萃的优秀者。这种优秀不能仅仅从书面意义上来理解,而是指一种只能在譬喻的基础上才能评价的真理。最后,优秀必须是自明的,它通过表现自己的内在价值而赢得人们的仿效。这包括既使自己优秀,又使其他人也优秀。

这样定义的优越性是权利和义务的唯一适当基础。如果这样的话,就随时可能出现伪善者,而许多事情之对与不对的界限是很难划定的。当修养的优越性的必要条件是社会和政治地位时,很容易把这种地位看成是高人一等的保证。

正如我们所说过的,优秀是一种文化判断。孔子哲学的必然前提是通过教育而建立一种适应社会的文化形式。民众如果缺乏获得文化传统的途径,就会是混混沌沌的群氓,其人格就不可能发展。今天,中国有四分之一人口仍是文盲。而在本世纪的革命前,至少有四分之三的人是文盲。在一个推崇教育的社会里,这是一种令人不安的情况,也是对孔子注重教育的极大讽刺。教育事业的困境一方面在于它受到经济发展、先进的交流工具的限制;另一方面,是因为中国缺乏对产生技术所必不可少的理性怀疑主义。所以,为使群众摆脱无知而必需的技术就很难产生。

对孔子在中国历史上的实际命运进行思考,人们可能会想起乔万尼·帕皮尼(Giovanni Pappini)说过的话。他在他的《基督的一生》一书中写道:"救世主们的唯一问题是他们必须拥有门徒。"这句话的真理性使救世主和孔子之类圣人处于悲凉的境地。如果注意到孔子自己的比喻,人们也许会说,中国人对待自己的大圣人就像一个挂在墙上的匏瓜,只看不吃。这样说未免过分了一些。但是,孔子的门徒的确没能像孔子那样毕其一生"自由控制"自己的心,很少能达到其宗师的水平。

孔子哲学的失败在很大程度上是创造性的失败。就像我们解释孔子时说过的,给定的东西是历史的文化,可变的东西则是后人在使文化传统成为自己的文化传统时能够创造的程度。《论语》所反映的孔子的哲学完全不是文化的教条,但当人们被动地领会它、不向它赋予自己的意义和价值、不把它人格化时,它就成了一种文化教条了。孔子的失败,也是那些对文化传统负有责任的人的失败。他们未能自由地支配自己的创造精神,未能很好地维持这些规范来反对统治者强加的专制主义。

从历史上看,创造性在两种主要条件下最为突出。当国家感到创造性和传统不发生冲突、不会威胁国家的文化稳定时,统治阶级就会赞成创造。像战国那样的时期,也会有创造性,因为那时形势动荡不安,以致没有任何文化的城墙来阻挡外来的影响。而外来影响渗入了本土,与本土文化相结合,又会使本土文化得到稳定。

当代中国似乎处于文化变化的转折点。最近,有一种"儒家第三期"的说法(主要是杜维明),认为第一期是指作为鲁人孔子在各国讲学,直到西汉,他的思想成了公认的官方意识形态。第二期是指孔子思想逐渐扩展到朝鲜和日本,到东南亚。而第三期是指儒家在西方哲学的进化中成为一个重要因素,发挥了内在的影响。重要的是,孔子思想的这几个阶段的扩展一直是双向的。一方面,它对当时的文化影响很大,另一方面,它本身也得到丰富和调整。

我们对孔子的分析,支持了杜维明的这个论点,不过只是有限的支持。一些人认为,西方思想对中国文化的影响一直是表面的。基督教就是一个例子:外国传教士经过很大的努力,才使基督教传进了中国,但它始终没能成为一种文化渗入。反过来也一样,西方人知道中国文化,但其了解是肤浅的、陈腐的。中国哲学就是一个明显例子:其复杂的思想被西方人贬低到如伴奏乐器一般平庸无奇。

但是,从文化上看,改变现在的状况还是很有可能的。《礼记》讲的"大同"这个词也许是汉朝人对孔子政治理想的描述。其实,将这个词改为"大和"更好。按照我们的理解,孔子认为,丰富多彩就是"和"。如果把孔子看做人类社会的共同财富,把孔子的哲学思想引进西方,就会产生丰富多彩的"和"。如果中国传统中孔子的失败是想象力的失败,那么,现代西方哲学中思辨的创造性精神也许会有助于使想象力充满生机。

第二节 中西文化融合的可能性

第三期儒家文化对中西文化的融合来说是十分重要的。不过,在并不存在一种内在的因素要求这两种文化结合发生,也不存在一个重大的恢复儒家的运动。

　　具有讽刺意义的是，中国人对于回到孔子那里去几乎不感兴趣，而西方人却孜孜以求。研究孔子的人像芬格莱特、杜维明和本文的作者，都是在美国大学受的教育，可在中国大陆和台湾，却没有人用孔子思想来研究西方哲学背景。那些倡导儒学的人对西方哲学似乎很少感兴趣，或者根本没有兴趣。他们往往把儒学看做保护中国文化免遭外国影响的堡垒。

　　本书的主要目的之一，是为孔子与一些西方古代及现代的思想家之间的比较研究提供基础。我们对比较哲学的兴趣不只是解释一下孔子的思想。在当今的哲学研究中，东西方的对话可以从两方面进行。

　　西方哲学有两种主要的倾向，一是"解构主义"（deconstructionist），另一是"重构主义"（reconstructionist）。这两种完全不同的研究道路一直面临着危机。有趣的是，在现代西方哲学的舞台上，虽然这两类哲学家相互之间老死不相往来，却都有研究中国文化的方式。这是因为，在现代西方，哲学活动已经有所改变，开始对历来作为西方哲学文化基础的根本设定提出了责难。这就是说，本书一开始就讨论的"特殊的设定"已不再像过去那样"特殊"了。解构主义者和重构主义者都开始对超越性的概念、二元论的概念、严格的历史解释的概念重新进行思考。

　　"解构"这个概念是德里达确立的。我们用这个概念指西方的某些有代表性的哲学家。德里达对黑格尔、尼采和海德格尔的西方形而上学传统进行了批判，指出了决定这种传统思维模式的自我参指的不一致性。德里达说，思维的基础是承认参指性，参指的语言、呈现的语言总想使参指的对象呈现出来。但是，语言只是一种中介，不能将对象呈现出来。如果真像德里达所说的那样，哲学的语言是呈现的语言，那么，就会同哲学的主要意图是使自己和被呈现的事物区别开来相矛盾，而运用这种语言的思维活动就永远不能实现它所要达到的参指目标。从一般意义上的对"世界"的思考是徒劳无益的，因为思维的意义和活动从来不是直接可以描绘的。当我们说出我们的思想的时候,我们总是超出了我们实际思想的时空范围。

这不禁使人想起人们在前苏格拉底时期之末对思辨哲学进行的辩证的和怀疑论的批判。巴门尼德说:"只有存在是存在的。"芝诺通过归谬法证明运动和变化在理性上是讲不通的,进一步辩证地捍卫了巴门尼德的观点,同时也引起了感觉经验论者的一系列批评。在这些人中,智者派反对巴门尼德的结论,认为修辞语言和参指语言的区分是说明语言和思想的基础;而思维并非是离开参指就寸步难行的;说服人们、操作的语言能够成为思维活动的模式。

德里达对西方形而上学传统进行批判的结论是,应该把语言看做修饰性的。这种要求既使思想走上了实用的道路,也使德里达进入了语言哲学和理查德·罗蒂的实用主义的圈子。

罗蒂并不认为自己是解构主义者。他批判传统的方法虽和德里达的方法有很多一致之处,但主要还是美国的实用主义的传统方法,特别是约翰·杜威的方法。不过,他的实用主义目标却与解构主义的目标令人惊异地趋于一致。如果说德里达为解构的方法命了名的话,那么,罗蒂就为这种方法的内在目的提供了恰当的概念——"启发"。启发是一种活动,它反对传统哲学思维把在文化经验和文化表现上所建立的普遍理论作为目的。我们并不想去了解"世界",而是要明确表达我们和周围各种理智的和社会的环境之关系,以及这些环境之间的关系。罗蒂的下述观点很有意思:

> 启发(我们自己或者其他人)可以通过解释活动来达到。它使我们自己的文化和外来文化建立联系,或者在看起来用完全不同的词汇追求完全不同的目的的我们的学科和另一种文化的学科之间建立联系;启发也可以通过发明新目标、新词和新学科的"诗歌般的"思维活动来达到,也就是产生一种新解释:用我们发明的新概念

重新解释我们熟悉的环境。①

本书的目的是为西方文化和中国文化之间建立联系。这种联系是十分重要的。由于启发的论述总是和人们传统语言中"标准的论述"有关，要真正去"启发"，语言就必须足够灵活变通，否则便只是换一种更婉转的方式来表达传统文化的新观念，所谓旧瓶装新酒。

辩证的研究使任何论题的反论题更为突出。西方历史上的哲学派别如唯心论、唯物论、存在主义等等的辩证运动，并未为思维开辟新的道路，而只是显示一种类型的思想可以被另一种类型的思想所代替。另外，像西方哲学史明确表明的那样，同一类思想也会反复地出现。

哲学思维（相对于应用技术而言）通过一种观念体系辩证地改变为另一种观念体系的现象，长期存在于西方历史文化中。冷静地看，企图用启发式思想来代替思想体系，实际上是描写哲学史的另一种方式。这就是说，一种体系替代另一种体系的运动，造成了时代特点的变更，也形成了各种体系之间的"对话"。总的来说，哲学很难说"在进步"，哲学是各种理论之间的复杂的、没有进步的交替。古代就已经提出了哲学的主要问题和解答。当历史从一个时代过渡到另一个时代时，人们只不过是不断地改变他们所强调的重点而已。

罗蒂的哲学和德里达的解构思想都认为，"哲学家"的工作是提出打破传统的各种不同观点，证明提出一种不同于另一种的理论会产生什么样的后果。罗蒂与解构主义的不同之处在于，他认为，要结合各种不同的文化，"想出"新目标和新观念，这带有建构的色彩。从这一意义上说，罗蒂的观点和我们的观点是一致的。另一方面，西方哲学传统中的解构运动既是解构主义的产物，也是系统哲学家没有意想到的副产品。这个运动使人们开始同中国哲学文化进行交流。这种交流需要"想出"从我们传统文化看来是创新的观点，以建立一种普遍语言。实际上，将中国

① 罗蒂：《哲学与自然之镜》，第360页。普林斯顿大学出版社，1979年版。

哲学和西方哲学综合起来进行研究，会找到真正有启发性的东西，因为在中国文化和西方文化的相互结合中，确有新鲜的东西。

罗蒂向我们提供了"作为启发的思维"的概念，其立场虽是比较温和的，但为我们提供了一种可供参考的文化学说。

还有一位"解构的"思想家米歇尔·福柯。他对哲学活动提出了一种激烈得多的观点，认为思维是毫无例外地被政治化了的；文化本身不过是杂乱无章的，形形色色实际活动的复合体；这些实际活动在任何时候都决定着一个时代的特定文化。福柯和罗蒂都认为，不能按照一般理论的概念来刻画思维；而应强调思维在批判现在的思想和实际的过程中的实际构成。不过，福柯比罗蒂更倾向于在"杂乱无章的形形色色实际活动"中发掘出知识的根源。

福柯认为，知识和权力间的直接联系所产生的结果是：总有一种意识形态在定义语词、限制知识，从而使认识带上政治的色彩。在一个社会中，知识的发现、组织和传播取决于学科、职业和机构，它们授权一些人并限制另一些人去从事知识的事业。医生、心理分析家、哲学家等等的权威论断决定了对象的性质，而这些对象又是这些人自己选择的，带上了他们自身的特点。就学科的、职业的和机构的实践活动是由和这些活动相关的、用于产生意图、决定和行动的语言所构成这一点而论，它们是话语的。这样的实践并非自然存在的，相反，它们是以意识形态为基础的，源于社会中协调权力和维持权力的武断而偏执的活动。

在这样的条件下，最纯粹形式的思维乃是一种特别的积极回应，其矛头指向了学科的、职业的或机构的特殊实践的意识形态特点。这是诡辩论者所谓"人是万物的尺度"之论点的微妙翻版，而且其诡辩的程度毫不逊色。"知"是一种行动，讲得具体一点，它是一种制作。但是，除了少数例外以外，人们却无法制作自己，而只是日常实践的产物。

可以看到，在德里达·罗蒂和福柯的思想中，都隐伏着尼采的影子。尼采宣称"上帝死了"，从而为一切建立在超越性概念上的哲学，即一切西方的经典哲学敲响了丧钟。解构主义要思考的是哲学文化的意识形态基础。各种类型的解构主义之间的区别实际上是各自对哲学概念之特殊理解的区别。在他们看来,哲学是一种修辞活动。罗蒂和德里达按照思维类型和叙述风格来解释经典的修辞性,而福柯则认为,思维是由政治意识形态所规定的,因而几无例外地总是为现存的社会、政治和经济环境辩护。

各种形式的"解构"主义总是避免构造理论。照此下去,这种类型的思维便会导致理论的消亡。解构主义者产生创造性思维模式的能力,只限于破坏理论构造这种活动本身。他们或是赞美经典与传统中不一致的、无中心的、无原则的方面(如德里达、罗蒂),或是抨击那种认为职业和机构是获得知识的客观手段的信仰(如福柯)。但是,要实现理论和实践的完全结合,就不能仅仅把理论归结为实践。无论是以德里达的方式肢解经典,以证明它们所依凭的叙述原则是随意的和特设的,还是以罗蒂的方式在思想中找出一种不同凡响的富于启发性的表达式,或是以福柯的方式把思维看做是建立在机构之上的一种意识形态对另一种意识形态的回应,都是不正确的。

我们认为,解构主义的主要价值在于,它提供了一种对超越性的批判,并且对哲学活动的特点作了某种解释。这种解释和我们对孔子的看法极为相似。在德里达对"呈现的语言"的批判中,在罗蒂反对把哲学看做根本学科的观点中,以及在福柯声称知识是权力关系的功能、而权力关系又是通过各种无规则的社会实践表现出来的观点中,都对神学的或理性的超越性概念提出了责难。摈弃了这种超越性,就不会求助于所谓指导历史进程的标准、理念、原则或方法论,就不会把历史看做是连续的和可测度的。哲学家的活动舞台是文化,它显现出保存了的意义。历史变成了传统,而传统是最内在的,和意义密不可分;传统是一切意义展现和意义创新的根据。

那些要求理论建构的重构主义者是否为中西文化和中西哲学的融

合作出过贡献呢?

哈贝马斯(Jürgen Habermas)是最重要的重构主义思想家。像福柯一样,哈贝马斯注意到了在知识和运用于既定社会范围内的效果话语的特性之间的固有关系。他认为,交流的性质是由人类的兴趣决定的,而人的兴趣则决定了习俗和机构的形成,是提供客观标准的基础。但是,哈贝马斯和福柯的观点有很大差别。哈贝马斯认为,就人类而论,存在着某种共同的利益,特别是"解放"的利益。此乃人类主要的构造交流理论的动机,这种动机使人从狭隘的、不合乎人类利益的活动中摆脱出来。而福柯在把思想从这样的束缚中解放出来这一点上,远非像哈贝马斯那样乐观。

哈贝马斯一直想建立一种知识论。他通过指出知识和人类利益有关,而为认识增添了实践的特点,通过在"解放"的概念中发现利益和知识的汇聚点,而把理论和实践结合起来。

> 在自我反思中,为知而知的知识跟自律和责任中的利益达到了一致。解放的认识利益旨在追求此类的反思。……在自我反思的力量内,知识与利益合一。[①]

近来,哈贝马斯想提倡一种"交流能力"理论,以便为社会的交流提供一般结构。他一直在寻找一种在意识形态上能够摆脱据认为存在于我们语言中的根深蒂固的形形色色偏见的理论。这种理论的主要缺点不在其本身,而在于它不会产生任何重要的影响。要对"思维"的概念发挥这种影响,就必须正视此一概念在过往岁月中所沾染的多义性,故而就必须大大扩展哈贝马斯理论的应用范围。但是迄今为止,只有很少的实用主义者认为这种理论可以独占鳌头。现代西方哲学中的内在的二元论,是反对用任何一种理论来一统天下的。

---

① 哈贝马斯:《知识和人类的利益》,第314页。波士顿:灯塔出版社,1971年版。

从中国人的观点来看,哈贝马斯的思想在两个关系密切的方面是很有意思的。第一,哈贝马斯一直受到马克思的影响,他从广义上说是一位马克思主义思想家。第二,哈贝马斯比当代大多数思想家更有洞察力地评估了当代文化中科技与人文因素间的相互关系。任何想了解西方思想和文化的人,必定会想了解科学和技术的社会后果。事实上,哈贝马斯身上的马克思主义印记在很大程度上是由他对技术现象的理解产生的。因此,他的思想为中国人提供了绝妙的机会,使之了解到马克思主义思想在认识到技术的后果后所进行的调整。可不幸的是,哈贝马斯本人几乎不注意中国思想。

但是,有一位重要的重构主义思想家罗伯特·内维尔(Robert Neville),在解释和发展自己的系统哲学时很注意中国思想。在他的哲学研究中,一直想对儒家传统特别是王阳明的哲学思想作出评价。

内维尔的哲学试图重构西方传统思维的含义。他希望建立一个系统的哲学,以代替以形而上学为基础的西方传统哲学。内维尔既反对海德格尔所谓的哲学思维"既非形而上学,也非科学"的观点,又反对罗蒂关于"根本性的思维不再会产生什么"的看法。他对哲学思维进行了微妙的、复杂的重构。内维尔注意到了杜威在《哲学的重构》一书中所讲的"重构"的局限,批评了杜威"没有对他提出的重构所必需的范畴进行改造"①。内维尔的著作是一种自我意识。他企图恢复哲学的形而上学地位,并使哲学再次建立起与具体科学的密切关系。

内维尔认为,哲学思维包括或设定了对理论进行重构;理论的概念或范畴都是相对不确定的思维的产物,各门具体的学科或一般宇宙论都可以对它们作出解释;思维的"向上"运动加强了其普遍性,而"向下"的运动则增强了其具体性;思想家就是结合各个概念或范畴的人,或曰解释者;解释除了构造理论以外,还有表达一个人的想象和把握一个人的

---

① 内维尔:《思维的重构》,第11页。纽约州立大学出版社,1981年版。

思维结果的作用。

内维尔对解构主义思想家关于哲学思维既非形而上学也非科学的观点,直截了当地提出了批评。他认为,思维既处于抽象的形而上学一般性和各门科学的具体特殊性之间,也处于理论前和理论后的想象与责任之间。但是,内维尔与解构主义以及哈贝马斯也有一致之处,即都认为思维在根本上是一种评价。

> 思维建立在评价之上……[它]提供和证明了指导思维的规范,使思维合乎理性;所以,从几种意义看,评价都是理性的基础。①

就是说,思维比推理活动范围更广,思维者的活动远远不止于"认知"。

从中国古代哲学的观点看,内维尔的哲学风格也许太理性主义化了。中国的马克思主义者可能认为,它还不够实践化。然而,既然内维尔的哲学有系统的倾向,他就不会忽视中国的哲学传统。他的目的是对特定的思维的性质作一些说明;而要达到这个目的,他就势必要使自己意识到那些已经为这种活动赋予意义的主要哲学传统。所以,内维尔对中国哲学的兴趣是其哲学观点的必然结果。

以上提到的几位思想家的思想,并非是对当代西方文化中哲学精神的全面表述,而只是其粗浅的轮廓,但它们确实代表了比较哲学领域中朝向融合的主要趋势。德里达和罗蒂为我们提供了强调对话的哲学活动的模式,他们均不太重视教条主义的内容,这有利于此种融合自身的形式。而哈贝马斯和福柯则提出了另一种思想类型,这种类型和马克思的哲学有重要的联系。虽然他们的马克思主义形式可能有点勉强,但由于他们提供了为一部分重要的中国知识分子所熟悉的哲学观点和概念,所以还是为中西思想融合的事业作出了贡献。最后,由于内维尔希望创建一个有助于理解一般文化基础的哲学系统,遂把中国哲学看成了避免

---

① 内维尔:《思维的重构》,第 12 页,纽约州立大学出版社,1981 年版。

地方主义的手段。

第三节 中西文化融合的前景

在通过孔子而思索的过程中,我们着重描述了他致力于建立一个结构上相互交织的类型。这种类型出自具体的环境,目的是经过反馈来组织和规范人类在世界上的活动。这个"类型"就是文化("文")。重要的是,文化不单单是"文",而且是"化"——一个不断发展的动态的历史过程。

从西方的哲学传统出发来看孔子的思想,可以把他的上述规范同我们一贯借助的普遍原则相对照。西方人一直求助于抽象理性、必然性范畴、科学法则、伦理原则和历史事实,这些东西为西方的传统提供了一个稳定的基础。实际上可以说,建立在这些普遍原则基础上的理念化,是尊重道德科学和自然科学的必要条件。

求助于普遍原则不仅为西方人提供了自然科学和哲学的严密性,并在较广的社会和政治科学方面激发了国际主义,而且为中西文化之间的对话提供了基础。在实践上,它产生了联合国的概念,使我们反对种族主义,支持我们的民主理想。但它始终是有利有弊的。求助于普遍原则所引起的客观的确定性,使我们相信科学知识的价值,把科学进步与文明联系起来,但若夸大人的理性,用理性来给人下定义,这往往会产生盲目性,过分相信自己的文化成就以及社会机构的高质量。在对中西传统进行比较时,西方人往往带着优越感问道:"为什么中国没有发展出科学?"对此,我们无需用中国人发明了火药、指南针和活字印刷来回答这个问题,而应当用较为孔子化的方法来说明:中国人是怎样利用这些科学发明的,科学知识是如何服务于文化规范的。换句话说,西方人是科学型的,而中国人是文化型的。

如果我们反躬自问,那就可以看到,西方人对原则的信奉常常产生文化的沙文主义。这种信奉为对第三世界的经济专制张目,为美国自信地打越南战争助威,往往以自以为正确的西方文化标准来判断其他国家。这种态度的结果是,大大地破坏了我们从前的理想的实现。

西方传统的问题很简单,但至今没有解决。这些问题可以追溯到西方哲学的诞生时期。西方人如何把抽象的原则转变成具体的世界?在西方的文化遗产中,这个问题无处不在。形而上学和认识论一直处于西方哲学思维的中心,便可证明这一点。例如,康德在《道德的形而上学基础》(1785)中对伦理学进行的反思,一开始就是抽象的、形式主义的。从这以后直到他去世,他的观点一直是绝对主义的,他对"责任"和《实践理性批判》(1788)中的"善"进行了平衡,后来又在《道德的形而上学》(1797)中继续讨论具体环境下特定的责任。

中国人的经验,无论是成功的还是失败的,在许多方面都一直是一面镜子。孔子的对手并不求助于道德理性基础上的道德形而上学,而是在道德市场上对道德"讨价还价"。道德好像是一种土特产。在中国的传统中,规范和结构出自特殊的环境,其问题不是怎样把抽象的原则引进世界,而是怎样向外扩展规范,使它们可以适用于更广阔的可能社团。如果我们注意一下中医,就可以看到,它一直是实用的、技术性的,而不是科学的。其对疾病的治疗,只是根据产生这种疾病的环境;在某个地方有效的治疗方法用于其他地域时就不那么有效了。

孔子的允许补充修改的类比模式,用过去的"善"的例子中所体现的合理性作为当前环境的典范。这意味着,一个人被人说服,就必须和他人共享一种文化遗产,并且必须承认它的历史权威性。按照这种思维方式,文化是那些各个不同的历史实例的集汇,它在某种程度上起着和西方的抽象理性相同的作用。这种类比的推理活动在"同"大于"异"的环境中有最直接的使人折服的力量。实际上,差异的程度越大,规范的可应用性就越小。在这种情况下,一个人没有被说服,并不被认为是"无理性的"或"不道德的",而是"不开化的"。一个人要"理解"不能理解的东西或者"了解"不能了解的东西,就必须真正成为开化的中国人。

　　西方的文艺复兴和中国的新儒家对解释的看法有着有趣的差别。欧洲的新古典派是黑暗时代的结束以及新时代的开始,它意味着回复到纯粹的原则,重新肯定通过理性来得到确定性;而中国的新儒家是重新回到以及重新检验古代的哲学概念,目的是为将来的文化构造权威性的结构。欧洲的新古典派为康德的《纯粹理性批判》提供了原动力,而中国的新儒家却确立了《四书》的地位,把它作为具体文化理性的经典,这种状况一直维持到中国的共和时期。

　　如果我们想现实地估计未来中国和西方对话的可能前景的话就会发现,开始阶段令人鼓舞的东西是不多的。大多数西方哲学家很可能把孔子拒于西方哲学的门外,因为孔子不考虑"真正的哲学问题"。另外,一个哲学口味非常地区化的中国人又怎样消化西方人的哲学讨论呢?常识告诉我们,这两种排他性的论调都注定会失败,因为他们所依据的都是十分狭隘的哲学立场。狭隘的方法论为西方有害的蒙昧主义和教条主义推波助澜,而它给中国哲学所带来的影响也同样如此。

　　和上述有关的问题是:必须考虑到语言和概念方面的障碍。由于近来解释中国思想的学者在语言和哲学技巧上都日趋成熟,这些障碍不像过去那样严重了。但现在要特别警惕的是,人们总是喜欢用自己的概念来解释外国文化。这种偏见太强烈了,就难免会陷入泥淖。一些分析哲学家的教条主义对中国哲学和文化的错误理解,比起先前把中国介绍给西方的翻译者和解释者的神学教条主义来,是毫不逊色的;而中国的地区主义也很容易把一切西方的东西(包括西方的哲学)予以中国化。

　　也许还有更具体的意识形态壁垒耸立在中国和西方之间。在中国,现在还像前几年一样,人们肯定要强调马克思主义意识形态的重要性。

　　但当前,中国正以一种最具戏剧性的方式对其他文化和思维形式敞开大门。马克思主义不再是解释中国事物的唯一观点了,也不是中国人看待这个世界的唯一观点了。这就是说,马克思主义不仅是一种意识形态,而且以哲学的形式而存在,对这种形式可以加以讨论和争辩。另外,有益于双方的、存在于像福柯和哈贝马斯那样的西方思想家中的差别悬殊的生气勃勃的马克思主义,也可能存在于中国。

但是,即使马克思主义对孔子的批判不再左右知识界对孔子的态度,孔子和儒家在现代中国到底会有多大的重要性呢?中国人会重新在他们的文化分析中公开地明确地使用孔子的范畴吗?"儒家第三期"仅仅是中国以外的一种运动吗?我们希望并期待,未来将不是令人沮丧的。我们肯定,中国人对传统的重视将会发展出孔子研究的新高潮。

当然,对孔子再次感兴趣本身就可能带有意识形态的考虑,它可能以新儒学的某种特定形式出现,这种情况有可能使中国的地区主义东山再起。传统上,地区主义被认为是保护文化纯洁性以及国人独立自主性的屏障。

这样的忧虑有其存在的理由。确实,中国一直在赞扬它和过去的联系,把这种联系看做是社会稳定的保证。孔子一直致力于了解和弘扬传统的价值,把它看做是社会和文化的基础。中国历史和文化的连续之所以得以实现,很重要的一点是发挥文化地区主义,而反对在政治、经济、理智和艺术方面不受控制的交流。

人们可能会提出这样的问题,既然地区主义只允许内部交流,那么,"中国哲学能否吸收外来的思想呢?"我们认为,孔子的思想建立在连续的传统之上,避免辩证的论争,反对抽象的假设,对科学和技术性的问题漠不关心,并沿着美学路线研究道德和社会的问题,这些都是同西方信仰道德理性和道德理论背道而驰的。由于中国思想的问题完全不同于西方,因而一些哲学家对用西方的语言表达中国的问题的可能性深表怀疑。即使西方人成功地阐明了和现代哲学讨论有关的孔子思想的正确性,但如果没有中国人认真的加入,那么任何有效的比较研究都是不可能顺利进行下去的。

说西方人应该了解中国人的思想,以便更好地和他们交流,这当然是不错的。但是有一个问题：西方人认为自己的技术社会的意识形态特别适于输送出去；在这个星球上，要获得和维持可接受的人类生活标准，科学和技术的进步最为根本。对于把西方的意识形态输出到邻邦去，我们都有一种信徒般的热诚，这种热诚产生于我们经济学和科学中的量的思维模式。但中国不会跟着西方跑，宁可维持其传统的孤立主义状态，而西方世界却渴望和中国保持联系。

十分重要的是，西方的文化学者现在已经对科学和技术的发展所带来的后果提出了疑问，至少对所谓的科学和技术的价值是中性的看法深表怀疑。对科学和技术发展的客观性和价值中性的质疑，既是产生现代欧美文化各哲学流派的原因，又是这些流派的结果。就像我们在讨论西方思维条件时指出的，现在正出现一种大家都同意的观点，即对思维的评价是内在的。这种观点直接驳斥了下述看法——科学推理及其应用是客观的。正如我们已经指出的，通过把思维解释为评价来重建哲学，正是为了反对长达 400 年之久的计算型的和逻辑型的数理思维模式。

摆在我们面前的是一种矛盾的状况。我们认为，通过西方哲学家的努力，孔子的思想本来是能用来刺激产生新的思维活动模式的。但是，中国的地区主义会阻碍这种努力。当然，西方文化中的二元论也是发展孔子式思维的藩篱。

另一方面，输出科技推理和实践的方法的可行性远比有些人所认为的要小。中国过去和现在的知识分子都认为，西方科学技术会对中国文化产生有害的影响。

但中国别无选择，孤立主义愈来愈行不通。要成为国际社会的一员，就必须尽可能发展技术，以维持国与国之间的经济和政治交往。西方也别无选择，只能对中国的理智和文化之源进行探索。因为，如果对中国文化知之甚浅却想在经济和政治上同中国发生关系的话，那就可能在外交上犯严重的难堪的错误。

对想同中国发生关系的技术专家、政治家和企业家来说，理解中国的艺术和哲学比了解他们本国的这些东西更为重要。理论和文化的分离是西方文化的特点。政治家、技术专家和企业管理家几乎不需要有很多文化、艺术和哲学的知识,因为这些在国内对他也没有什么用处。但中国,社会同它的经济和政治活动的观念和价值观之间有极大的连续性,不了解中国的高层文化的特点,那么在同中国人打交道时,即使在最实践的层次上也会处处碰壁。

还有另外的危险存在。在我们当前这个历史的决定性时机,不去吸收中国的智慧,就会使西方失去一个唯一的发现自己的机会。西方人至少可以发现,一直支配着我们理智史的、构造了各种哲学流派的根本概念,实际上是不完备的。当代西方哲学或是悲叹、或是兴高采烈地庆贺自己的失败,这并不真正意味着哲学的失败,也不意味着产生这种哲学的文化的失败。同样,认识到西方理智的局限,也可以使我们看到,在对自己科学技术的发达的自鸣得意中,正蕴含着沙文主义的情调。

对话的可能性部分在于:西方哲学已转变了过去的思维形式,不再把哲学塞进作为科学技术基础的量的标准框架,而开始对这样的形式进行批评。现代西方哲学在形式和实质上都较少技术性,较少教条,而比以往更趋多元化。正如我们在绪论中讨论哲学思维问题时所指出的那样,现代西方的主要哲学流派已认识到了哲学本身的危机,实用主义、存在主义以及思辨哲学都开始转向实践。这种向实际问题的转变能够促进与中国的融洽相处,也可看做是对哲学任务的重新确定。于是,同中国思想和文化相结合的主要任务,将是对哲学的地位和作用的讨论。

本书对孔子的解释有重构主义的倾向,尽管它的结论实际上带有许多解构主义的色彩。我们对孔子的评价基本上是肯定的。我们一直想发展一种文化哲学和比较哲学,以便为中西哲学和文化的融合提供可能性。在我们试图以中国古代思想作为理解西方哲学的手段时,在我们努力运用西方多元论和过程的概念来说明孔子的思想时,我们一直想说明"什么是思维比较活动"这个问题。

　　本书的重构工作一直受到过去常用的哲学构造方法的限制。这种文化学的方法可以勾勒如下：哲学家们从现在贫乏的哲学思辨转向过去，转向他们最初的文化环境，以寻找新思想。但是，如果他们要找到这种新思想，就需要有一个较高的立足点；而目前的文化背景不能为他们提供这样的制高点，因为现在背景是历史的过去的结果，在现在背景下看过去，只能使人看到现在的过去。因此，为了找寻新的理智而转向文化的开端，总会导致转向其他的文化。我们认为，在另一种文化潮流中，可能会找得到非常新的思想。

　　西方人使用的文化学方法最终会证明，交叉文化的研究是合理的。我们研究孔子的思想用的就是这种方法。我们研究的目的在于说明当代西方文化的哲学问题。比较哲学的最重要目的之一是揭示本土文化所忽略的因素，其中介是研究其他文化思想时所触发的灵感。只有迷恋于最严格的循序渐进方法的人才会认为，比较文化的方法是犯了时代错误。我们一直在挖掘过去的资源，以满足现在的特殊需要。如果认为我们从来不会把后来发展了的思想算在以往的思想家身上，那么，就过于天真了。同样，我们只有做到不用以往的思想来影响对现在思想的说明，我们才能按照过去来说明过去。但是，这可能吗？

　　如果西方人让自己的解释完全受历史制约的话，就不可能领会中国古代圣人的思想了。即使我们像大多数哲学家那样，承认哲学史既是有关"我们怎样走过来"的故事，又是一系列有待在环境中进行检验的说明，那么，看起来也不大可能有一位特殊的哲学家，他被从自己在对于发展之历史的既定解释的位置中抽取出来，并被认为十分有趣，除非他的思想会提供一种新的立足点，通过这个立足点，现代哲学家可以看到与他本身的特定过去相关的现在，或者把它作为一种抽象的或思辨的思想模式。在我们看来，脱离历史时代来考察某一位哲学家，只是浅薄的褊狭行为。

　　创造性地运用时代错位(anachronism)，包括利用过去学说来丰富、发展现在的学说,以及纠正人们对一位思想家所作的解释,以呈现他的思想的真正面目,把它作为构造将来的依据,这两种方法我们在本书中都使用了。在第一种方法的意义上,我们一直在证明孔子思想对于已经开始的重构西方哲学概念这一工作的价值。在第二种方法的意义上,我们始终想从某种程度上纠正人们对孔子哲学的传统解释。首先是从孔子的文化环境对他的思想作新的解释,其次是排除一些对孔子的错误理解,即那些中国思想的门外汉或不熟悉者的错误理解。这一切意味着,我们不仅把孔子作为西方思想的补充和纠正,而且把他推荐给当代中国的马克思主义者和新儒家。

在进行比较研究的过程中,当中西文化不一致时,接受历史主义的假设将是错误的。中国和西方文化对"历史"和"传统"的不同态度告诉我们,在应用交叉文化比较方法时,一定要警惕必然会产生的历史主义的冲动。值得庆幸的是,当今历史主义对西方思想界的统治已不像从前那样稳固了。解构主义的观点不仅是对历史主义的致命打击,也是对超越性概念和二元论的严厉批判。

当我们说现在西方文化越来越摆脱历史主义和进步主义的支配时,我们实际上是在赞同那种认为西方思想文化属于"后现代"的观点。后现代主义是当前文化分析中时新的运动,它总结了解构主义思想家的观点。"后现代主义"这个词表明,我们正处于转折时期,我们不再认为自己是现代文化所定义的那种理性主义的、工业资本主义的、相信科学和技术进步的人了,不再积极地去刻画文化自我意识的轮廓了。

三种相互交织的信仰有助于说明现代主义这个概念。第一种也是最糟糕的信仰,断定"量的思维"的重要性。当笛卡尔把几何化成代数,然后把自然转换成解析几何时,就为量的思维提供了最强有力的推动。霍布斯和培根预言了较为简单的数学模式,莱布尼茨和牛顿各自用不同的演算方法对这种模式加以修改和完善。于是,这种思想过程在 16 世纪以后汇入了西方思想的主流。

第二种信仰认为，有可能创立一种完善的思想体系，这种体系是世界的终极真理。这种设定是思辨想象之量化的原因，也是它的结果。

思维的量化以及随之产生的"寻求确定性"，给予第三种信仰以有力的支持——信仰科学和技术的进步。现代西方文化基本的历史主义假设是，现在和将来在沿着一条人们所希望的发展道路不断地前进。我们所得到的确定性，为现在的知识提供了某种特别的地位，而量的思维则从理论和实践上对这种主张加以支持。因为可以度量、量化的事物的类正是那些我们可以"确定"的事物的类。

后现代主义是对以上这三种信仰的批判。

在电脑技术渗透一切领域的今天，很难发现现代西方文明中量的特点有任何改变。在电脑行业的知识分子中，有关电脑的一些行话成了日常语言，这最好地表明了量的思维长盛不衰。但电脑运算随前提而定这个特点产生了另一种量的活动概念，因为没有解释程序，储存的资料就只是被动的信息的累积，对它可以作无数种解释。当历史被电脑限定为"恢复装置"时，就成了盲目的累加过程，有多少人就可作多少种的解释。对解释程序的选择也只是量的选择，因为没有一种意义系统比其他系统显得更为重要。在这里，解释原则的多样性没有地位。保证各种资料不遗失的恢复装置，使用以保留历史事件或使这些历史事件有意义的理论都成为多余的东西了。

对量的思维的批评产生了科学和人文学科之间的激烈争论。19世纪的尼采是这种批判的先驱。到了现代，这种哲学批评达到了顶峰。后现代主义避免确定性，肯定理论的相对性，在人文学科和科学中重新引入质的概念，这是向现代知识分子长期以来对片面的超越性的信仰提出了挑战。

所以，我们完全不必担心中国古代文化和西方现代文化的不同步，根本不用把解释西方历史发展的模式硬套到孔子身上。因为从历史意识看，在我们面前既没有现成的道路，也没有明确的目的地。对西方文化的自我理解包括一大堆的方法、原则和解释，它们根深蒂固，而且仍然是"一呼即出"。

我们认为，后现代主义的现代西方文化观既不是悲观主义的，也不是犬儒主义的。不再会只有一种历史，而是有很多种历史。这些历史提供了认识与过去有联系的"现在"的方法。在现代西方，只有带着政治性意识形态的人，或者浪漫的理性主义者，才会继续强调"唯一的历史规律"。

如果不根据时代来看历史，不再把历史看做绝对的展开，那么，历史就变得和文化一样。人们的文化经验中的历史主义越减少，其文化自我意识就越强烈。因为，如果作为当前呈现的共同经验及情感的文化，被认为整个地包含了有意义的过去，并且将其淋漓尽致地显现出来，历史学创造的新奇感就会丧失了。黑格尔所声称的"历史是文化自我意识的展开"的观点现在已走到了尽头。对那些西方社会和文化的后现代主义的信奉者来说，这种观点越来越成为一种"假设"。文化和历史现在交织在一起了，它们形成了一张历时的（diachronous）网，既同五彩缤纷的过去相联系，又同多元的现在相联系。这样，历史就成了传统，但当然不是一种连续的传统。现代西方是多元论的，认为文化是共时的目的和价值。这样，就有可能不再把历史看做是线性发展的、不断进步的。这样，传统主义的中国就和西方开始走到一起来了。

总的说来，本书的最后部分读起来比人们想象的要乐观。我们说过，通过西方一些主要哲学家的理论活动，人们已认识到有必要把孔子的思想引入西方文化之中。但是，哲学活动和直接与中国的文化产生冲突的技术的、政治的和经济的活动之间的深刻鸿沟表明，即使双方真的展开了哲学讨论，它们可能也不会触及西方实践文化所提出的具体问题。不管中国人愿不愿意，为了摆脱孤立主义的实际需要，他们将不得不同西方交往，当然，他们也不会去做不合乎自己实际需要的事。

对批评我们过于谨慎的乐观主义者，我们"服罪"。但我们的做法情有可原，我们不能通过一纸一文来取消几个世纪以来养成的惯性；文化交往的具体问题以及这些交往的特点不是由本书所能决定的。这种交往所产生的究竟是意识形态的冲突、互相怀疑，不得已而投给对方的偷偷一瞥，还是导致双方的丰富扩展、分享对方理智和美学的遗产、使双方潜在地发生转变？对于这个问题，眼下还没有人能加以预料。

参考书目

安乐哲(Roger T Ames)：

　　(1)《古代中国哲学中'体'的意思》,载《国际哲学季刊》,1984 年第 4 期,第 39—54 页。

　　(2)《"主术":古代中国政治思想研究》,火奴鲁鲁:夏威夷大学出版社,1983 年。

　　(3)《古代儒家和道家自我修养的共同基础》,载《清华学报》,1985 年。

　　(4)《拨乱反正:把孔子从儒家中救出来》(与郝大维合著),载《东西方哲学》,1984 年第 34 期,第 3—23 页。

　　(5)《古代儒家的宗教:比较研究》,载《亚洲文化季刊》(12:2),1984 年,第 7—23 页。

亚里士多德：

　　《政治学》

圣奥古斯丁：

　　《上帝之城》

J. L. 奥斯丁：

　　(1)《请求宽恕》,载《哲学论文》,牛津:克莱兰登出版社,1961 年。

　　(2)《怎样影响词》,剑桥:哈佛大学出版社,1975 年,第 2 版。

阿尔弗雷特·H. 布鲁姆：

　　《语言规范思想中国和西方语言和思维的影响》,海尔斯代尔,新泽西:劳伦斯·爱尔保出版社,1981 年。

威廉·G. 布尔茨：

　　《马王堆帛书中淮安老子的宗教和哲学意义》,载《东方和非洲研究的学派》,1982 年第 45 期,第 101—102 页。

彼得·布德堡：

（1）《孔子基本概念的语义学》，载《东西方哲学》，1953 年第 2 期，第 317 页—332 页。

（2）《老子一章的语言学注》，载《哈佛亚洲研究杂志》，1957 年第 20 期，第 598—618 页。

魏莱·C. 布斯：

《现代教义和同意的修辞学》，圣母大学出版社，1974 年。

W. T. 钱：

《中西方对"仁"的解释》，载《中国哲学杂志》，1975 年第 2 期。

赵纪彬：

《论语新探》，北京：人民出版社，1962 年。

陈大齐：

《孔子学说》，台北：中山书局，1964 年。

成中英：

《孔子道德学说中作为普遍原则的"义"》，载《东西方哲学》，1972 年第 22 期，第 269—280 页。

仇子传：

《中国字"诗"早期史》，载《文林》，威斯康星大学出版社，1968 年。

《庄子》。

《春秋繁露》

《中庸》

F. M. 康福特：

《修西狄底斯的神话与历史》，伦敦：路特莱奇和开根保尔出版社，1907 年。

西奥多·德·巴雷：

《中国文明之源》，纽约：哥伦比亚大学出版社，1960 年。

杰奎斯·德里达：

（1）《写作与差异》，芝加哥大学出版社，1978 年。

（2）《哲学的边缘》，芝加哥大学出版社，1983 年。

伊利特·道伊奇：

《论真理》，火奴鲁鲁：夏威夷大学出版社，1979 年。

约翰·杜威：

《经验和自然》，纽约：多弗出版社，1958 年。

德沃斯金：

《为一二人所作的歌》，密执安大学出版社，1982 年。

威尔海姆·狄尔泰：

《全集》，斯图加特：杜本纳出版社，1959—1968 年，第 1、7 卷。

《尔雅》。

赫伯特·芬格莱特：

 (1)《孔子：即凡而圣》，纽约：火炬出版社，1972年。

 (2)《伴随着〈论语〉的"一贯之道"》，载《美国宗教学院杂志》，1979年，第373—406页。

 (3)《〈论语〉中的自我问题》，载《东西方哲学》，1979年第29期。

 (4)《孔子谈话中人的音乐》，载《中国哲学杂志》，1983年第10期。

米切尔·福考特：

 (1)《权力/知识》，纽约：潘生出版社，1980年。

 (2)《纪律和惩罚》，纽约：蓝登书屋，1979年。

汉斯·乔治·伽达默尔：

 《真理和方法》，纽约：西伯雷出版社，1975年。

罗伯特·M.杰米罗：

 《古汉儒家中"礼"的非宗教性》，载《东西方哲学》，1972年第22期。

内尔逊·古德曼：

 《创造世界的途径》，印第安纳波利斯：海格特出版社，1978年。

A.C.格雷姆：

 《庄子齐物论》，载《宗教史杂志》。

于尔根·哈贝马斯：

 (1)《知识和人类利益》，波士顿：灯塔出版社，1971年。

 (2)《哈贝马斯论集》，坎布里奇：麻省理工学院出版社，1982年。

郝大维(David Hall)：

 (1)《不定的凤凰》，纽约：福特汉姆大学出版社，1982年。

 (2)《错误和妒嫉》，纽约州立大学出版社，1982年。

 (3)《拨乱反正：论把孔子从儒家中救出来》(与安乐哲合著)，载《东西方哲学》，1984年第34期。

 (4)《文明化经验的宽度》，载《佛教和美国思想》，纽约州立大学出版社，1981年。

陈汉生：

 (1)《古代中国的语言和逻辑》，密执安大学出版社，1983年。

 (2)《中国语言、中国哲学和"真理"》，载《亚洲研究杂志》，1985年第19期。

魏利·哈特纳：

 《中国音乐艺术注》，载《东亚的科学和艺术》，纽约科学历史出版社，1977年。

G.W.F.黑格尔：

 《黑格尔的权力哲学》，纽约，牛津大学出版社，1962年。

马丁·海德格尔：

　　《基本著述》,纽约:哈泼和罗出版社,1977 年。

马克斯·豪克海默尔：

　　《批判的理论》,纽约:荷特荷特出版社,1968 年,1972 年。

《史记》

托马斯·霍布斯：

　　《公民》,纽约:爱泼顿—赛屈—克劳夫茨出版社,1949 年。

萧公权：

　　《中国政治思想史》,普林斯顿大学出版社,1979 年。

《荀子》

《淮南子》

伊努曼尔·康德：

　　《宗教和理性的局限》,纽约:哈泼火炬图书,1960 年。

高本汉：

　　(1) Grammata Serica Recensa,斯德哥尔摩:远东古物博物馆,1950 年。

　　(2)《〈尚书〉注》,远东古物博物馆公报,1948—1949 年,第 20—21 期。

　　(3)《颂歌》。

《孔子家语》

苏珊·朗格：

　　《哲学新解》,坎布里奇:哈佛大学出版社,1951 年。

刘殿爵：

　　(1)《孔子的〈论语〉》,香港:中文大学出版社,1983 年。

　　(2)《道德经》,香港:中文大学出版社,1982 年。

　　(3)《论"傻言"》,载《东方和非洲研究的学派》,1973 年第 36 期。

詹姆士·里格：

　　《中国经典》,香港:伦敦传教协会,1861—1873 年。

J. H. 莱维：

　　《中国音乐艺术的基础》,北京:法文书店,1936 年。

克劳特·列维-斯特劳斯：

　　《图腾主义》,波士顿:灯塔出版社,1963 年。

《礼记》

《列子》

林义正：

　　《论孔子思想的基本格式》,载《哲学评论》,1982 年。

鲁惟一：

　　《中国人的生死观》,伦敦:乔治·爱伦和欧文出版社,1982 年。

坎姆·路易：

　　《当代中国的批孔》，香港：中文大学出版社，1980 年。

高特弗雷特·马丁：

　　《科学普遍性的形而上学和一般本体论的形而上学》，载《关于怀特海》，纽约：麦克米伦出版社，1961 年。

马伯乐：

　　《道家和中国宗教》，马萨诸塞大学出版社，1981 年。

乔治·希尔伯特·米德：

　　《精神、自我和社会》，芝加哥大学出版社，1934 年。

《孟子》

《墨子》

牟宗三：

　　《中国哲学的特质》，香港：人生出版社，1963 年。

D. C. 蒙罗：

　　《早期中国人的概念》，斯坦福大学出版社，1967 年。

李约瑟：

　　《中国的科学与文明》，第 2 卷，剑桥大学出版社，1954 年。

罗伯特·内维尔：

　　《思维的重构》，纽约州立大学出版社，1981 年。

F. S. C. 诺斯罗普：

　　《比较哲学中的直觉概念和公设》，载《科学和人文学科的逻辑》，纽约：世界出版社，1959 年。

琼斯·奥特加·盖斯特：

　　《大众的反抗》，纽约：诺顿出版社，1957 年。

《白虎通》

柏拉图：

　　《斐多篇》

W. V. O. 奎因：

　　《从逻辑观点出发》，纽约：哈泼和罗出版社，1976 年。

理查德·罗蒂：

　　《哲学与自然之镜》，普林斯顿大学出版社，1979 年。

亨利·罗斯蒙特：

　　"古汉语中出现的抽象概念"，载《东西方哲学》，1974 年第 24 期。

让·保尔·萨特：

　　《存在和虚无》，纽约：哲学图书馆，1956 年。

费迪南·索绪尔：

　　《一般语言学教程》，伦敦：彼得·欧文出版社，1960 年。

弗里特里希·席莱尔马奇：

　　《基督徒的信仰》，纽约，1963 年。

本杰明·史华兹：

　　《孔子思想中的两极性》，载《活跃中的儒家》，斯坦福大学出版社，1959 年。

威尔弗雷特·赛勒斯：

　　《科学、知觉和现实》，纽约：人文出版社，1963 年。

《诗经》。

哈斯顿·史密斯：

　　《西方人和对真理的比较观》，载《东西方哲学》，1980 年第 30 期。

理查德·史密斯：

　　《中国的文化遗产》，科罗拉多威斯特费欧出版社，1983 年。

退古希·退罗：

　　《孔子"仁"之研究》，《Aitia Asiatic》，1966 年第 9 期。

唐君毅：

　　《先秦的天命》，载《东西方哲学》，1962 年第 11 期。

查尔斯·泰勒：

　　《人的解释和人的科学》，载《批判的社会学》，纽约：企鹅出版社，1976 年。

《左传》

杜维明：

　　(1)《孔子论语中的"仁"》，载《东西方哲学》，1981 年第 31 期。

　　(2)《"仁"和"礼"的新冲突》，载《东西方哲学》，1968 年第 18 期。

　　(3)《人和自我修养》，伯克莱：亚洲人文出版社，1979 年。

　　(4)《一般和普遍》，火奴鲁鲁：夏威夷大学出版社，1976 年。

亚瑟·魏莱：

　　《孔子的〈论语〉》，纽约：蓝登书屋，1938 年。

B. 威特生：

　　《中国古代文献》，哥伦比亚大学出版社，1962 年。

A. N. 怀特海：

　　(1)《科学和现代世界》，纽约：新美国丛书，1926 年。

　　(2)《思想的样式》，纽约：自由出版社，1968 年。

　　(3)《观念的探索》，纽约：麦克米伦出版社，1933 年。

卫德明：

　　《〈易〉中的天、地、人》，西雅图：华盛顿大学出版社，1977 年。

路德维希·维特根斯坦：

　　(1)《逻辑哲学论》，纽约：人文出版社，1961 年。

　　(2)《哲学研究》，纽约：麦克米伦出版社，1953 年。

吴广明：

　　《条件句、一般概念和孔子思想》。

杨伯峻：

　　《论语译注》

编后记

兹就此书的翻译过程向读者略作交代：

本书先由蒋弋为先生在忠实于英文原文的要求下译出了初稿，又由李志林先生在增加中文可读性的原则下进行了修改甚至增删。此后，原作者安乐哲先生以及他的几位中国同事又对书稿进行了通读。

正如原作者在《中译本序》中所明确表示的，他们既赞同本书的翻译原则，又认可本书的翻译质量。出于同样的原则，他们也把在原文中具有双关含义的本书标题——"Thinking Through Confucius"，易名为《孔子哲学思微》。

考虑到深通中文的安乐哲先生已对它作出了首肯，我在最后审定此稿时，就更倾向于尊重原作者的意见。但即使如此，为了更准确地传达原著的本意，我仍然对译稿进行了相当的核查与校定，尽管稿面上的大幅度改动已使对照原文的工作变得相当困难。

以上情况幸请读者留意。

刘　东
1996 年 3 月 11 日

"海外中国研究丛书"书目